TRAITÉ FORMULAIRE

DU

BAIL

DIVISÉ EN SIX PARTIES :

1° **Droit civil.** — 2° **Procédure civile.** — 3° **Formules.** — 4° **Droit fiscal.** — 5° **Formalités.** — 6° **Honoraires.**

PAR

Ernest DAVY,

Ex-principal clerc de notaire et clerc liquidateur à Paris,
Rédacteur en chef de la *Revue Nouvelle de Notariat et de Procédure*,
Auteur du *Précis-Formulaire du Notariat*.

PARIS

Administration du " PRÉCIS-FORMULAIRE du NOTARIAT "
79, RUE DU FAUBOURG SAINT DENIS, 79

1911

TRAITÉ FORMULAIRE

DU

BAIL

TRAITÉ FORMULAIRE

DU

BAIL

DIVISÉ EN SIX PARTIES :

1° Droit civil. — 2° Procédure civile. — 3° Formules. — 4° Droit fiscal. — 5° Formalités. — 6° Honoraires.

PAR

Ernest DAVY,

Ex-principal clerc de notaire et clerc liquidateur à Paris,
Rédacteur en chef de la *Revue Nouvelle de Notariat et de Procédure*,
Auteur du *Précis-Formulaire du Notariat*.

———◆———

PARIS

Administration du " PRÉCIS-FORMULAIRE du NOTARIAT "
79, RUE DU FAUBOURG SAINT-DENIS, 79
—
1911

ABRÉVIATIONS

Al . . . . Alinéa.
Arg . . . . Argument.
Art . . . . Article.
Brum . . . . Brumaire.
C. . . . . Arrêt de la Cour d'appel.
Cass. . . . . . . Arrêt de la Cour de cassation.
Circ. . . . . . . Circulaire.
Civ. . . . . Code civil.
Com . . . . Code de commerce.
Contra. . . . . . En sens contraire.
D. 1909 4.165 . . . Dalloz (Recueil périodique, année 1909, 4ᵉ partie, page 165)
Déc. . . . . Décision.
D.E . . . . Dictionnaire enregistrement.
Frim . . . . Frimaire.
Garnier . . . . . Répertoire général et raisonné de l'enregistrement
Gaz. Pal . . . . . Gazette du Palais.
Gaz. Trib. . . . . Gazette des Tribunaux.
Guilhot . . . . . Manuel de droit fiscal.
Infra . . . . . . Plus bas
Inst. . . . . . . Instruction de l'administration de l'enregistrement.
J. E . . . . . . Journal de l'enregistrement.
J. G . . . . . . Jurisprudence générale Dalloz, répertoire.
J. G S. . . . . . Jurisprudence générale Dalloz, supplément.
L. et LL. . . . . Loi et Lois.
Pand. Fr. 93.2 79 . . Pandectes Françaises, année 1893, 2ᵉ partie, page 79.
Pr . . . . Code de procédure civile.
R. E. . . . . . . Revue de l'enregistrement.
R. N. 1910-15 . . . Revue nouvelle de notariat et de procédure, année 1910, page 15
R. P . . . . . . Répertoire périodique de l'enregistrement.
S. 1905.2.68 . . . Sirey (Recueil année 1905, 2ᵉ partie, page 68).
Sol . . . . Solution de l'enregistrement.
Supra . . . . . . Plus haut.
V . . . . . . Voir.

TRAITÉ FORMULAIRE

DU

BAIL

DIVISION :

Droit civil.

CHAPITRE 1er. — *Règles générales des baux et des cessions de baux* : Objet. — Capacité. — Formes. — Effets. — Cession de bail et sous-location.

CHAPITRE 2. *Règles particulières aux diverses espèces de baux* : Baux à loyer. — Baux à ferme. — Baux à cheptel. — Baux à colonage partiaire. — Bail à complant. — Bail à convenant. — Bail de mines et carrières. — Bail par adjudication. — Bail administratif. — Bail à nourriture de personnes. — Bail emphytéotique.

Procédure civile.

CHAPITRE 1er. — *Contestations relatives aux baux.*
CHAPITRE 2. — *Compétence.*
CHAPITRE 3. — *Formes de la procédure.*
CHAPITRE 4. — *Saisies. — Privilège du bailleur. — Résiliation.*

Formules.

I. Préambules de baux. — II. Baux à loyer. — III. Baux à ferme. — IV. Baux divers. — V. Baux par adjudication. — VI. Baux à cheptel. — VII. Sous-locations. — Résiliations. — Congés. — VIII. Modèles divers.

Droit fiscal.

I. Timbre. — II. Enregistrement. — III. Hypothèques.

Formalités.

Bail d'immeubles. — Bail à cheptel. — Bail de meubles. — Bail emphytéotique. — Bail à vie et à durée illimitée.

Honoraires.

Promesse de bail. — Bail ordinaire. — Bail avec promesse de vente. — Bail de navire. — Cession de bail. — Résiliation de bail. — Sous-location de bail. — Congé de bail.

DROIT CIVIL

1. CARACTÈRE. — Le bail est une convention par laquelle l'une des parties s'oblige à procurer à l'autre la jouissance temporaire de certaines choses, moyennant rémunération. Le propriétaire s'appelle : *bailleur* et le locataire : *preneur*.

2. ÉLÉMENTS. — Cinq éléments divers constituent l'essence de ce contrat : 1º une chose qui en est l'objet, 2º deux ou plusieurs personnes ayant la capacité nécessaire pour former le contrat ; 3º consentement de ces personnes ; 4º une certaine durée assignée au bail ; 5º un prix payé au bailleur pour rémunérer la jouissance par lui concédée au preneur.

3. DIVISION. — Nous étudierons les règles civiles du bail sous deux chapitres ayant trait : le premier aux règles générales des baux et des cessions de baux et le second aux règles particulières aux diverses espèces de baux.

CHAPITRE I. — **Règles générales des baux et des cessions et sous-locations de baux.**

§ I. — OBJET DU BAIL

4. PRINCIPE. — L'art. 1713 dispose qu'on peut louer toutes sortes de biens, meubles et immeubles, mais en principe ne peuvent faire l'objet d'un bail que les choses qui sont dans le commerce et dont la loi ne prohibe pas la libre disposition.

5. LOCATIONS PROHIBÉES. — Ne peuvent faire l'objet d'un bail :

1° Les objets destinés à un usage public tels : églises, cimetières, chemins publics, rues, halles, places, marchés, etc... ; néanmoins il y a exception lorsque la location est compatible avec la destination de la chose, ainsi les communes peuvent louer en tout ou partie des places dans les marchés et halles et même certains emplacements sur les rivières et ports publics (J. G. *Louage*, n° 36 ; J. G. S. *Louage*, 23, 25). (FORM. 33).

2° Les choses qui se consomment par l'usage, tels : vin, grains, paille, engrais, etc..., à moins qu'elles ne soient comprises comme accessoires à un immeuble loué (Civ. 1778 ; Cass. rej., 7 avril 1857, D. 57.1.171).

3° *a*) Les locaux destinés à servir de maisons de tolérance (Alger, 15 nov. 1893, D. 94.2-258).

b) Une créance, parce qu'il n'y a pas de jouissance distincte de la propriété (J. G., *Louage*, 42).

c) Le droit de service, séparément du droit de propriété.

d) Les offices ministériels (J. G. *Louage*, 45 ; Baudry-Lacant. et Wahl, t. I, n° 101).

e) Le droit de vaine pâture dans les cas où les lois des 9 juillet 1889 (D. 90.4.20) et 22 juillet 1890 (D. 90.4.115) en autorisent le maintien (J. G. *Louage*, 31).

f) Les terrains dépendant des cimetières désaffectés pendant 5 ans (Déc. 23 prair., an XII, art. 8 et 9, avis C. d'Etat, 13 niv., an XIII ; J. G. S. *Louage*, 33, *Culte*, 916).

g) Le droit de servitude, séparément de l'immeuble pour l'utilité duquel il a été établi.

h) Les droits d'usage et d'habitation (Civ. 631 et 634 ; Planiol, *Traité élém. de dr. civ.*, 2° éd., t. II, n° 1666).

6. CHOSE A SOI. — En outre, nul ne peut prendre à bail sa propre chose. *Exemple :* Si je prenais à bail une maison que j'ignorais m'appartenir, je pourrais répéter les sommes payées au bailleur de mauvaise foi ; par contre si le bailleur était de bonne foi, les sommes lui seraient légitiment acquises (J. G. *Louage*, 54).

7. CHOSE COMMUNE. — Mais on peut prendre à loyer une chose dont on a la nue propriété, ou dont on a la copropriété indivise (Rennes, 9 janv. 1858, D. 58.2.213).

Dans ce dernier cas, lorsqu'il y a licitation, le bail continue de subsister ; seulement le prix doit être augmenté en proportion de la quote-part de celui des copropriétaires auquel la chose commune a été louée (Même arrêt. — V. n° 21).

8. CHOSE D'AUTRUI. — En principe, le bail de la chose d'autrui est nul, au regard du véritable propriétaire ; ainsi on ne peut louer une chose indivise qu'avec le consentement des autres copropriétaires (V. n° 21).

9. LOCATIONS PERMISES. — Peuvent faire l'objet d'un bail :

1° Les biens domaniaux, même ceux, en vertu de l'article 1er de la loi du 1er juin 1864, qui ne peuvent être aliénés qu'en vertu d'une loi (J. G. *Louage*, 41 ; J. G. S. *Louage*, 38) ;

2° Les biens dotaux, malgré l'inaliénabilité qui les frappe (J. G, *Louage*, 41) sous certaines restrictions quant à la durée ;

3° Les choses incorporelles, pourvu qu'elles soient susceptibles de jouissance produisant un revenu, comme une rente (J. G., *Louage*, 42), mais non une créance (J. G. *Louage*, 42 ; *contra :* Baudry-Lacantinerie et Walh, 2° édit., t. I, n° 146).

4° L'usufruit (ainsi l'usufruitier peut louer son droit) (J. G. *Usufruit*, 188), mais non un droit d'usage ou d'habitation ;

5° Le droit de chasse et de pêche même en dehors de l'affermage du fonds (J. G., *Louage*, 46 et *Pêche fluviale*, 13 (Baudry-Lacantinerie et Wahl, 2° édit., t. I. n°s 34, 149 et 785).

6° Le droit d'exploiter une mine ou une carrière, mais pour la totalité, l'*amodiation* partielle étant en principe prohibée sauf autorisation du gouvernement (L.,21 avr. 1810, art. 7 (J. G., *Louage*, 47).

7° Les bois, lorsqu'ils ont été mis en coupe réglée, ou du moins lorsque le bail les soumet à un aménagement (J. G., *Louage*, 48 : *Forêts*, 130 et s. ; J. G. S., *Louage*, 34) ;

8° Les terrains dépendant des fortifications, les concessions de terrains dans les cimetières, etc. (J. G. S., *Louage*, 28 ; Aubry et Rau, 4° éd., t. IV, § 364, note 9, p. 467).

10. CHOSE FUTURE. — Une chose future peut être l'objet d'un bail ; dans ce cas le bail est soumis à une condition suspensive (J. G, *Louage*, 53 ; Baudry-Lacantinerie et Wahl, 2° éd., t. I, n° 161 *bis*).

11. CHOSE INDÉTERMINÉE. — Il n'est pas nécessaire que la chose, objet du bail, soit déterminée.

Ainsi un particulier peut convenir, avec un loueur de voitures, que ce dernier lui fournira une voiture de telle espèce, pour un temps déterminé, moyennant un **prix** fixé (J. G., *Louage*, 51).

12. IMMEUBLES PAR DESTINATION. — A moins de conventions contraires, le propriétaire qui a loué un fonds est censé avoir loué en même temps tous les immeubles par destination, qui en dépendent ou qui sont nécessaires à son exploitation. (Arg. civ. 1615). Mais il est toujours fort important d'indiquer dans les baux les objets mobiliers par *leur nature* et réputés immeubles par destination, afin de prévenir toutes contestations.

Quand il y a doute sur les choses qui doivent être comprises dans un bail, il faut examiner comment le propriétaire, et surtout les précédents locataires, jouissaient de la chose (Roll. de Vill., *Bail*, 231 ; Duvergier, t. III, 354).

13. PERTE DE LA CHOSE. — Enfin l'objet du bail doit exister au moment où le contrat est formé (J. G., *Louage*, 52) ; si à cette époque l'objet avait entièrement péri, le contrat serait nul faute d'objet (Baudry-Lacantinerie et Wahl, 2e éd., t.I, 160); en cas de perte partielle il y a lieu d'appliquer par analogie l'art. 1722, c'est-à-dire résiliation du bail ou seulement réduction des loyers suivant l'importance de la perte (V. nos 148 et 153).

§ 2. — CAPACITÉ DU BAILLEUR.

14. PRINCIPE. — De la part du bailleur comme de celle du preneur le louage est un acte de simple administration (J. G., *Louage*, 56 ; J. G. S., *eod*, 41 ; Baudry-Lacantinerie et Wahl, 2e éd., t. I, nos 660 et 113 ; Planiol, *Traité élém. de dr. civ.*, 2 éd., t. II, no 1670).

Il en résulte que le droit d'administrer emporte le droit de louer ; néanmoins il convient de remarquer :

1o Que les personnes qui ont la libre disposition de leurs biens peuvent louer pour telle durée que bon leur semble ;

2o Que celles qui n'ont qu'un droit d'administration peuvent également louer, mais que les baux à longue durée, par elles consentis, sont, en général, soumis aux restrictions prévues par la loi et qui seront indiquées ci-après ;

3o Que les personnes qui, frappées d'une incapacité absolue de contracter (mineur et interdit) ne peuvent même faire des actes d'administration et n'ont, conséquemment, aucune capacité pour donner à bail.

15. ADMINISTRATEURS. — ADMINISTRATEUR JUDICIAIRE. — L'Administrateur judiciaire ne peut donner à bail les biens dont il a l'administration, que dans les limites fixées et prévues par le jugement qui l'a nommé.

16. ADMINISTRATEUR LÉGAL. — D'après la loi du 6 avril 1910, complétant l'article 389 du Code civil, le père administrateur légal ayant le pouvoir de faire seul tous les actes que le tuteur est capable de passer sans autorisation ou avec la seule autorisation du conseil de famille peut consentir des baux d'une durée de 18 ans ; mais, à notre avis, pour une période plus longue, il devrait obtenir l'autorisation du tribunal.

17. ADMINISTRATEUR PROVISOIRE. — L'administrateur provisoire d'une personne non interdite placée dans un asile d'aliénés, ne peut passer pour celle-ci des baux excédant trois ans (L. 30 juin 1838, art. 31).

18. ANTICHRÉSISTE. — Le créancier antichrésiste peut donner à bail l'immeuble antichrésé, dans la limite des actes d'administration, c'est-à-dire dans les termes des art. 1429 et 1430 C. civ. Mais avec le concours du débiteur, le bail peut être consenti pour n'importe quelle durée.

19. COMMUNE. — A l'égard des biens appartenant aux communes (V. *infra* n° 366 et suiv.).

20. CONSEIL JUDICIAIRE. — L'individu pourvu d'un conseil judiciaire ne peut passer des baux de plus de neuf ans sans l'assistance de son conseil (J. G. *Interdiction*, 300, *Louage*, 76).

21. COPROPRIÉTAIRE — PROHIBITION. — En principe, le copropriétaire d'une chose indivise ne peut louer celle-ci qu'avec le concours des autres copropriétaires (C. Bruxelles, 4 août 1852 ; J. G. S., *Louage* 40 ; C. Liège, 29 mai 1869, J. G. S., *ibid.*; C. Alger, 13 mai 1897 ; *R. N.* 1897.2041).

22. ADMINISTRATION. — Cependant il a été décidé que le bail consenti par l'un seulement des copropriétaires est obligatoire pour les autres, comme constituant un acte de bonne administration (Seine, 6 mars 1908, *Gaz. Pal.* 1908.1.571), mais qu'il doit être ramené à la durée de neuf ans au plus (Seine, 21 févr. 1908, *R. N.* 1908-657).

En tous cas, la prohibition dont il s'agit n'existerait plus si le bailleur avait l'administration des biens indivis. — Ainsi a été reconnu valable et devant être maintenu comme renfermant implicitement un contrat d'indivision autorisé, pour une durée de cinq ans par l'art. 815 du Code civil, le bail consenti par la mère survivante et tutrice légale, à son fils majeur, pour gérer et exploiter, pendant la minorité de ses autres enfants, le fonds de commerce exploité par le père commun prédécédé et faisant partie de sa succession (T. Lyon, 1er déc. 1899, *Mon. jud. Lyon*, 20 janvier 1900).

23. CRÉANCIER. — INCAPACITÉ. — Nous estimons que le créancier ne peut se prévaloir des dispositions de l'art. 1166 C. civ., pour louer les biens de son débiteur, car, en l'espèce, il s'agit de créer une convention qui, dépendant essentiellement de la volonté du débiteur, ne peut être consentie que par lui ; de plus, on ne saurait admettre que l'art. 1166 C. civ. accorde au créancier la faculté de prendre en mains le patrimoine de son débiteur et le gérer. — Cette faculté ne peut pas être considérée comme un élément du patrimoine. Il est évident qu'elle ne constitue pas un droit dans le sens de l'art. 1166. Alors même que le débiteur est insolvable, les créanciers n'ont pas qualité pour s'immiscer dans l'administration de ses biens, car ils n'en auraient le pouvoir que si une disposition spéciale de la loi le leur avait accordée, or, une pareille disposition n'existe pas (V. en ce sens : Cass. 11 mai 1846, D. 47. 4.161 ; J. G. *Obligations* n° 924 ; Demolombe, t. 2, n° 57 ; Larombière, t. 2, art. 1166, n° 17 ; Laurent, t. 16, n°ˢ 423-430 ; Baudry-Lacant. et Barde, *des Obligations*, t. 1, n° 599).

24 APPLICATION. — Dans cet ordre d'idées il a été jugé que les créanciers d'un fermier ne peuvent être autorisés par la justice à relouer par la voie des enchères, les immeubles affermés à l'effet d'obtenir un prix de bail plus élevé, et d'en appliquer l'augmentation à l'acquittement de leurs créances (Caen, 31 mai 1853, D. 54. 5.473 ; Comp., D. 56.2.21, note 4 et 6).

25. AUTORISATION JUDICIAIRE. — Décidé toutefois :

1° Qu'un créancier peut être autorisé par justice à affermer aux enchères les immeubles de son débiteur, pour s'assurer les moyens d'exécuter sa créance sur les revenus (Caen, 29 avr. 1841, J. G., *Obligations* 903).

2° Que le créancier d'un héritier bénéficiaire peut, comme exerçant les droits de son débiteur, se faire autoriser à passer bail des biens de la succession, notamment dans le cas où cet héritier tenterait d'affermer d'une manière préjudiciable aux droits de ses créanciers et à la bonne culture de l'héritage (Douai, 20 juin 1842, J. G., *Obligations* 904).

3 Que, le droit au bail n'étant pas exclusivement attaché à la personne du preneur, les créanciers de celui-ci peuvent l'exercer et être autorisés par les juges à accepter, au nom de leur débiteur, la résiliation du bail offerte par le bailleur lorsque ce bail est, de la part du preneur, un acte de mauvaise administration hors de proportion avec ses ressources et nuisible à ses créanciers ; l'exercice de ce droit de la part des créanciers du preneur étant toutefois subordonné à l'appréciation des tribunaux qui doivent rechercher au préalable, s'il a pour but l'intérêt commun du créancier et du débiteur (V. Douai, 13 nov. 1852, D. 56.2.21).

26. DÉPARTEMENTS. — Les conseils généraux statuent sur les baux des biens donnés ou pris à ferme ou à loyer par les départements, quelle qu'en soit la durée (L. 10 août 1871, art. 46-3°).

27. EMPHYTÉOTE. — L'emphytéote peut louer les biens qui lui ont été donnés en emphytéose, dès lors que le bail ne dépasse pas la durée du contrat emphytéotique.

28. ENVOYÉ EN POSSESSION — ABSENT. — L'envoyé en possession provisoire des biens d'un absent ne peut louer les biens de celui-ci pour une durée excédant neuf ans (en ce sens : Baudry-Lacant. et Houques-Fourcade, t. 1, n° 1126 ; *contra* : Zacharie, *Cours de Dr. civ. p.*, t. 1, p. 304).

Cette règle ne s'applique plus à l'envoyé en possession définitive, les baux étant toujours opposables à l'absent en cas de retour, quelle que soit leur durée (Civ. 132 ; Baudry-Lacant. et Wahl, 2e éd., t. 1, n° 99).

29. CONTUMAX. — L'envoyé en possession provisoire des biens du contumax (Crim. 471) peut également passer des baux de neuf ans et au-dessous (V. Aubry et Rau, 5e éd., t. V, p. 272).

30. ÉTABLISSEMENTS PUBLICS. — En ce qui concerne les biens appartenant à des établissements publics, v. *infra* : n°ˢ 372 et suiv.

31. ÉTAT. — Pour l'affermage des immeubles appartenant à l'Etat, v. les régles spéciales énoncées *infra* n°ˢ 360 et s.,

32. FEMME MARIÉE — ADMINISTRATION. — La femme mariée peut louer, sans autorisation, les biens dont la loi ou son contrat lui laisse l'administration, pour une durée n'excédant pas neuf ans.

33. FEMME SÉPARÉE. — La même règle est applicable à la femme séparée de biens ainsi qu'à celle mariée sous le régime dotal, à l'égard de ses biens paraphernaux (Civ. 1576).

Quant à la femme séparée de corps et divorcée, elle a pleine capacité pour faire seule des baux pour la durée qui lui convient (Civ. 311 et 227).

34. BIENS PERSONNELS. — La même capacité de la femme existe sous tous les régimes, à l'égard des biens qui lui appartiennent personnellement, dans les termes de la loi du 13 juillet 1907.

35. FOL ENCHÉRISSEUR — Le fol enchérisseur a le droit de passer bail de l'immeuble à lui adjugé, même pour une durée excédant neuf ans, si toutefois la fraude et la mauvaise foi ne sont pas prouvées contre lui (V. Paris, 22 mai 1847, *Gaz. Trib.* 1er juin 1847). Les dispositions des art. 1429 et 1430 C. civ. ne sont pas applicables au fol enchérisseur (Cass. 23 oct. 1905, D. 1906.1.14).

36. GREVÉ DE RESTITUTION. — Le grevé de restitution est propriétaire sous condition résolutoire et peut consentir des baux pour plus de neuf ans, sans être soumis aux restrictions imposées par les art. 1429 et 1430 C. civ. — Les baux à longs termes lui sont permis et doivent être respectés par les appelés, s'ils sont faits sans fraude, et, n'excédant pas 18 ans ; ils ne constituent pas une sorte d'aliénation devant être rendue opposable aux tiers par la transcription.

37. HÉRITIER BÉNÉFICIAIRE. — L'héritier bénéficiaire peut louer les biens de la succession, mais pour une durée n'excédant pas neuf ans (Demolombe, t. XV, n° 254).

L'héritier apparent peut valablement donner à bail quelle que soit la durée de celui-ci (Cass., 19 nov. 1838 ; Guillouard, 5).

38. MARI. — BIENS DE LA COMMUNAUTÉ. — Le mari a pleine capacité pour donner à bail, sans limite de durée, les biens de la communauté (V. *Rev. Nouv.* 1901-129).

39. BIENS DE LA FEMME. — Quant aux biens personnels de la femme, le mari ayant l'administration de ceux-ci, peut les louer sans le consentement de la femme. Cependant il résulte à cet égard, des articles 1429 et 1430 C. civ. :

1° Que le mari ne peut consentir, quant aux biens personnels de la femme, des baux qui soient obligatoires pour celle-ci après la dissolution de la communauté pour plus de neuf ans ;

2° Et que le renouvellement de baux, consentis plus de trois ans avant l'expiration du bail courant, s'il s'agit de biens ruraux, et de deux ans s'il s'agit de maisons, ne sont point opposables à la femme après la dissolution de la communauté, à moins que l'exécution du nouveau bail n'ait commencé avant la dissolution de la communauté. Ces règles s'appliquent sous tous les régimes dans lesquels le mari a l'administration des biens de sa femme (communauté légale et d'acquêts, régime sans communauté et régime dotal quant aux biens dotaux), mais non à l'égard des biens provenant à la femme du produit de son travail dans les termes de la loi du 13 juillet 1907 et dont l'administration et la disposition appartiennent personnellement à celle-ci (V. n° 34).

40. MARI ET FEMME. — BIENS DOTAUX. — Il est bien entendu que le bail consenti par le mari et la femme conjointement peut être fait pour plus de neuf ans et renouvelé plus de deux ou trois ans à l'avance, sauf cependant en ce qui concerne les biens dotaux à l'égard desquels il a été décidé que le mari, soit seul, soit même avec le concours de sa femme, ne peut les donner à bail pour un temps excédant neuf ans (Caen, 22 janv. 1886).

41. MINEURS ÉMANCIPÉS. — Le mineur émancipé a suffisante capacité pour louer sans l'assistance de son curateur à la condition que ces baux n'excéderont pas neuf années.

D'après un arrêt de la Cour de cassation du 14 juillet 1875, les règles qui régissent les baux faits par le mineur émancipé sont les mêmes que celles qui concernent les baux consentis par le tuteur des biens de son pupille, ce qui nous amène à penser que le mineur émancipé peut :

1° Sans l'assistance de son curateur passer des baux, n'excédant pas neuf années (Civ. 481), et renouveler ces baux ou en consentir de nouveaux pour une même durée deux ou trois ans avant leur expiration, suivant qu'il s'agit du bail d'un bien urbain (*maison*) ou du bail d'un bien rural (*terre*) (Civ. 1430, 1718) ;

2° Avec l'assistance de son curateur, consentir des baux d'une durée de dix-huit ans ;

3° Avec l'autorisation du conseil de famille et l'homologation du tribunal, accorder des baux de plus de dix-huit ans.

42. FEMME ÉMANCIPÉE. — Enfin il a été décidé que la femme mineure, émancipée par mariage, qui passe conjointement avec son mari un bail de plus de neuf années, peut en demander la réduction à neuf années, mais non la nullité (Seine, 7 mai 1836 ; *Le Droit*, 9 mai 1836).

43. PROPRIÉTAIRE SOUS CONDITION RÉSOLUTOIRE. — Sont valables et opposables aux tiers pour la durée pour laquelle ils ont été consentis sans fraude, les baux faits par le propriétaire sous condition résolutoire (Paris, 11 mai 1835) et ce, avant l'avènement de la condition.

44. APPLICATION. – Ce principe est applicable :

1° Aux baux faits par l'acheteur dans le cas ou la vente a été rescindée pour cause de lésion, ou résolue pour défaut de paiement ;

2° A ceux d'un acquéreur dépossédé par l'effet d'une surenchère, pourvu cependant que la location n'ait pas une durée qui rende illusoire l'exercice du droit de surenchère (V. Cass. 13 déc. 1887, D. 88.1.337 ; *contra* : Orléans, 16 janv. 1860, D. 60.5.374) ;

3° A ceux faits par un héritier à l'égard des biens légués sous une condition suspensive, avant l'avènement de cette condition ;

4° A ceux faits par le donateur de biens passibles de stipulation de retour ;

5° A ceux consentis par un propriétaire dont les biens étaient grevés de substitution (V. n° 36) ;

6° A ceux faits par l'acquéreur à réméré.

45. SAISI — FAILLI. — SAISI — Les baux passés par un saisi doivent, pour être valables, avoir acquis date certaine avant le commandement qui précède la saisie. Les créanciers saisissants peuvent, il est vrai, ne pas demander la nullité ; mais s'ils l'invoquent, ils n'auront pas à prouver que l'acte a été fait en fraude de leurs droits (Nîmes, 4 mars 1850, D.52.2.440 ; Paris, 19 août 1852, D. 53.2.221).

46. FAILLI. — Le bail consenti par un propriétaire, postérieurement dépossédé et tombé en faillite, est valable en principe, et sauf application de l'art. 447 C. com. (Cass. 1er déc. 1886, D. 87.1.102 ; v. C. com. 447, 450 et 550).

Le syndic de faillite, autorisé par le juge (Com. 143), peut passer bail des biens du failli, mais pour une durée n'excédant pas neuf ans.

47. SUCCESSION VACANTE. — Le curateur à succession vacante peut donner à bail les biens soumis à sa gestion (Civ. 813) pour une durée ne pouvant toutefois, à notre avis, dépasser neuf ans.

48. TUTEURS. — TUTEUR DE MINEUR. — Le tuteur peut consentir un bail des biens de son pupille ; mais pour une durée de plus de neuf ans il devra obtenir une autorisation du conseil de famille, et si le bail doit dépasser dix-huit ans, l'homologation du tribunal (Paris, 24 juil. 1862 ; Cass., 22 févr. 1870).

Il peut renouveler ces baux en cours d'exécution trois ans ou deux ans avant leur expiration, suivant qu'il s'agit du bail d'un bien *rural* (terre) ou du bail d'un bien *urbain* (maison) (Civ. 1718).

Mais il est formellement interdit au tuteur de prendre à bail les biens de son pupille (V. n° 54).

49. TUTEUR D'UN INTERDIT. — Le tuteur d'un interdit ou d'un condamné à la peine des travaux forcés à temps ou à la réclusion (Pén. 29) peut passer des baux de neuf ans et au-dessous (V. Aubry et Rau, 5e éd., t. V, p. 272).

50. USUFRUITIER. — L'usufruitier peut donner à ferme les biens soumis à son usufruit, pour une durée ne pouvant excéder neuf ans (Civ. 595) et peut renouveler les baux ou en consentir de nouveaux, trois ans au plus avant l'expiration du bail courant, s'il s'agit d'un bien rural, et deux ans seulement avant la même époque s'il s'agit de maison (Arg. civ. 1430).

51. APPLICATION. — Il a été décidé que le bail d'une maison, consenti pour douze années, par une personne qui était pour partie propriétaire et pour partie usufruitière, est valable et ne peut être réduit (Agen, 18 juin 1905 ; *Gaz. Trib.*, 1905.2.424).

Toutefois, il paraît définitivement établi qu'un usufruitier ne peut consentir un bail, même d'une durée de moins de neuf ans, que pour un usage auquel le bien est destiné ; c'est ainsi qu'il a été jugé que doit être annulé le bail consenti par un usufruitier renfermant des clauses préjudiciables au propriétaire ou faisant naître une grave présomption de fraude (Cass., 6 juin 1854, D. 55.2.253 ; Caen, 23 juin 1874, D. 75.2.212).

52. NULLITÉ RELATIVE. — En général, on admet que les baux consentis par l'usufruitier en violation des dispositions de la loi ayant trait soit à la durée de ces baux, soit à l'époque de leur renouvellement, n'est que relative ; elle ne peut être invoquée que par le nu propriétaire et seulement lorsque l'usufruit a fait retour à la nue propriété (v. not. Seine, 8 déc. 1885 ; Cass., 13 avril 1897, *R. N.* 1897.1582).

§ 3. — CAPACITÉ DU PRENEUR

53. INCAPACITÉ. — Les incapables (mineur interdit) ne peuvent prendre à bail ; il en est de même de la femme mariée non autorisée, alors même qu'elle aurait occupé les biens loués au su de son mari (Marcadé, 217-4 ; Demolombe, IV, 197 ; Laurent, III, 118 ; Cass., 26 juillet 1871 et 21 janvier 1881) (v. n° 54, 1° et 2°).

54. CAPACITÉ. — En principe, ont la capacité nécessaire pour accepter un bail tous ceux qui sont capables de s'obliger et spécialement :

1° La femme mariée, en l'absence du mari, sans autorisation, en ce qui concerne le logement nécessaire à la famille et en cas d'éloignement du mari (Rennes, 30 déc. 1813 et 12 janv. 1814 ; Paris, 23 févr. 1849, S. 49.2.145) ;

2° La femme séparée de biens, sans autorisation ;

3° Le mineur émancipé, sans l'assistance de son curateur et sans limite de durée de l'engagement (Aubry et Rau, 5° éd., t. I, 842) ;

4° Le pourvu d'un conseil judiciaire, sans l'assistance de son conseil, dès lors que la location n'excède pas ses ressources ou ses besoins (*ibid.*, 876).

5° Le tuteur ne peut prendre à bail les biens de son pupille (V. Pand. fr. Rep. *Minorité, tutelle*, 858 et s.), à moins que le conseil de famille n'ait autorisé le subrogé tuteur à lui en passer bail (Civ. 450, Aubry et Rau, 5° éd., t. I, p. 458) ;

6° Une commune peut prendre à bail un bien quelconque et les conditions du bail sont réglées par une délibération du conseil municipal, approuvée par le préfet en conseil de préfecture, quand sa durée excède dix-huit ans (L. 5 avril 1884, art. 68, 1° et 69).

§ 4. — FORMES DU BAIL

55. DIVISION. — Nous distinguerons pour les formes du bail, la promesse de bail, le bail proprement dit et le bail avec promesse de vente.

I. — PROMESSE DE BAIL

56. ENGAGEMENT. — La promesse de bail n'engage que le souscripteur, à moins que les deux parties contractantes aient signé l'une la promesse de donner, l'autre la promesse de prendre, auquel cas le bail deviendrait synallagmatique (Civ. 1102) avec condition suspensive (Civ. 1181).

57. ACCEPTATION. — Pour que la promesse de bail, simplement unilatérale, oblige celui qui l'a faite, il faut qu'elle ait été acceptée par l'autre partie. A défaut, elle n'est qu'une proposition de bail sans valeur ; toutefois il a été décidé qu'une promesse de bail unilatérale faite par le bailleur devient bilatérale dès que le locataire se déclare prêt à vouloir en profiter (Seine, 25 juin 1901 ; Cambrai, 21 janv. 1909, *Gaz. Trib.*, 25 fév. 1909).

58. PROMESSE BILATÉRALE. — La promesse de bail bilatérale est assimilée, en principe, à un véritable bail et soumise aux mêmes règles que celui-ci, notamment au point de vue de la preuve.

59. DATION D'ARRHES. — D'après Laurent (t. 25, n° 41), la dation d'arrhes à l'occasion d'un bail ou d'une promesse de bail peut avoir une triple signification : elle peut constituer un moyen de dédit, un acompte ou une preuve de la perfection du contrat. On n'est pas d'accord toutefois sur celle de ces significations qu'il faut en principe lui attribuer. D'après Guillouard (t. I, n° 42), la dation d'arrhes, sauf circonstances spéciales, est plutôt un paiement qu'un moyen de dédit, mais suivant l'opinion qui paraît dominer, les arrhes ont pour effet, dans tous les cas, de donner à chacune des parties le droit de se désister, savoir : celui qui les a données en les abandonnant, et celui qui les a reçues, en restituant le double (J. G. S. *Louage*, n° 60 ; T. Béziers, 12 nov. 1903, *Mon. Midi*, 20 déc. 1903).

Bien entendu, si le contrat reçoit son exécution, les arrhes doivent être considérées comme un acompte (V. Marseille, 23 déc. 1903, *Jur. civ. Marseille*, 1904. 372).

60. DENIER A DIEU. — CARACTÈRE. — Le denier à Dieu consiste dans une gratification accordée au concierge de l'immeuble ; c'est le signe de l'engagement réciproque, sauf pour les parties, la faculté de se dédire dans les 24 heures (Seine, 10 déc. 1881).

61. EFFETS. — Il a cependant été jugé que la remise du denier à Dieu est insuffisante pour prouver l'existence de la location, et créer un lien juridique entre l'auteur de cette remise et le propriétaire de l'immeuble (T. Paix Paris, 9 oct. 1891, 7 fév. 1902 ; *Pand. fr.* 1892.2.128 et 1904. 2.96 ; T. Paix, Paris 11° arr., 13 mai 1891, S. 91.2.253 ; T. Paix, Paris, 15° arr., 7 fév. 1902, D. 1903.2.499 ; *contra* : T. Paix, Paris, 7° arr., 9 oct. 1891, S. 92.2.253 ; Baudry-Lacant. et Wahl., t. I, n° 146).

62. RESTITUTION. — La restitution du *denier à Dieu* peut être réclamée même après qu'il s'est écoulé plus de 24 heures, au cas où le contrat ne se réalise pas (T. Paix Paris, 1er arr., 22 déc. 1871 ; Paris, 1er juil. 1904, *La Loi*, 2 juil. 1904).

63. PROMESSE ENTRE ÉPOUX. — La promesse de bail peut être appliquée dans un contrat de mariage pour l'exploitation du fonds de commerce à conserver par l'époux survivant (V. sur la réalisation de cette promesse de bail : *Revue Nouv.* 1908.117).

II. — BAIL ORDINAIRE

64. PRINCIPE. — Le bail n'est soumis, quant à sa validité, à aucune forme particulière, aussi peut-on louer soit par acte authentique ou sous seing privé, soit verbalement (Civ. 1714), soit par lettre missive (Cass., 27 mars 1900, *Pand. fr.* 1900.1.412; 26 juin 1901, D. 1901.1.501), soit même tacitement (Paris, 6 août 1900, D. 1901.2.321).

65. ACTE NOTARIÉ. — Par acte notarié, il doit être dressé en minute, afin qu'il puisse en être délivré grosse au bailleur.

66. FORME NOTARIÉE OBLIGATOIRE. — La forme notariée est exigée pour les biens appartenant aux hospices (Décr. 12 août 1807, art. 1) (v. n° 372) ou de biens de la Légion d'honneur (Arr. 23 messidor an X, art. 10).

67. ADJUDICATION DE BAIL. — Le bail peut également avoir lieu par adjudication aux enchères publiques, soit à l'amiable, soit par ordonnance de justice lorsque les co-intéressés bailleurs ne peuvent se mettre d'accord sur les conditions de la location (v. n° 357); cette forme est également nécessaire à l'égard des biens des fabriques, des hospices et autres établissements publics (v. n° 372).

68. ACTE SOUS SEING PRIVÉ. — Comme tout contrat synallagmatique, le bail par acte sous seing privé doit être dressé en autant d'originaux qu'il y a de parties ayant des intérêts opposés (Civ. 1325) et l'acte doit en contenir la mention. Jugé à cet égard qu'à défaut de la formalité du double, le bail ne fait pas preuve de l'existence de la convention (Seine, 30 juin 1892. Pand. fr., 93.2.79; Nancy, 9 janv. 1907, S. 1908.2.314).

L'enregistrement en est obligatoire dans un délai déterminé (V. n° 553).

Et il a été jugé qu'un bail, bien que passé de bonne foi, est susceptible d'être annulé suivant les circonstances, lorsqu'il n'a acquis *date certaine* que postérieurement au commandement à fin de saisie immobilière (Cass., 9 déc. 1878, S. 79.1.360, D. 79.1.316; Seine, 29 mai 1905, *R. N.*, 1905.571).

69. BAIL NON ÉCRIT. — CONSÉQUENCES. — Si la forme est indifférente au contrat, elle n'est pas indifférente quant aux conséquences : d'une part, l'authenticité est indispensable pour acquérir les droits d'hypothèque et d'exécution, et d'autre part, dans le cas où le bail est dénié, l'inadmissibilité de la preuve testimoniale rend la convention écrite nécessaire pour cet objet.

70. PREUVE. — Il sera donc toujours préférable de constater le bail par écrit, pour éviter, en cas de contestation, les difficultés qui peuvent surgir sur la preuve, soit de l'existence même du bail si le contrat n'a reçu aucune exécution, soit sur les conditions et le prix s'il y a eu commencement de jouissance (Civ. 1715 et 1716). — V. n° 78.

C'est ainsi qu'il a été reconnu :

Que l'existence d'un bail verbal qui n'a encore reçu aucune exécution, ne peut être établie ni par la preuve testimoniale ni par des présomptions (Cass., 25 janv. 1905, S. 1905.1.236, 28 juill. 1908, S. 1909. 1.381; Marseille, 27 juill. 1904, *Jur. civ. Marseille*, 1905.120; Toulouse, 28 janv. 1909; *Gaz. Trib. Midi*, 13 juin 1909; Grenoble, 26 avril 1909, *Rec. Grenoble*, 1909, 255).

Que le tribunal, à défaut de présentation d'écrit, peut trouver dans l'occupation, l'exploitation et l'entretien des lieux la preuve de l'*existence* du bail et que les quittances font preuve du *prix* (Grenoble, 13 avr. 1910, *Rec. Grenoble*, 1910.189).

Lorsqu'il n'existe pas de quittances, ou si elles ne se sont pas produites, la loi accordant dans tous les cas au bailleur une préférence qui n'est peut-être pas suffisamment justifiée, décide que le prix du bail sera fixé par son affirmation sous serment, si mieux n'aime le locataire ravir au bailleur le bénéfice de la fixation du prix, en demandant une estimation par experts, dont il supportera les frais *si l'estimation excède le prix qu'il a déclaré* (Civ. 1716).

Sur les difficultés à prouver l'existence, le prix et la durée d'un bail verbal ou dont l'écrit ne peut être représenté, v. notamment Douai, 13 mai 1909. *Rec. Douai* 1909. 280.

71. CONSENTEMENT. — CONSENTEMENT RÉCIPROQUE. — Le bail, pour produire tous ses effets, doit porter le consentement réciproque des deux parties sur la nature du contrat et sur ses éléments.

Le consentement doit être libre, exempt d'erreur, de violence et de dol (Civ. 1109) sous peine de nullité du contrat.

72. ACCEPTATION. — Le bail doit être formellement accepté par le preneur, à défaut il ne constitue qu'une simple promesse de bail (v. n° 56).

73. DURÉE DU BAIL. — La durée du bail doit en principe être expressément indiquée au contrat, toutefois elle peut résulter de l'ensemble même du contrat (Cass. 12 août 1858, S. 60.1.79, D. 58.1.369).

74. DURÉE INDÉTERMINÉE. — Elle dépend de la volonté des parties contractantes et de leur capacité (v. *supra* n⁰ˢ 15 à 52); elle peut être indéterminée, en ce sens qu'elle peut être laissée soit à la volonté du preneur (Paris. 10 juill. 1840, S. 40.2. 445), soit à la volonté du bailleur (Aix, 14 févr. 1872, D. 73.2.93), soit de l'un et l'autre à la fois. Le bail héréditaire est même admis, c'est-à-dire qu'il peut être conclu pour la vie du preneur ou pour celle de trois personnes au plus successivement (L. 18 déc. 1790, art. 1ᵉʳ; Cass., 24 nov. 1837); Cette opinion est toutefois controversée, les uns voient dans le bail héréditaire un bail perpétuel au moins sous condition et comme tel prohibé (Colmar, 16 juin 1852, D. 52.1.285), les autres en font une constitution de rente foncière, à ce titre toujours rachetable, conformément à l'article 530 C. c.

75. BAIL A VIE. — Le bail peut être fait pour toute la vie du preneur, c'est ce que l'on appelle le bail à vie [FORM. 23]; il ne diffère d'un bail ordinaire que pour sa durée.

Cette durée peut être stipulée, non seulement pour la vie du preneur, mais aussi de plusieurs personnes successivement, pourvu toutefois qu'elles ne dépassent pas le nombre de trois, conformément à la loi du 29 décembre 1790.

76. BAIL A DURÉE ILLIMITÉE. - Lorsque le bail est consenti *sans expression de durée*, il est dit « bail à durée illimitée » [FORM. 24]. — Ne saurait avoir ce caractère le bail consenti pour une durée indéterminée ou incertaine contenant la faculté pour chacune des parties de le faire cesser par la manifestation de sa volonté. Ce point a son importance au point de vue du droit d'enregistrement (v. n⁰ 640).

77. BAIL VERBAL — La durée d'un bail verbal, quel qu'en soit le prix, qu'il y ait ou non un commencement de preuve par écrit, ne peut se prouver ni par témoins ni par présomptions; l'usage des lieux, seul, doit servir à déterminer cette durée et par suite, le délai dans lequel le congé peut être utilement donné (Cass., 28 juillet 1908, S. 1909.1.381).

78. USAGE DES LIEUX. — Quand la durée de la location n'a pas été fixée par la convention, verbale ou écrite, les parties sont censées s'en être référées à l'usage des lieux et un congé doit être donné dans les délais d'usage (Civ. 1736, 1758, v. n⁰ 164) et suivant la nature de la chose louée (Bourges, 30 mai 1873).

Que faut-il entendre par « usage des lieux »? Bien que cette définition ne paraisse avoir été donnée par aucun auteur, tout au moins dans la matière spéciale du louage, il ne peut y avoir de difficulté sur ce point : l'usage est la coutume admise dans la localité, coutume à laquelle il peut assurément être dérogé par des stipulations particulières (v. Cass., 11 mai 1886, S. 86.1.416), mais qui, à défaut de ces stipulations, doit être réputée conforme à l'intention des parties et équivaut par suite à une convention formelle (v. *Rép. gén. du dr. jr. usages locaux*, n⁰ˢ 1 à 88 et s.).

79. MAXIMUM DE DURÉE. — En résumé, nous pensons que la durée la plus longue d'un bail ne peut dépasser 99 ans, terme extrême fixé pour l'emphytéose par la loi des 18 et 29 déc. 1790 et qui, *a fortiori*, doit être appliqué au bail ordinaire (v. Aubry et Rau, t. 4, p. 469; Guillouard, I, n⁰ 37; Laurent, t 25, n⁰ 38). Tout bail fait pour un temps plus long serait réductible.

80. PÉRIODES DE DURÉE. — La durée d'un bail peut être divisée par périodes, avec faculté pour telle ou telle des parties ou pour les deux réciproquement de faire cesser le bail à l'expiration de l'une de ces périodes en se prévenant réciproquement à l'avance. Le bail est alors considéré en doctrine et en jurisprudence comme un bail de la totalité des années, affecté d'une faculté de résiliation à la fin de chaque période, c'est-à-dire sous condition résolutoire (v. Cass.. 10 janv. 1882, D. 82.1.23; Laurent, t. 16, 316.333 ; *contra* : Le Havre, 17 avril 1886).

81. MODE DE COMPTER LES PÉRIODES. — Toutes les périodes successives d'un bail ont toujours pour point de départ la date même à laquelle commence à courir le bail et chaque période comporte les périodes précédentes. — Spécialement un bail consenti pour une durée de une année, trois, six ou neuf années, implique que les parties peuvent le faire cesser après l'expiration de la première année, après la troisième, la sixième et la neuvième. Le fait qu'un prix différent a été stipulé pour la première année est sans importance pour l'interprétation du mode de calcul des périodes (T. civ. Seine, 12 juin 1907, *La Loi*, 24 juin 1907).

82. FRACTIONNEMENT. — Nous verrons ci-après (n⁰ 586) que la division d'un bail par périodes permet le fractionnement du droit d'enregistrement.

83. PRIX DU BAIL. — Il ne peut y avoir bail, sans un prix convenu, pour la jouissance de la chose louée (Civ. 1709), car, à défaut, le contrat prendrait le ca-

ractère d'un prêt à usage, commodat ou
mandat.

84. NATURE. — Ce prix, appelé loyer ou
fermage, doit être sérieux et déterminé ;
il peut cependant être laissé à l'arbitrage
d'un tiers ; il consiste ordinairement en
une somme d'argent, mais peut toutefois
avoir lieu en denrées, à la condition que
celles-ci deviennent la propriété du bailleur (Troplong, t. I, 69).

85. POT DE VIN. — Il arrive quelquefois que
le bailleur stipule un pot de vin. Pour peu
qu'il soit considérable, il est regardé
comme faisant partie intégrante du prix
de la location.

En cas de résiliation du bail, le pot de
vin doit être restitué, déduction faite du
temps pendant lequel a duré la jouissance
du preneur (v. Seine, 16 janv. 1840, *Le
Droit*, 17 janv. 1840 ; Cass., 11 janv. 1865,
S. 65.1.239).

86. PAIEMENT. — Les parties peuvent fixer,
comme elles l'entendent, les époques de
paiement du loyer ; à défaut de stipulation
à cet égard, le paiement doit avoir lieu
aux époques et de la manière fixées
par l'usage des lieux (n° 78). — Un prix
unique payable même d'avance peut être
stipulé pour un bail de plusieurs années,
mais s'il est payé plus de trois années non
échues, la transcription du contrat devient
nécessaire (L. 23 mars 1855, art. 2, n° 3)
(v. n° 688).

Un tiers peut se porter caution pour le
paiement du prix et une hypothèque peut
être consentie soit par le preneur, soit par
la caution pour la garantie du loyer et
l'exécution des conditions du bail (n° 167).

87. ÉTAT DE LIEUX. — Il est très important, dans l'intérêt du bailleur aussi
bien que dans celui du preneur, de faire
dresser avant l'entrée en jouissance un
état des lieux loués. Lorsque cet état a
été fait, le preneur n'est tenu de rendre la
chose que dans l'état où il l'a reçue, excepté ce qui a péri, ou a été dégradé par
vétusté ou force majeure (Civ. 1730) et
s'il n'en a pas été fait, le preneur est présumé avoir reçu la chose louée en bon
état de réparations locatives et doit les
rendre tels, sauf la preuve contraire (Civ.
1731 ; Seine, 8 févr. 1898, *Gaz. Trib.*, 5
août 1898).

88. PREUVE DE L'ÉTAT DES LIEUX. — A défaut
d'état de lieux, on admet que le preneur
peut prouver par témoins, même lorsque
l'objet du litige excède 150 fr., que la
chose louée n'était pas, au moment de son
entrée en jouissance, en bon état de réparations locatives (Duvergier, *Louage*, t. I,

443) ; Marcadé, art. 1730-1 ; Massé et
Vergé, t. 4, § 702, note 23 ; Aubry et
Rau, t. 4, § 367, p. 489 ; Agnel 363 ;
Cass., 27 juil. 1896, *R. N.* 1896.745).

89. FORME. — L'état de lieux doit être
fait sur timbre en double, aux frais de
celui qui le réclame, sa forme n'est pas
fixée par la loi ; si le bailleur se refusait à
faire cet état, le preneur pourrait l'y contraindre. Le bailleur aurait d'ailleurs le
même droit si l'opposition venait du locataire [FORM. 48].

90. DÉLAI. — Il n'existe pas de délai fa-
tal après l'expiration duquel le preneur
serait privé du droit de faire un état de
lieux (Paris, 18 mars 1895, D. 95.2.240).

91. HONORAIRES DE L'ARCHITECTE. — Pour dresser utilement un état de lieux, il est indispensable que les deux parties soient
représentées lors de sa confection. — En
conséquence, les honoraires de l'architecte
du propriétaire qui y a assisté doivent
être supportés par le locataire quand celui-ci a pris à sa charge les frais d'état de
lieux ; mais, si ces honoraires sont exagé-
rés, le tribunal peut les réduire (Seine,
31 juillet 1903, *Le Droit*, 5 nov. 1903).

92. FIN DE BAIL. — Il a été décidé que le
locataire qui, à l'expiration de sa jouissance, paye son loyer, vide les lieux loués,
et remet la clé à son bailleur qui accepte
cette remise sans faire ni protestations ni
réserve, est présumé avoir rempli toutes
ses obligations ; et le bailleur qui n'a point
fait constater l'état des lieux avant la
sortie du locataire, est censé les avoir
reçus en bon état de réparations locatives
(Lille, 21 mars 1898 et 2 mai 1898, *Nord
jud.*, 1899.292 et 294 ; Paris, 14 avril 31
mai 1906 ; *Gaz. Pal.*, 20 juill. 1906 ; Lille,
14 avril 1909, *Rev. jud. Nord*, 1910.88).

III. — BAIL AVEC PROMESSE DE VENTE

93. PROMESSE DE VENTE. — Le bail
peut, sans perdre son caractère, contenir
une promesse de vente au preneur, de
l'objet loué.

94. CARACTÈRE. — A ce sujet il a
été décidé :

1° Que le contrat qui stipule que le preneur a, jusqu'à l'expiration du délai de
jouissance, le droit d'acquérir le terrain à
lui loué moyennant un prix principal ré-
parti sur toutes les années de la location,
sous forme de loyers se compensant de
plein droit, a due concurrence avec le
prix de vente, constitue un bail avec promesse unilatérale de vente et non une
vente ferme (Seine, 28 avril 1904, *Gaz.
Trib.*, 24 juillet 1904).

2º Qu'il y a lieu de considérer comme un bail résiliable en cas de non-paiement du loyer, la convention par laquelle une société constituée loue un immeuble bâti qui sera acquis au locataire par le paiement d'une annuité au bout d'un certain temps (Lyon, 25 févr. 1904).

95. EFFETS. — Le bail qui contient promesse de vente ne confère aucun droit réel au bénéficiaire, mais il lui procure un droit de créance qui lui est de suite et définitivement acquis, en sorte qui si une vente à un tiers est intervenue, en violation du bail antérieur contenant promesse de vente, il y a lieu de prononcer la condamnation solidaire à des dommages-intérêts, de même que l'annulation de la vente (C. Nancy, 4 avril 1906, *R. N.* 1906. 301 ; v. Cass., 13 mars 1907, *R. N.* 1908. 122).

§ 5. — EFFETS DU BAIL

I. — OBLIGATIONS DU BAILLEUR

96. PRINCIPE. — Aux termes de l'article 1719 C. civ., le bailleur est tenu par la nature du contrat, sans qu'il soit besoin d'aucune stipulation particulière, de trois obligations :

97. DÉLIVRANCE. — 1º *De délivrer au preneur la chose louée.* — Cette première obligation est de l'essence du contrat et la chose louée doit être livrée « en bon état de réparations de toute espèce » (Civ., 1720), (ce qui comprend les réparations même simplement locatives) sous peine de dommages-intérêts envers le preneur.

Cette obligation s'étend aux accessoires fixés par l'usage des lieux à défaut de détermination dans le bail (Pau, 14 janvier 1904 ; *La Loi*, 3 mars 1904) et doit être exécutée aux frais du bailleur à l'époque convenue par le contrat ou, à défaut, suivant l'usage des lieux.

98. INEXÉCUTION. — C'est là une obligation principale essentielle pour l'exécution de laquelle il n'est pas besoin de mise en demeure et dont le défaut emporte résiliation du contrat (Lyon, 20 nov. 1899 ; *La Loi*, 13 mars 1900).

99. DOUBLE LOCATION. — Suivant l'opinion dominante, dans le cas où le bailleur a loué la même chose à deux personnes différentes, le premier locataire en date a la préférence s'il n'y a pas encore eu de mise en possession ; mais, au cas contraire, c'est celui-ci qui a la préférence, alors même que le titre de l'autre serait

antérieur, le tout sous peine de dommages-intérêts envers le locataire évincé.

100. ENTRETIEN. — *2º D'entretenir la chose louée en état de servir à l'usage pour lequel elle a été louée.* — Cette obligation consiste à faire toutes les réparations nécessaires à l'immeuble, même par cas fortuit et par vétusté (autres que les réparations locatives incombant au preneur).

101. GROSSES RÉPARATIONS. — Ainsi les grosses réparations sont, en toute hypothèse, à la charge du propriétaire, alors même qu'il s'agit de vice apparent que le locataire a pu constater avant son entrée en jouissance (Paris, 10 mars 1897, *Pand. Fr.* 98.2.16) ; le ramonage des cheminées n'incombe pas au propriétaire (v. nº 13)1.

Par grosses réparations, il faut entendre celles visées à l'art. 606 du Code civ. et l'énonciation qui en est faite est limitative et ne doit pas être étendue (Seine, 7 nov. 1903 ; Paris, 5 juin 1905, *R. N.* 1905.218).

Toutefois, le curage des puits et celui des fosses d'aisances sont à la charge du bailleur, sauf convention contraire (Civ., 1756).

102. ÉTENDUE. — En principe, le propriétaire doit entretenir son immeuble en rapport avec le prix du loyer et, en sens inverse, le locataire ne pourrait exiger des réparations luxueuses dans une maison qui ne les comporte pas.

Ces réparations peuvent être faites malgré l'opposition du locataire, mais il faut toutefois qu'il y ait urgence (Cass., 16 nov. 1886, S. 87.1.56) ; si elles durent plus de 40 jours, le prix du bail peut être diminué à proportion du temps et de la partie de la chose louée dont le locataire aura été privé (Seine, 30 mai 1906, *Mon. Jud. Lyon*, 29 nov. 1906), sauf convention contraire dans le bail ; si les réparations sont de telle nature qu'elles rendent inhabitable ce qui est nécessaire au logement du preneur et de sa famille, celui-ci pourra faire résilier le bail (Civ., 1724).

103. DISPENSE D'ENTRETIEN. — Toutefois cette obligation d'entretien n'est pas d'ordre public et il peut y être dérogé par des conventions particulières (Cass., 14 janv. 1895, *Pand. Fr.* 96.1.117 ; Baudry-Lacant. et Walh, t. I, nº 239 et S.) ; spécialement la clause du bail aux termes de laquelle le preneur accepte les lieux loués dans l'état où ils se trouvent sans pouvoir réclamer aucune réparation dans le cours du bail, lui interdit toute demande de dommages-intérêts à raison du préjudice qu'il pourrait éprouver du défaut de réparations (Seine, 16 févr. 1905, *Gaz.Trib.* 13 juill. 1905). Il ne faut pas oublier que, pendant la durée du bail, le bailleur ne peut changer la forme de la chose louée (Civ., 1723).

104. RÉPATIONS LOCATIVES. — Quant à l'énumération des diverses réparations locatives à la charge du preneur et contenue à l'art. 1754, elle est toute énonciative ; la règle véritable se trouve à l'art. 1720, qui renvoie aux usages locaux (V. nos 130 et s.).

105. JOUISSANCE. —3° *D'en faire jouir paisiblement le preneur pendant la durée du bail.* — De cette obligation générale découle une triple garantie : 1° garantie des vices de la chose louée qui en empêchent l'usage ; 2° garantie de la perte totale ou partielle de la chose ; 3° garantie de tout trouble, soit de la part du bailleur, soit de la part des tiers.

106. IMPOSSIBILITÉ D'USAGE. — L'impossibilité d'usage doit s'entendre d'une manière assez large, ainsi il a été jugé notamment : que la présence des punaises dans une maison (Seine, 30 avril 1903, D. 1903.5. 458 ; Caen, 10 août 1908, *Rec. Caen*, 1908.263), ou l'existence d'une cheminée qui fume au point d'en rendre l'usage impossible donnent lieu à garantie et à dommages-intérêts et même à résiliation du bail. Il en est de même de l'état de malpropreté de la maison louée du fait du bailleur, la pose et la suspension d'objets divers au-devant des fenêtres, tels que les étendages de linge sale et le séchage de linge lavé, encore qu'ils ne soient ni permanents ni continus (Paris, 14 mai 1903, *Gaz. Trib,*, 11 oct. 1903).

Il est aujourd'hui admis que l'obligation pour le bailleur de garantir le preneur contre les vices de la chose peut être écartée par une clause du contrat.

107. DESTRUCTION DE LA CHOSE. — Si, au cours du bail, la chose est détruite en totalité par un cas fortuit, aucune faute n'étant imputable au propriétaire, il ne peut être tenu à des dommages-intérêts, mais le bail est résilié de plein droit et le preneur ne pourrait pas plus obliger le bailleur à rétablir la chose, que le bailleur ne pourrait, en la rétablissant, obliger le preneur au maintien du bail.

Si la chose n'est détruite qu'en partie, le preneur peut, suivant les circonstances, demander ou une diminution du prix ou la résiliation même du bail, le tout sans autre dédommagement (Civ., 1722).

— Pour que le preneur puisse demander l'application de ces dispositions, il importe que l'événement ait une certaine importance (Paris, 9 juin 1874) et porte sur la chose elle-même ; lorsque le preneur opte pour la continuation du bail, il peut exiger du bailleur la remise en état des lieux (Cass., 18 nov. 1892. D. 92.1. 81).

Enfin, il paraît admis que les parties peuvent déroger à cette stipulation de garantie par des clauses expresses du bail, sauf à l'égard de la perte totale de la chose.

108. TROUBLE DE JOUISSANCE. — Le bailleur doit s'abstenir de troubler lui-même la jouissance du preneur, par exemple, en changeant la forme ou la destination de la chose louée, en diminuant la jouissance par suite des travaux exécutés à un immeuble voisin de celui loué (Seine, 2 juil. 1898, 18 mars 1904, *Gaz. Trib.*, 11 nov. 1898 et 30 juil. 1904), ou encore en introduisant dans l'immeuble des industries incommodes, insalubres, dangereuses ou immorales, pouvant causer préjudice au preneur (Seine, 10 déc. 1906, *R. N.* 1909. 123 ; Cass., 24 mars 1908, *R. N.* 1909-88).

109. COMMERCE SIMILAIRE. — En l'absence de stipulations dans le bail, le propriétaire qui a loué un local dans sa maison à un commerçant ou à un industriel peut-il louer une autre partie de la même maison à un autre locataire pour l'établissement d'une industrie de même nature ?

Cette question est controversée.

Dans le sens de l'affirmative : Paris, 3° ch., 8 mai 1862, 12 mars et 15 juin 1864 et 2 mars 1865 ; Paris, 2° ch., 19 janvier 1865 ; Bordeaux, 17 avril 1863 ; Rennes, 8 mai 1863 ; Toulouse, 14 mars 1864 ; Metz, 26 nov. 1868 (S. 63.2.222, 64.2.257, 69.2.175) ; Cass., 6 nov. 1867 (S.67.1.421) ; Paris, 5° ch., 19 févr. 1870 (*Bulletin de la Cour de Paris*, 1870, p. 256) ; Dreux, 3 janv. 1893 (*Gaz Pal.*, 93.1.37) ; Seine, 11 août 1899 ; Lyon, 19 mai 1896 (*R, N.,* 96.860), 26 déc. 1902 (D. 1903.2.128) ; Seine, 9 juin 1904 (*Gaz. Trib.*, 18 sept. 1904) ; Bordeaux, 5 juin 1907 (*Rec. Bordeaux*, 1907.1.312).

Dans le sens de la négative : Cass., 8 juil. 1850 ; Nîmes, 31 déc 1855 ; Lyon, 19 mars 1857 (S. 51.1.114, 57.2.164, 57.1. 113) ; Paris, 2° ch., 4 mars 1858, 29 mars 1860 (S. 58.2.325, 60.2.125) ; Paris, 4° ch., 5 nov. 1859 (S 59.2.649) ; Seine, 14 nov. 1898 (*Gaz. Trib.*, 7 janv. 1899) ; Tr. paix Paris, 11 mars 1900 (*La Loi*, 12 avril 1900); Lyon, 13 mars 1902 (*Mon. Jud. Lyon*, 11 sept. 1902).

A notre avis, et conformément à celui

de la majorité des auteurs, la négative de la question doit être adoptée, car elle nous paraît non seulement plus conforme au texte et à l'esprit de la loi, mais plus morale en ce qu'elle ne laisse point place aux convoitises d'une concurrence déloyale.

Bien entendu, cette solution ne saurait s'appliquer à une profession libérale (médecin, avocat, notaire, greffier, avoué, fonctionnaire), car si une profession libérale comporte une clientèle, celle-ci est tout spécialement attachée à la personne.

Dans le même ordre d'idée, lorsqu'un bailleur interdit à un preneur d'exercer ou de laisser exercer dans les lieux loués un commerce semblable à ceux déjà exercés par les autres locataires du même immeuble, le bon sens et l'équité commandent de considérer que ledit bailleur a pris implicitement et par réciprocité l'engagement d'interdire à ses autres locataires d'exercer ou de laisser exercer dans l'avenir un commerce semblable à celui exercé par le preneur ou ses ayants cause. (En ce sens : C. Riom, 15 janv. 1906, *R. N.* 1906.167).

Mais le bailleur qui prend envers un de ces locataires commerçant l'engagement de ne pas louer partie de son immeuble pour des industries similaires ne s'oblige pas, par cela même, à faire disparaître les industries similaires déjà existantes dans l'immeuble et il ne s'interdit pas davantage de renouveler postérieurement à la passation du bail, avec ce locataire les baux conclus antérieurement avec les autres locataires exerçant des industries similaires (V. not., Lyon, 26 déc. 1902, *Mon. Lyon,* 16 mars 1903).

110. TROUBLES PROVENANT DES TIERS. — Le bailleur est également tenu à garantir tous troubles provenant des tiers ; il importe de distinguer ici les troubles de fait dont le bailleur n'est nullement garant (Civ. 1725) et les troubles de droit qui tombent au contraire sous la garantie du bailleur ; il en est ainsi par exemple lorsqu'un tiers se prétend propriétaire et réclame du preneur le délaissement de tout ou partie de la chose ou lorsqu'il prétend exercer sur elle une servitude, ou interdire l'exercice d'une servitude établie au profit de cette chose.

Le propriétaire est également responsable des agissements du concierge vis-à-vis de ses locataires et des tiers qui se rendent chez eux (Seine, 2 fév. 1889) et le locataire est en droit de demander l'expulsion du concierge dont il a à se plaindre (Paris, 20 juill. 1889) et même la résiliation du bail (Seine, 2 fév. 1889).

111. EXPROPRIATION POUR CAUSE D'UTILITÉ PUBLIQUE. — En outre des obligations de droit précitées, le propriétaire, au cas d'expropriation pour cause d'utilité publique (L. 3 mai 1841, art. 21 à 39) est tenu, dans la huitaine qui suit la notification du jugement, de faire connaître à l'administration ses fermiers et locataires, pour que ceux-ci puissent recevoir leur indemnité.

Lorsque l'expropriation s'applique à la totalité de la chose louée, elle comporte de plein droit résiliation du bail.

112. RESPONSABILITÉ. — Si le bailleur néglige de se conformer aux prescriptions précitées, il reste personnellement tenu envers ses locataires des indemnités que ces derniers peuvent réclamer.

113 EXPROPRIATION PARTIELLE. — En cas d'expropriation partielle, les locataires, en outre de l'indemnité qui leur est allouée par l'administration, peuvent exiger de leur bailleur une diminution de loyer proportionnelle (Cass., 8 août 1855, S. 66.1. 422) ou la résiliation du bail (Cass., 12 août 1867, 15 juin 1868, 22 juin 1869, 19 mars 1872 ; Périgueux, 27 mai 1892).

114. VENTE DE L'OBJET LOUÉ. — Aux termes de l'art. 1743 C. civ., si le bailleur vend à un tiers la chose louée, l'acquéreur ne peut expulser le fermier ou le locataire qui a un *bail authentique* ou dont le bail a acquis date certaine *avant la vente,* à moins que ce droit n'ait été réservé expressément dans le bail.

115. APPLICATION. — Cette obligation de respecter le bail s'applique non seulement à tous acquéreurs, mais à tout successeur particulier du bailleur, donataire, légataire, échangiste, usufruitier (Paris, 24 juin 1858).

116. CONGÉ. — FIN DE BAIL. — D'après la doctrine dominante, lorsque l'acquéreur est en droit d'expulser le locataire entré en possession, il est tenu d'observer à cet égard le délai de congé fixé par l'usage des lieux s'il s'agit de maison, et s'il s'agit de biens ruraux le délai nécessaire pour recueillir tous les fruits de l'héritage affermé. La jurisprudence au contraire donne à l'acquéreur le droit d'expulsion immédiate. Dans tous les cas, la faculté de mettre fin au bail appartient à l'acquéreur seul et non au preneur, à moins que le contrat de louage ne porte qu'en cas de vente de l'immeuble, le bail sera résilié de plein droit.

117. INDEMNITÉ. — Lorsque l'acquéreur use de son droit d'expulsion, le bailleur doit une indemnité au preneur, réglée d'après les conventions du bail à cet égard, et, à défaut, conformément aux stipulations des art. 1744 et s. du Code civil.

118. ACQUÉREUR A RÉMÉRÉ. — L'acquéreur a réméré ne peut user de la faculté d'expulser à lui réservée qu'après l'expiration du délai de réméré (Civ. 1751).

119. RENONCIATION A RÉCLAMATION. — Est nulle comme contraire à l'essence même du contrat de louage, la clause d'un bail, aux termes de laquelle le locataire renonce à former aucune réclamation contre le bailleur, pour quelque cause que ce soit (Cass., 19 janv. 1863, S. 63.1. 185 ; 14 janv. 1895, S. 95.1.262 ; Lyon, 16 fév. 1898, *R. N.* 1898-2571 ; Paris 29 juin 1898, *R. N.* 1898-2668).

II. — OBLIGATIONS DU PRENEUR.

120. GÉNÉRALITÉS. — L'article 1728 du Code civil indique deux obligations principales à la charge du preneur ; mais il y en a d'autres qui tiennent à la nature même du contrat de louage et qui ajoutées à ces deux obligations fournissent l'énumération suivante : 1° Le preneur doit garnir les lieux loués de meubles suffisants pour répondre du paiement des loyers (V. *infra,* n° 121) ; 2° il doit jouir de la chose louée suivant sa destination et en bon père de famille (V. n° 127) ; 3° il doit faire les réparations locatives (V. n° 130) ; 4° il doit veiller à la conservation de la chose et la restituer non détériorée par son fait ou par sa faute (V. n° 133) ; 5° il doit payer le prix des loyers (V. n° 136); 6° il doit laisser visiter les lieux loués après avoir reçu congé (n° 165).

121. LIEUX GARNIS DE MEUBLES. — PRINCIPE. — Le mobilier étant le gage du propriétaire sur lequel il a un privilège, ce serait en vain que le législateur aurait créé ce privilège s'il n'avait pas pourvu en même temps à son exercice en imposant au preneur l'obligation d'apporter dans les lieux loués les objets sur lesquels repose le droit du propriétaire ; une seconde préoccupation a guidé le législateur lorsqu'il s'est agi du bail à ferme, savoir: garantir la bonne exploitation de la ferme (Civ. 1766). L'obligation du fermier est donc plus lourde, car, en outre du mobilier devant répondre du paiement du loyer, il faudra encore qu'il garantisse, par le nombre et la nature des bestiaux et instruments aratoires qui le composent, la bonne culture de la terre (V. n°ˢ 228 et s.).

122. APPLICATION. — Cette obligation de garnir de meubles les lieux loués s'applique spécialement aux baux à loyer et aux baux à ferme.

123. CONSISTANCE DES MEUBLES. — Nous pensons que par cette expression : « meubles suffisants », le législateur a entendu des meubles suffisants pour le garantir d'une année de loyers seulement et des frais de saisie et de vente (en ce sens : Paris, 16 fév. 1909, S. 1909.2.254), et non toutes les années à échoir ; les tribunaux ont d'ailleurs un pouvoir discrétionnaire pour apprécier si les lieux loués sont suffisamment garnis de meubles pour garantir le propriétaire (Paris, 21 avril 1886).

124. GARANTIE ÉQUIVALENTE. — Le preneur n'est d'ailleurs pas obligé de garnir les lieux loués s'il fournit des sûretés capables de répondre du loyer (Civ. 1752) ou si la nature de la chose louée ne comporte pas cette obligation, tel un appartement garni.

125. ENLÈVEMENT. — Dès que les locaux loués sont garnis de meubles, le locataire ne saurait en faire l'enlèvement sauf pour une partie seulement, si ce qui reste est suffisant pour la garantie du propriétaire (Lyon, 1ᵉʳ juillet 1892, D. 93.2.88).

126. SANCTION. — Le défaut par le preneur de satisfaire à l'obligation de l'art. 1752 donne le droit au bailleur de faire prononcer la résiliation du bail et de faire expulser le locataire, même s'il ne doit encore aucun terme de loyers, si, par exemple, les loyers ont été payés d'avance (Bordeaux, 26 juil. 1888, D. 90.2. 94 ; Amiens. 8 juil, 1890. *Rec. arr. Amiens,* 1890-223) ; et cette expulsion réalisée, le locataire ne peut, même en acquittant les termes postérieurs, obtenir sa réintégration dans les lieux loués (Seine. 31 déc. 1864).

127. JOUISSANCE. — USAGE DE LA CHOSE. — Suivant l'article 1728, le preneur est tenu d'user de la chose louée en bon père de famille et suivant sa destination.

Par cette obligation, il faut entendre que le preneur, en général, doit se conduire à l'égard du bien loué comme le ferait un propriétaire soucieux de conserver sa chose en bon état et qu'il ne peut en changer la destination qui lui a été donnée par le bail (Seine, 28 mars 1898, *R.N.,* 1898-2557).

128. — DESTINATION. — La destination de la chose se présume d'après les circonstances lorsqu'elle n'est pas déterminée par le contrat. Cette détermination peut être expressément formulée ; elle peut résulter également de l'indication faite dans le bail de la profession que doit exercer le preneur (Cass., 7 nov. 1882, S. 84.1.187 ; Lyon, 4 fév. 1898, *R. N.*, 1898-2557 ; Cass., 11 fév. 1907, *R. N.*, 1908-161).

129. SANCTION.— La sanction de cette obligation consiste dans le droit pour le bailleur de demander la résiliation du bail (Civ. 1729. V. n° 148).

Cette résiliation ne saurait être obtenue par le bailleur pour le fait que le locataire n'occupe pas les lieux loués (Lille, 24 juill. 1905, *Le Droit*, 17 nov. 1905).

130. RÉPARATIONS LOCATIVES. — Cette obligation est généralement applicable aux baux à loyer et aux baux à ferme.

Elle prend naissance dès l'entrée en jouissance et se continue pendant toute la durée du bail ; elle impose au preneur l'obligation de faire ces réparations au fur et à mesure qu'elles deviennent nécessaires, et, en tous cas, de les exécuter à la fin du bail (Seine, 26 janv. 1900, *La Loi*, 13 avril 1900).

131. NATURE. — Les réparations locatives ou de menu entretien présumées nécessitées par la faute du preneur ou de ceux qui habitent avec lui ont été mises à la charge de celui-ci. L'énumération des articles 1754 et 1756 n'est pas limitative et la détermination s'en fera suivant l'usage des lieux (Civ. 1754). Le ramonage des cheminées est à la charge du locataire.

132. VÉTUSTÉ. FORCE MAJEURE. — Il est fait exception à cette règle par l'art. 1755 qui dispose « qu'aucune des réparations dites locatives n'est à la charge des locataires, quand elles ne sont occasionnées que par vétusté ou force majeure ». Le caractère du cas fortuit ou de force majeure est déterminé souverainement par les juges ; mais il appartient à la Cour de cassation d'apprécier la portée légale des faits relevés par les juges du fond comme constituant la force majeure (Cass., 22 janv. 1877).

133. GARDE ET CONSERVATION DE LA CHOSE. — Le preneur doit rendre les lieux en bon état, ou du moins dans l'état où ils étaient quand sa jouissance a commencé.

Il répond donc des dégradations ou des pertes qui arrivent pendant sa jouissance, de son fait ou du fait des personnes de sa maison (parents, hôtes, domestiques, ouvriers, etc...) (Besançon, 28 déc. 1898,

D. 99.2.104), ou de ses sous-locataires (Civ. 1735), à moins qu'elles ne soient le résultat de la vétusté ou de force majeure (Civ. 1732). — Si le preneur prétend que les dégradations subies par la chose pendant sa jouissance se sont produites sans sa faute, qu'elles sont, par exemple, le résultat de la vétusté et que, par suite, il n'en est pas responsable, il devra en faire la preuve, car il est présumé en faute (V. n°s 87 et suiv.).

134. AMÉLIORATIONS. — CONSTRUCTIONS. — D'un autre côté, si le preneur a fait des réparations nécessaires autres que les réparations locatives, il a droit d'être indemnisé. — A l'égard des améliorations provenant d'impenses simplement utiles ou voluptuaires, le preneur peut les enlever à la fin du bail, à moins que le bailleur ne s'y oppose en payant la valeur des matériaux et de la main-d'œuvre et non pas seulement la plus-value donnée aux biens loués. Ces améliorations et constructions peuvent être enlevées au cours du bail par le preneur, sans que le bailleur puisse s'y opposer ni contraindre le preneur à les rétablir.

Si le bailleur a renoncé expressément ou tacitement à son drot d'accession le preneur a le droit d'hypothéquer ces constructions. (Paris, 4 nov. 1886, D. 88.2.4 ; Rouen, 29 déc. 1906. *Gaz. Pal.* 13 mai 1907.

135. INCENDIE. — A l'obligation générale de veiller à la conservation de la chose (n° 133) se rattachent les obligations spéciales du preneur en cas d'incendie, tant à l'égard des meubles que des immeubles. Il ne peut échapper à la responsabilité qu'en prouvant que l'incendie provient d'une de ces trois causes : cas fortuit ou force majeure, vice de construction, communication d'une maison voisine (Civ. 1733 ; Cass., 14 nov. 1853, D. 54.1.56 ; 11 janv. 1870, D. 70.1. 256 ; 16 août 1882, S. 84.7.33 ; Douai, 15 janv. 1885, *Gaz. Pal.*, 85.1.311 ; Amiens, 6 janv. 1886, D. 87.2.152 ; Besançon, 27 nov. 1895, *Gaz. Pal.*, 95 2.755 ; Bordeaux, 21 nov. 1899, *R. N.* 1900.145 ; Seine; 31 oct. 1910.

En cas de sinistre, le propriétaire est fondé à exercer son privilège de bailleur sur l'indemnité d'assurance (Paris, 2 août 1897, *R. N.* 1898-1955).

136. PAIEMENT DU LOYER.— Une autre obligation du preneur est de payer le prix du bail aux termes convenus et de la manière réglée par les parties dans le bail. — Si l'époque des différents termes n'est pas expressément fixée par le contrat, on la détermine d'après l'usage des lieux (Paris, 11 mai 1896, *Gaz. Pal. T. Q.*, 1892-97).

Lorsque le bail a imposé au preneur l'obligation de payer une somme à titre de loyer d'avance, sans qu'aucune date d'exigibilité ait été fixée, le bailleur est libre de demander son paiement à toute époque pendant la durée du bail (Cass., 1er déc. 1891, D. 92.1.66).

137. LIEU DE PAIEMENT. — Aucun texte, au titre du louage, ne fixe le lieu où le paiement doit être effectué et il faut donc appliquer la règle générale de l'art. 1247 et décider que le paiement se fera au domicile du preneur débiteur du prix (Duvergier, 1.467 ; Guillouard, I, n° 218 ; Laurent, t. 25, n° 227 ; Lyon, 2 janv. 1898, *R. N.* 1898.2090), sauf convention contraire.

138. VERSEMENT. — Le paiement doit être fait au propriétaire même, ou quelqu'un ayant pouvoir de lui, ou qui soit autorisé par justice ou par la loi (tuteurs, maris ou autres administrateurs) Le concierge n'a pas le pouvoir de donner quittance des loyers pour le propriétaire (Seine, 3 janv. 1905, *Gaz. Trib.*, 12 février 1905). Mais le paiement fait à celui qui n'aurait pas pouvoir de recevoir pour le propriétaire est valable si celui-ci le ratifie ou s'il en a profité (Arg. civ. 1220).

139. PREUVE DU PAIEMENT. — La preuve du paiement se fait par le preneur suivant les règles posées par le chapitre VI, titre III, du Code : *De la preuve des obligations et de celle du paiement.*

140. LOYERS D'AVANCE. — Le loyer stipulé payable d'avance doit être payé au propriétaire par le locataire avant que le terme ne soit commencé, c'est-à-dire au plus tard la veille du jour où ce terme commence (Toulouse, 5 janv. 1899, *Gaz. Trib.*, 6 avril 1899) et la preuve de la libération incombe au preneur (Cass., 1er déc. 1891, *Pand. fr.* 1892.1.454).

Ces loyers conservent leur caractère de loyers et ne peuvent être considérés comme un cautionnement déposé par le locataire (Cass., 24 juil. 1905, S. 1906.1. 289), d'où il résulte que le bailleur, en cas de faillite ou de déconfiture du preneur, n'aura pas à partager avec les autres créanciers de ce dernier le bénéfice des loyers payés d'avance (V. note de M. Wahl sous l'arrêt précité ; Seine, 5 avril 1897, *R. N.* 1897.1285).

141. PRIVILÈGE DU BAILLEUR. — Le bailleur non payé a le droit de faire prononcer la ré-siliation du bail (Civ. 1741) et ordonner l'expulsion, indépendamment de celui de poursuivre le paiement de ce qui lui est dû. Il peut, pour ce paiement, exercer le privilège que lui confère l'art. 2102, modifié par la loi du 19 février 1889, sur le mobilier garnissant les lieux loués (C. Orléans, 22 juin 1906, *R. N.* 1907.117), qu'il fera saisir gager en observant les règles établies dans l'art. 819 C. pr. civ. (Cass., 14 mars 1883, D. 83.1.338) et sur l'indemnité d'assurance en cas d'incendie (Paris, 2 août 1897, *R. N.* 1898.1955).

Le privilège du bailleur sur les objets garnissant la maison ou la ferme prime le privilège du vendeur de ces objets non payés, si on ne prouve pas qu'au moment où le preneur les a introduits dans l'immeuble le bailleur savait que le prix en était encore dû (Cass., 25 nov. 1907, D. 1909.1.57).

Le propriétaire qui reçoit de ses locataires des billets pour le paiement de ses loyers, avec la clause : *valeurs en loyers*, ne fait pas novation et conserve pour le recouvrement de ces loyers son privilège de bailleur (Paris, 26 juil. 1876, *Gaz. Trib.*, 2 nov. 1876).

Lorsque le bail contient une clause portant « qu'à défaut de paiement d'un seul terme de loyer à son échéance et un mois après un commandement de payer resté infructueux, le présent bail sera résilié de plein droit si bon semble au bailleur, etc...», il a été décidé : 1° que le juge des référés est tenu d'en ordonner l'exécution et d'autoriser l'expulsion à défaut de paiement dans la huitaine de la signification de l'ordonnance (Paris, 16 juil. 1900, *Pand. fr.* 1902.2.282) ; 2° que le juge n'a pas le pouvoir d'accorder un sursis au débiteur (Paris, 11 août 1891, *Pand. fr.* 1892.2.227 ; Seine, 7 nov. 1904, *Gaz. Trib.* 16 déc. 1904).

La jurisprudence décide que l'effet résolutoire de la clause précitée se produit *ipso facto*, par le seul fait que l'événement prévu s'est réalisé et que le bailleur a manifesté l'intention de s'en prévaloir (Cass., 21 mars 1892. D. 92.1.228 ; Seine, 10 août 1892, *Gaz. Pal.* 92.2.546 ; Paris, 7 juin 1894, *Gaz. Pal, T. Q.*, 1892.97 ; Cass., 8 mai 1901, *R. N.* 1901.589).

142. PRESCRIPTION. — Les loyers et fermages se prescrivent par cinq ans (Civ. 2277), mais le locataire qui, avant l'arrivée de ces cinq ans, aurait reconnu la dette, notamment dans une lettre écrite à son créancier, ne saurait invoquer cette prescription par application de l'art. 2248

C. c. (Alger, 21 oct. 1901, *J. Trib.* Alger, 11 déc. 1901).

Cette prescription court pour chaque terme, à partir de chaque échéance (Cass., 1ᵉʳ déc. 1891).

III. — CHARGES DES BIENS LOUÉS.

143. IMPOT FONCIER. — L'impôt foncier est à la charge du bailleur ; le preneur peut toutefois être contraint d'en faire l'avance, sauf à s'en faire ensuite tenir compte par le propriétaire sur le prix du bail (L. 3 frim. an VII, art. 147).

A cet égard, on admet qu'en l'absence de stipulation à ce sujet dans le bail le fermier peut être considéré comme ayant pris à sa charge l'impôt foncier lorsque, l'ayant toujours acquitté, il ne l'a pas déduit du fermage fixé par le bail (Cass., 24 juin 1903, S. 1904.1.26).

144. TAXE DES PROPRIÉTÉS BATIES. — La taxe de 2 fr. 50 0/0 sur les propriétés bâties, établie en vertu de la loi du 31 décembre 1900 et la taxe de 0.10 afférente au terrain des propriétés bâties ou non bâties et résultant de la loi du 10 juillet 1902, constituent des additions à l'impôt foncier et, par suite, si, d'après le bail, le preneur est tenu d'acquitter en sus du loyer les impôts fonciers, c'est lui qui doit supporter ces taxes, encore bien qu'un seul impôt foncier existât à l'époque du bail (Cass., 26 déc. 1906, *R. N.* 1907.354).

145. TAXE VICINALE. — Depuis la loi du 31 mars 1903, et en l'absence de clause formelle et contraire dans le bail, c'est le propriétaire des biens affermés qui est tenu du paiement de la taxe vicinale établie en remplacement de la prestation pour l'entretien des chemins vicinaux et le bailleur ne saurait en demander le remboursement à son fermier (Tr. paix Pont-du-Château, 13 janv. 1905, *Déc. J. Paix*, 1905.249).

146. PORTES ET FENÊTRES. — L'impôt des portes et fenêtres, y compris le droit proportionnel qui s'y ajoute, est à la charge du preneur, sauf convention contraire (V. Seine, 13 mai 1908, *Le Droit*, 10 oct. 1908), mais l'administration a le droit d'en poursuivre le recouvrement directement contre le bailleur (L. 3 frim. an VII, art. 12), sauf pour celui-ci, recours contre le preneur pendant 30 ans (Civ. 2262).

147. CONTRIBUTION PERSONNELLE. — Quant à la contribution personnelle et mobilière, elle n'est due que par le preneur et ne peut être exigée que de lui (Paris, 3 mars 1896, D. 96.2.416).

IV. — RÉSILIATION.

148. RÈGLES. — La résiliation d'un bail doit être prononcée par les tribunaux conformément aux dispositions des art. 1184 et 1244 C. civ. (V. n° 406).

149. DÉFAUT DE PAIEMENT. — Spécialement lorsqu'un bail ne contient aucune clause de résiliation faute de paiement du prix, le seul défaut de paiement à l'échéance n'entraîne pas de plein droit la résiliation du bail, et le juge peut accorder, dans ce cas, un délai pour s'acquitter (Trib. paix Antrain-sur-Couesnon, 6 mars 1900, *Mon. Jud. Lyon*, 19 janv. 1901), mais la clause portant qu'il y aura résiliation sans aucune formalité judiciaire pour défaut de paiement du loyer à son échéance, est licite et obligatoire (V. n° 141).

150. INDEMNITÉ. — La résiliation du bail, du fait du locataire peut entraîner, pour celui-ci, l'obligation de payer au bailleur le prix du loyer pendant le temps jugé nécessaire à la relocation (C. Lyon, 16 nov. 1907, *R. N.* 1908-419; Cass., 8 mars 1910, *Gaz. Pal.* 1910.2.13) soit, en principe, le terme courant et le suivant (Cass., 1ᵉʳ juillet 1851) ou jusqu'à relocation si celle-ci a lieu avant l'expiration de ce deuxième terme (Cass., 8 mars 1910, S. 1910.1.511), le tout sans préjudice de tous dommages-intérêts ; mais aucune indemnité de résiliation ne saurait être exigée si le bailleur n'a subi aucun dommage, au cas, par exemple, où l'immeuble est reloué sur le champ (Besançon, 18 mars 1903, S. 1905. 2.100) ou que le bailleur a repris lui-même, sans y être contraint, la jouissance des lieux loués (*ibid.*).

151. PREUVE. — La résiliation d'un bail peut être prouvée par témoins, s'il existe un commencement de preuve par écrit (Pau, 21 mars 1893, S. 93.1,168).

152. CAUSE DE RÉSILIATION. — Les principales circonstances dans lesquelles le propriétaire et le locataire peuvent respectivement demander la résiliation du bail seront énumérées *infra* n° 406.

153. PERTE DE LA CHOSE. — DÉCÈS. — DÉCONFITURE. — Spécialement la résiliation peut être demandée pour perte de la chose ; si la perte est partielle, il y a lieu, suivant l'importance de celle-ci, à résiliation ou à réduction des loyers.

Mais le décès de l'une des parties n'est point un cas de résolution de contrat de louage, à moins de convention contraire (Civ. 1742). Il en est de même de la déconfiture du preneur (Guillouard, 838).

154. PRESCRIPTION DE L'ACTION. — L'action en diminution ou en supplément de prix de la part du bailleur, et celle en diminution de prix ou en résiliation du contrat de la part du preneur, doivent être intentées dans l'année à compter du jour du contrat, à peine de déchéance (Cass., 2 fév. 1891, *Pand. fr.* 91.1.292).

Au cas ou le preneur se trouve en liquidation judiciaire, il appartient au bailleur de former sa demande en résiliation dans la quinzaine de la notification à lui faite par le liquidateur. A défaut, dans ce délai, le bailleur ne peut plus se prévaloir des causes de résiliation lors existantes et n'a droit, comme privilège, qu'à l'année courante et à une année à échoir (T. paix Amiens, 1er oct. 1908, *Déc. J. Paix* 1909-161 ; Angers, 6 juillet 1904, *Mon. Lyon*, 3 nov. 1904).

155. EFFETS DE LA RÉSILIATION. — La résiliation du bail principal entraîne nécessairement celle des sous-locations et c'est au preneur qu'il appartient d'assurer les effets de cette résiliation vis-à-vis des sous-locataires auxquels il peut devoir des dommages-intérêts (J. G. S., *Louage*, 259 ; Poitiers, 13 fév. 1899, *R. N.* 1899-387 ; Amiens, 9 juil. 1903. *Rec. Amiens* 1903-150).

C'est ainsi qu'il est de jurisprudence constante qu'en cas de cessions successives d'un bail, le propriétaire n'a point d'action directe contre le locataire intermédiaire dès que celui-ci a vidé les lieux ; il n'a d'action directe que contre le preneur originaire ou l'occupant ; le propriétaire n'a contre tout locataire intermédiaire qu'une action indirecte et du chef du premier locataire qui lui a cédé son bail (Cass., 19 juin 1876, S. 76.1.475 ; Paris, 9 fév. 1876, S. 76.2.329 ; Paris, 11 fév. 1879, S. 79.2.82 ; Lyon, 30 juin 1887, S. 89.2.181 ; Lyon, 31 mai 1890, *Mon. Jud. Lyon*, 4 juil. 1890 ; Trib. paix St-Léger, 11 juin 1902, *R. N.* 1903.278).

156. OCCUPATION PAR LE BAILLEUR. — Le bailleur ne peut résoudre la location, encore qu'il déclare vouloir occuper par lui-même les lieux loués (Civ. 1761). Toutefois, il peut se réserver cette faculté par une clause du bail ; il doit, dans ce cas, donner congé au preneur dans le délai d'usage (Civ. 1762), mais il ne lui doit aucun dommages-intérêts pour cette expulsion (Troplong 626 ; Aubry et Rau, § 370 7 ; Dall., *Dict. prat.* louage, n° 139).

157. CARACTÈRE. — Le congé est une déclaration faite par le propriétaire au locataire ou par celui ci au propriétaire en vue de mettre fin à la location.

158. NÉCESSITÉ. — Le congé est nécessaire toutes les fois que le bail a une durée indéterminée et à l'égard des baux à périodes, lorsque l'une des parties veut faire cesser le bail à l'une des périodes, la dernière acceptée.

159. CAPACITÉ. — Il doit être donné d'après les conventions du bail et à défaut suivant l'usage des lieux (V. n° 78) (Seine, 8 juil. 1896, *R. N.* 1896-816) personnellement au bailleur (Seine, 9 nov. 1905, *Gaz. Pal.*, 10 janv. 1906) et au preneur ou à leur mandataire.

Il a cependant été reconnu que le congé donné par le locataire au propriétaire est valablement déposé entre les mains du concierge (Paris, 3 mars 1896, S. 97.2.241 ; T. paix Paris, 14e arr., 19 mai 1903, *R. N.* 1903-624 ; *Contra* : Seine 9 nov. 1905, *Le Droit*, 22 déc. 1905) ; en tous cas le concierge n'a aucune qualité pour donner congé sans mandat du propriétaire (Seine, 9 nov. 1905 ; 7 janv. 1908, *Le Droit*, 14 av. 1908) ;

S'il y a plusieurs propriétaires ou preneurs indivis le congé doit être donné par tous et à tous ; toutefois si les preneurs étaient solidaires, il suffirait de le signifier à l'un d'eux (Toulouse, 10 mars 1898, *Pand. Fr.* 99.1.117 ; *Contra* : T. paix Saincoins, 18 janvier 1904, *Rev. J. de paix*, 1905-27) ; il en serait de même s'il est établi par les circonstances que le copropriétaire indivis qui a fait signifier le congé l'a donné pour le compte des autres et avec leur consentement (T. paix Nevers, 17 nov. 1906, *Mon. Jud.* 1907-30).

160. FORME. — Aucune forme spéciale n'est prescrite pour le congé (Caen, 24 déc. 1902, S. 1904.2.59) et sa validité n'est pas subordonnée à l'acceptation de celui qui le reçoit (Seine, 25 avril 1886 ; Paris, 3 mars 1896 ; T. paix Paris, 11 oct. 1894, *Pand. Fr.* 1895.2.252 ; Cass. Florence, 28 déc. 1901, S. 1905.4.17 ; *Contra* : Seine, 23 déc. 1908, *La Loi* 15 fév. 1909) ; il peut être donné par huissier, par acte authentique [FORM. 45] ou s. s. p., par lettre missive (Seine, 20 oct. 1871) ou même verbalement (Cass. Florence, 28 décembre 1901, précité), dès lors qu'il est incontestablement parvenu en temps utile à la connaissance du bailleur. Ainsi, une lettre écrite par le locataire au bailleur dans des termes impliquant nécessairement qu'il a usé du droit de résiliation que lui conférait son bail, constitue une preuve écrite du congé (Cass. 20 déc. 1905, *Rec. Caen*, 1906.249).

161. CONGÉ VERBAL. — PREUVE. — En cas de contestation, le congé *verbal* ne pourrait être prouvé par témoins quelque faible que soit le loyer (Civ. 1715; Trib. paix Bressuire, 6 nov. 1903, D. 1905.5.8); il en est de même de la contestation qui peut s'élever sur la date à laquelle un congé verbal aurait été donné (T. paix Vitry-le-François, 11 juil. 1906, *Mon. Jud.* 1907. 30); mais la preuve peut être faite par toute espèce d'écrit, par lettre missive, par énonciation dans une quittance, etc., comme aussi en déférant le serment à la partie qui le nie ou en la faisant interroger sur faits et articles (Seine, 25 mars 1886).

162. LETTRE RECOMMANDÉE — Il a été reconnu :
1° Qu'une lettre recommandée avec avis de réception, portant en caractères très apparents, imprimés en tête de l'enveloppe : « Lettre-congé recommandée avec avis de réception » même refusée par le destinataire était suffisante (T. paix Lectoure, 23 fév. 1900, *Rev. just. paix* 1900, p. 311: Trib. paix Marseille, 9 juil. 1901, *Jurisp. civ. Marseille*, 1902, p. 263);

2° Qu'une simple lettre même suffit, encore que le bail porte que cette lettre de congé devra être recommandée (Cass. 11 fév 1907, D. 1910.1.392; 11 av. 1907, *R. N.* 1907-264).

Cependant, en principe, il est d'une prudence élémentaire de ne considérer comme définitif un congé donné par lettre recommandée que quand il a été accepté par le destinataire de la lettre ou par ses ayants droit. En effet, le destinataire peut ne pas recevoir la lettre ou nier le contexte de celle-ci, sans qu'aucune preuve puisse lui être opposée sur ce point (En ce sens, Seine, 23 déc. 1908, *La Loi*, 15 fév. 1909).

163. DÉPÊCHE. — En aucun cas, un congé ne peut être donné par dépêche (Seine, 12 mai 1905, *R. N.* 1906-79; Seine, 20 juin 1905, *Mon. Lyon*, 27 janv. 1906; *Contra* : T. paix Rouen, 1er nov. 1903), à moins que la personne à laquelle il est adressé n'en ait accusé réception (T. Toulouse, 9 août 1906, *Pand. Fr.* 1907.2.77).

164. DÉLAI DU CONGÉ. — Le congé doit être donné au plus tard la veille du commencement du délai; il ne suffirait pas que la lettre recommandée, par exemple, fût mise à la poste en temps utile, il faut encore que cette lettre soit parvenue avant le commencement du délai de congé (Narbonne, 5 janv. 1904, *La Loi*, 7 mars 1904;

Contra : T. paix Versailles, 28 juil. 1909, *Dec. J. Paix*, 1909-284).

Si le congé a été donné contrairement aux délais d'usage (par exemple à 3 mois au lieu de 6), ce congé n'est pas nul; il vaut, au contraire, mais seulement pour l'époque pour laquelle il aurait dû être régulièrement donné (Paris, 4 avr. 1850, D. 50,2.157; Agen. 16 fév. 1907, *Mon. Lyon*, 9 sept. 1909; Guillouard, t, I, n° 435).

165. VISITE DES LIEUX. — En principe et en conformité des usages locaux, le locataire qui a reçu ou donné congé doit laisser visiter les lieux loués (Douai, 15 février 1896, D. 96.2.279; Lyon, 30 nov. 1899, *Gaz. Pal.* T. Q. 99-1902; T. paix Paris, 14e arr., 19 mai 1903, *R. N.* 1903-624).

VI. — TACITE RECONDUCTION.

166. PRINCIPE. — Lorsqu'à l'expiration du bail le preneur reste et est laissé en possession par le bailleur, il s'opère un nouveau bail par tacite reconduction, aux prix et conditions du bail précédent; sa durée est toutefois régie par les règles qui concernent les locations faites sans écrit (Civ. 1738; v. n° 69).; mais, lorsqu'il y a congé signifié, le preneur, quoiqu'il ait continué sa jouissance, ne peut invoquer la tacite reconduction (Civ. 1739).

167. RÉALISATION. — EFFETS. — La tacite reconduction s'opère par un consentement qui se manifeste au moyen de la possession que le locataire conserve, pouvant la faire cesser, et que le bailleur autorise par une inaction volontaire (Seine, 10 avril 1872, *Gaz. Trib.*, 19 av. 1872). — Mais la présomption légale sur laquelle se base la tacite reconduction peut être détruite par des conventions contraires (Versailles, 7 mai 1873, *Gaz. Trib.*, 21 oct. 1873).

Le bail par tacite reconduction ne peut prendre naissance que si les deux parties sont l'une et l'autre capables de contracter au moment où il se forme (Nancy, 13 août 1895 et Nancy, 9 mai 1896, S. 98.2. 281).

Dans l'un et l'autre cas précités des articles 1738 et 1739, la caution donnée pour le bail ne s'étend pas aux obligations résultant de la prolongation (Civ. 1740). En effet, le bail a pris fin de plein droit par l'expiration du terme assigné à sa durée, donc aussi l'engagement de la caution qui a garanti le bail. Un nouveau consentement de sa part serait nécessaire pour qu'elle fut tenue de l'exécution du nouveau bail qui se forme par le consentement tacite des parties. La même solution doit être admise à l'hypothèque donnée pour garantir l'exécution des obligations résultant du bail primitif (Guillouard, 421).

168. BAUX ADMINISTRATIFS. — La tacite reconduction ne peut en tous cas s'appliquer aux baux administratifs qui sont soumis à des règles particulières (v. *infra*, nᵒˢ 360 et suiv.).

VII. — FIN DE BAIL.

169. CAUSES. — L'extinction du bail peut avoir lieu par des causes très diverses notamment : 1o L'expiration du temps fixé (Civ. 1737) ; 2o le consentement des parties (FORM. 46) ; 3o l'effet de la condition résolutoire ; 4o le congé, lorsque la durée du bail n'a pas été fixée par le contrat ou pour les premières périodes, lorsque le contrat est fait pour plusieurs périodes à volonté ; 5o l'expropriation pour cause d'utilité publique ; 6o l'éviction du bailleur ; 7o la perte de la chose louée (Civ. 1741) ; 8o la confusion, c'est-à-dire l'acquisition de la chose louée par le preneur (Rouen, 15 avr. 1897, *R. N.*, 1897-1666 ; 9o le défaut par les parties de tenir leurs engagements (Civ. 1741).

170. FAILLITE. — La faillite du preneur n'a point pour effet de résoudre le contrat du bail ; mais elle peut ouvrir en faveur du propriétaire une action pour le faire résilier, au cas de non-paiement.

En ce cas, le propriétaire, pour les droits qu'il a à exercer contre le locataire, doit se conformer aux dispositions des art. 450 et 550 du Code de commerce.

Est valable la clause d'un bail stipulant que « dans le cas de faillite du preneur, le bail sera résilié de plein droit, si bon semble au bailleur, qui rentrera dans la disposition des lieux loués, et conservera, à titre d'indemnité, les loyers touchés d'avance » et dès lors l'art. 450 C. com. n'est pas applicable (Seine, 11 av. 1894 *Pand. fr.* 95.2. 179).

171. DÉCÈS DES PARTIES. — Quant à la mort d'une des parties, elle n'est pas, sauf convention contraire, une cause de résiliation de bail (Civ. 1742).

172. VENTE DE L'OBJET. — Il en est de même de la vente de l'objet loué lorsque le bail est authentique ou a date certaine (Civ., 1743), sauf convention contraire.

Toutefois, dans ce dernier cas, si aux termes de l'article 1750 C. civ. l'acquéreur n'est pas tenu de respecter un bail verbal, ou tout autre bail, ayant reçu un commencement d'exécution, mais n'ayant pas date certaine antérieurement à la vente, lorsqu'il n'y est pas expressément obligé par l'acte d'acquisition, il ne peut cependant expulser de suite le preneur ; il est obligé de donner congé dans les délais fixés par l'usage des lieux, ou, s'il s'agit de biens ruraux, d'attendre que le fermier ait recueilli les fruits de l'héritage affermé (T. paix, Luzech, 1ᵉʳ février 1895, *Pand., Fr.*, 96.2.102).

173. ABANDON DES LIEUX. — Lorsque le bail prend fin par son expiration, le preneur ne peut se contenter d'abandonner les biens loués ; il doit les restituer au bailleur ou à la personne désignée par lui, et en conséquence prévenir le bailleur du jour et de l'heure où il compte quitter l'immeuble (Cass., Florence, 25 avr. 1908, S. 1910.4.24).

§ 6. — CESSION DE BAIL ET SOUS-LOCATION

174. DROIT DU PRENEUR. — Le preneur a le droit de sous-louer, et même de céder son bail à un autre si cette faculté ne lui a pas été interdite. Elle peut être interdite pour le tout ou pour partie. Cette clause est toujours de rigueur (Civ. 1717).

Ainsi, à défaut d'interdiction dans le bail, le preneur a deux moyens de céder sa jouissance :

1o Il peut céder son droit au bail ;

2o Il peut sous louer la chose, mais pour un objet conforme à la destination de cette chose, spécialement, une maison louée pour l'habitation ne peut-être sous-louée pour l'exercice d'un commerce (Cass., 1ᵉʳ juil. 1872, S.72.1.264 ; Lyon, 25 janv. 1881, S. 81.2.219, 17 nov. 1886 ; *Mon. jud. Lyon*, 28 janv. 1887 ; Amiens, 8 mai 1894 ; *Rec. Amiens*, 1894-145 ; Seine, 2 nov. 1895, *Gaz. Pal.*, 95.2.634 ; Rennes, 23 avr. 1896 ; *Rec. d'Angers*, 1896-308 ; Lyon, 4 févr. 1898, *R. N.*, 1898-2557).

175. CAPACITÉ. — Le droit de sous-louer et de céder le bail appartient à tout locataire (V. nᵒ 182), à l'exception cependant du colon partiaire, qui ne peut en user que si ce droit lui a été expressément accordé par le bail (Civ. 1763) (V. nᵒ 315).

176. INTERDICTION. — PRINCIPE. — L'interdiction de sous-louer ou de céder le bail peut être expresse mais peut également se déduire des circonstances et des termes du bail ; ainsi la clause suivante : « *Le preneur ne pourra sous-louer sans le consentement du bailleur* », constitue une interdiction absolue de céder et de sous-louer, et le preneur ne saurait contraindre le bailleur à y donner son consentement (Seine, 16 fév. 1898, *Gaz. Trib.*, 3 juill. 1898 ; T. civ. Coulommiers, 8 juill. 1904 ; *La Loi*, 30 juill. 1904 ; Marseille, 20 déc. 1905, *Juris. civ. Marseille*, 1906, 208 ; Huc, t. 10, no 285 ; Baudry-Lacant. et Walh, t. 1, no 833) et qu'une sous-location faite dans ces conditions sans le consentement du bailleur est nulle au regard de celui-ci (C. Amiens, 27 avr. 1906, *Rec. arr. Amiens*. 1907-180).

Toutefois nous croyons devoir faire remarquer que, malgré l'insertion d'une clause interdisant soit de céder le bail, soit de sous-louer, soit à la fois de céder et de sous-louer, sans le consentement du propriétaire, des tribunaux ont validé des cessions et sous-locations faites contre la volonté du propriétaire, notamment lorsque le droit au bail dépend d'un fonds de commerce (Paris, 6 août 1847, S. 47.2. 447 ; Colmar, 12 avr. 1864, S. 64.2.285 ; Rouen, 24 janv. 1881, S. 82.2.147 ; Seine, 17 mars 1909 ; conf. Planiol, note D. P., 1892.2.251 ; *contra* : Paris, 6 janv. 1880, D. 81.2 80 ; Grenoble, 24 mai 1881, D. 82.2.24 ; Nancy, 11 juin 1887, S. 87.2. 217 ; Paris, 29 janv. 1903 ; Amiens, 27 avr. 1906, précité).

La clause portant que le preneur ne pourra sous louer *qu'à des personnes agréées par le bailleur* est considérée par certains arrêts comme valant interdiction ; d'autres cependant, d'accord avec quelques auteurs, estiment qu'en présence de cette dernière clause, le preneur peut contraindre le bailleur à donner son consentement si le refus n'est basé sur aucun motif légitime (Aubry et Rau, IV, p. 491 ; Paris, 6 août 1847 (S. 47.2.447) ; Lyon, 26 déc. 1849 (S. 50.2.30) ; Colmar, 12 avr. 1864 (S. 64.2.285) ; Paris, 6 janv. 1880 (D. 81.1.80) ; Nancy. 11 juin 1887 (S. 87. 2.213).

177. CONSENTEMENT TACITE. — D'autre part, dans les mêmes hypothèses, le consentement tacite du bailleur suffit pour valider les sous-locations, même si le bail l'interdisait d'une manière générale (Cass., 28 juin 1859, S. 60.1.477 ; 23 mars 1870, S. 70.1.283 ; Seine, 19 avril 1882, Duvergier, 1.372 ; Guillouard. 1.330 et S. ; Laurent, XXV, 232 et 233), sans que l'on puisse conclure néanmoins que le bailleur, par ce consentement tacite, a renoncé au droit de s'opposer aux sous-locations ultérieures (Rennes, 8 mai 1858, S. 59.2.236).

178. INTERDICTION DE SOUS-LOUER. — L'interdiction de sous-louer emporte prohibition de céder le bail ; inversement l'interdiction de céder le bail entraîne interdiction de sous-louer en totalité (Aubry et Rau, IV, p. 430 ; Guillouard, 1.324 ; Laurent, XXV, 215 ; Marcadé, art. 1717, II ; Troplong, 1.135 ; Dall., *Dict. prat. Louage*, no 145 ; Seine, 10 fév. 1904, *Gaz. Trib.*, 10 fév. 1904). Mais la prohibition de céder le bail n'entraîne pas celle de sous louer en partie (Aubry et Rau, IV, p. 430 ; Angers, 27 mars 1817, S. V., 5.259 ; Paris, 6 mai 1885, S. 85.2.305 ; Seine, 10 févr. 1904 ; *Gaz. Trib.*, 16 juin 1904 ; *contra* : Guillouard, 1.324 ; Paris, 28 août 1824. Paris, 27 mars 1829, S. IX.240).

179. RENONCIATION A L'INTERDICTION. — Le bailleur peut renoncer à toute clause prohibitive de céder le bail ou de sous louer et le locataire peut prouver par témoins cette renonciation alors même que le prix du bail serait supérieur à 150 francs (Rouen, 25 janv. 1906. *Rec. arr. Caen*, 1906.2.53)

180. SANCTION. — Mais le preneur qui, au mépris d'une disposition contenue dans le bail, a fait une sous location, sans le consentement écrit du bailleur, encourt la résiliation du bail... alors d'ailleurs qu'il n'est pas établi que le bailleur ait accepté la sous-location (Cass., 2 fév. 1910, D. 1910. 1.141).

181. FORMES DE LA CESSION. — **CONTRAT.** — La cession ou transport de bail, comme le bail, peut avoir lieu par acte notarié [FORM. 40] ou par acte sous seing privé.

182. CAPACITÉ. — La cession de bail est une vente mobilière et on doit lui appliquer les règles de ce contrat, notamment au point de vue de la capacité.

Ainsi il a été décidé notamment que la cession d'un droit au bail appartenant en tout ou en partie à des mineurs est assujettie aux prescriptions de la loi du 27 février 1880 en tant qu'aliénation d'un meuble incorporel de mineurs et qu'en cas d'inobservation des formalités prescrites par cette loi, la cession est nulle (Seine, 27 mars 1903, *R. N.* 1904.446).

183. ÉNONCIATIONS. — Par un exposé préalable à la clause de cession, on devra mentionner le bail, sa date, sa durée, la désignation sommaire des biens loués, le montant des loyers et de ceux payés par avance et les conditions extraordinaires du bail à transporter. — On peut rapporter le bail dans son intégralité, mais cette pratique n'est réellement utile qu'au cas où le bail cédé résulte d'un acte sous signatures privées.

Cet exposé sera suivi de la cession du

bail fixant l'entrée en jouissance et déterminant les charges et conditions de cette cession. On fera ensuite intervenir le bailleur à l'effet d'accepter la cession et de dispenser le cédant de la signification prévue à l'article 1690 du Code civil.

184. CONTRIBUTIONS. — A l'égard des charges du cessionnaire, si celui-ci prend celle d'acquitter la contribution mobilière à compter de son entrée en jouissance, il sera nécessaire de l'indiquer, car il a été reconnu qu'en l'absence de convention particulière — l'entrée en jouissance fixée au 1er avril — le cédant n'avait aucun recours contre le cessionnaire, relativement à la contribution mobilière dont il est tenu pour l'année entière, même pour la partie de l'imposition qui correspond à l'occupation du cessionnaire (Seine, 20 avril 1904, *Gaz Trib.* 6 juillet 1904).

185. DÉCHARGE DONNÉE AU LOCATAIRE PRINCIPAL. — Le bailleur peut décharger le cédant de toutes les obligations qu'il avait contractées envers lui aux termes du bail cédé et accepter le cessionnaire comme locataire direct ; en ce cas, il est préférable de constater ces conventions par acte séparé [FORM. 42].

186. FORME DE LA SOUS-LOCATION. — La sous-location n'est autre qu'un nouveau bail consenti par le locataire principal à un tiers et la forme générale des baux lui est applicable [FORM. 43]. — Comme pour la cession de bail, l'intervention du bailleur est indispensable.

187. DURÉE. — La durée de la sous-location ne doit pas excéder celle du bail. Ainsi commet une faute le locataire d'un immeuble qui en sous-loue une partie pour un temps plus long que la durée restant à courir de son propre bail, sans se munir de l'autorisation du propriétaire ; il doit en ce cas indemniser le sous-locataire des frais d'installation qu'il a pu faire (Nancy, 5 févr. 1910, *La Loi*, 1er mars 1910).

188. EFFETS DE LA CESSION. — La cession de bail met exactement le cessionnaire au lieu et place du cédant ; c'est une vente et on doit lui appliquer les règles de ce contrat. — Les rapports du preneur primitif et du cessionnaire sont ceux d'un vendeur avec son acquéreur.

A l'égard du bailleur originaire :

La cession du bail laisse subsister à la charge du preneur primitif, sauf dérogation (n° 185) les obligations résultant du bail cédé et le cédant n'a pas le privilège du bailleur sur ce qui garnit les lieux dont le bail est cédé pour assurer le paiement du prix de location (v. Baudry-Lacant. et Wahl, t. I, n° 1053).

Il a une action directe contre le cessionnaire (*ibid.* 1138) pendant tout le temps où celui-ci est en jouissance, mais on lui refuse cette action directe contre les cessionnaires intermédiaires ; vis-à-vis de ceux-ci, il ne peut agir que du chef du preneur, en vertu de l'article 1166 du Code civil (Guillouard, t. I, n° 348).

189. EFFETS DE LA SOUS-LOCATION. — La sous-location confère au sous-locataire à l'égard des tiers tous les droits du locataire principal. Il en est de même dans la cession de bail, mais à la condition que la cession ait été signifiée au propriétaire, conformément à l'art. 1690 C. civ. (Guillouard, I, n° 346 ; Paris, 24 janv. 1873, S. 1875.2.335).

190. FRAIS DE BAIL. — Les frais du bail et de son exécution sont à la charge du preneur, sauf stipulation contraire.

CHAPITRE II. — **Règles particulières aux diverses espèces de baux.**

191. RÈGLES. — Indépendamment des règles précédentes, qui s'appliquent à tous les baux, certains baux sont soumis à celles spéciales qui vont être indiquées.

§ I. — BAUX A LOYER

192. CARACTÈRE. — Par bail à loyer, on entend le louage des maisons (par opposition au bail des biens ruraux) et des meubles (Civ. 1711).

Le terme général de maison doit être étendu aux terrains, chantiers, moulins, etc. ; en un mot à tous les immeubles qui ne sont pas des biens ruraux proprement dits.

I. — RÈGLES GÉNÉRALES

193. OBLIGATIONS DU BAILLEUR. — Les obligations du bailleur en matière de bail à loyer sont celles concernant les baux en général énoncés *supra* n° 96 et s.

194. OBLIGATIONS DU LOCATAIRE. — LIEUX GARNIS DE MEUBLES. — Le preneur est tenu de garnir les lieux de meubles en quantité et valeur suffisantes pour répondre du paiement des loyers, ainsi qu'il est expliqué *supra* n° 120 et s.

195. PAIEMENT DU PRIX. — Le paiement du prix est une des conditions essentielles qui s'imposent à tout preneur et qui, par conséquent, s'applique au bail à loyer (V. *supra* nᵒˢ 136 et s.).

196. RÉPARATIONS LOCATIVES. — Les réparations locatives ou de menu entretien sont à la charge du preneur, dans les conditions que nous avons exposées, *supra* nᵒˢ 130 et s.

197. IMPOTS ET CONTRIBUTIONS. — Les explications que nous avons fournies en ce qui concerne la charge des impôts et contributions des biens loués, sont applicables au bail à loyer (V. *supra* nᵒˢ 143 et s.).

198. DURÉE DU BAIL. — De même celles que nous avons déjà fournies sur la durée du bail en général sont applicables au bail à loyer (V. *supra* nᵒˢ 73 et s.).

199. TACITE RECONDUCTION. — La tacite reconduction dans les baux à loyer se produit dans les conditions et avec les effets qui ont été indiqués *supra* nᵒˢ 166 et suiv.

200. CONGÉ. — Les règles du congé que nous avons exposées à l'égard des baux en général, sont applicables au bail à loyer (V. *supra* nᵒˢ 157 et s).

II. — BAIL D'APPARTEMENT MEUBLÉ

201. RÈGLES. - FORME. — Lorsque le bail d'appartement meublé est constaté par écrit [FORM. 5], il se règle conformément à la convention et il donne lieu à la tacite reconduction, *supra* nᵒ 166. Non écrit, il est censé fait : à l'année, quand il est consenti à tant par an ; au mois, s'il a été fait à tant par mois ; au jour, s'il a été fait à tant par jour ; et suivant l'usage des lieux, si rien ne constate ces dernières conventions (Civ. 1758).

202. OBLIGATIONS. — Les obligations du propriétaire et du locataire d'appartements meublés sont semblables à celles que la loi impose au bailleur et au preneur en général (V. nᵒˢ 96 à 142). Toutefois le bail d'appartement meublé à durée *indéterminée* finit sans qu'il soit nécessaire de donner congé dans un certain délai ; il suffit que les parties se préviennent dans un délai raisonnable.

La contribution mobilière est à la charge du locataire d'appartements garnis (L. 21 avril 1832, art. 16) ; il en est de même de l'impôt des portes et fenêtres (L. 4 frim. an VII). Mais à Paris, il est d'usage que ces impositions soient acquittées par le bailleur, sans recours contre le locataire, sauf convention spéciale (Paris, 17 nov. 1875 ; 22 juin 1876).

III. — BAIL D'USINE

203. CARACTÈRE. — Lorsque l'usine n'est pas la dépendance d'une ferme, le bail doit être rangé dans la classe des baux à loyers alors même qu'il y aurait accessoirement des terres comprises dans la location (Toulouse, 18 déc. 1840, D. 41.2.141) et toutes les obligations afférentes à ces derniers baux lui sont applicables, sauf l'effet de toutes stipulations contraires insérées au bail [FORM. 8].

Les cas fortuits ou de force majeure donnent lieu à réduction du prix du loyer.

IV. — BAIL DE FONDS DE COMMERCE

204. RÈGLES. — Un fonds de commerce ou un établissement industriel peut faire l'objet d'un bail [FORM. 10) et les règles applicables sont, en général, celles du bail à loyer et plus particulièrement celles du bail de maison.

205. OBJET. — Le contrat doit préciser les choses qui font l'objet de la location, telles que : achalandage ou clientèle, matériel, droit au bail des lieux où le fond est exploité. Les marchandises ne sauraient être comprises dans le bail et il sera nécessaire d'en faire une cession au preneur en dehors du bail.

206. CONDITIONS. — Le bailleur, en dehors des conditions ordinaires des baux, doit imposer au preneur l'exécution des charges du bail des lieux où le fonds de commerce loué est exploité.

207. PRIX. — Le prix du bail du fonds de commerce devra comprendre notamment la charge d'acquitter le loyer fixé par le bail des lieux, indépendamment des loyers applicables au fonds de commerce.

208. RÉSERVE D'ACQUÉRIR. — Enfin lorsque le preneur aura l'intention de devenir par la suite acquéreur du fonds, il conviendra d'insérer une réserve d'acquérir à son profit, déterminant très exactement les prix, charges et conditions sous lesquelles cette vente pourra être réalisée.

V. — BAIL DE MEUBLES

209. RÈGLES. — Les principes généraux qui régissent le bail à loyer sont applicables au bail de meubles [FORM. 9] autant qu'ils sont compatibles avec la nature des choses. Il en est ainsi des obligations réciproques du bailleur (nᵒˢ 96 et s.) et du preneur (nᵒˢ 120 et s.), de la destruction de la chose louée (nᵒ 133), de la responsabilité en cas d'incendie (nᵒ 135) et de l'effet de la tacite reconduction (nᵒ 166).

Notification au propriétaire des lieux loués est nécessaire pour conserver au propriétaire des meubles son droit de revendication (v. nᵒ 695).

210. PREUVE. — Les art. 1715 et 1716 C. c. ne s'appliquent pas à l'espèce, la preuve pouvant être établie conformément au droit commun ; il en est de même de l'art. 1743 concernant la vente de la chose louée (nᵒ 144).

211. DURÉE. — DURÉE DÉTERMINÉE. — Le louage de meubles prend fin par l'expiration du temps pour lequel il a été conclu. Si la durée de la location n'est pas fixée par le contrat, elle est déterminée d'après la destination des objets, les circonstances et les usages locaux (v. nᵒ 78).

Toutefois, aux termes de l'art. 1757 C. civ., le bail des meubles fournis pour garnir une maison entière, un corps de logis entier, une boutique ou tous autres appartements, est censé fait pour la durée ordinaire des baux de maisons, corps de logis, boutiques ou autres appartements selon l'usage des lieux, même au cas où le bail de la maison, corps de logis, etc., a une durée déterminée.

212. DURÉE INDÉTERMINÉE. — Le bail de meuble à durée indéterminée, cesse de plein droit, sans qu'il soit besoin de donner congé, un avis préalable dans un délai raisonnable est suffisant.

IV. — BAIL DE NAVIRE

213. DÉFINITION. — Le louage des navires est appelé *affrètement*. L'expression nolisement qui servait également à désigner ce contrat dans la Méditerranée paraît abandonnée.

214. AFFRÈTEMENT. — Le code de commerce comprend sous le nom d'affrètement non seulement la convention mettant à la disposition d'une personne pour un usage déterminé un navire armé et équipé, mais encore celle par laquelle le propriétaire d'un navire s'engage envers un certain nombre de personnes à faire transporter leurs marchandises sur son bâtiment. Le fait que dans ce dernier cas le contrat constitue plutôt un louage d'industrie qu'un louage de choses donne naissance en droit fiscal à des difficultés dont nous parlerons plus loin (v. nᵒ 599).

Le prix du loyer s'appelle *fret*, celui qui donne le navire à loyer est le *fréteur* et on appelle *affréteur* celui auquel le bâtiment est loué.

215. CARACTÈRE COMMERCIAL. — L'affrètement est un acte de commerce (Com. 633, al. 5) aussi bien au regard du fréteur que de l'affréteur (Lyon-Caen et Renault, *Man. du droit commercial*, 7ᵉ éd., nᵒˢ 36 et 919) ; ces auteurs enseignent (contrairement à la jurisprudence) qu'il a ce caractère pour l'affréteur, alors même que celui-ci fait transporter des objets à son usage personnel et non destinés à la vente.

216. FORME. — ÉCRIT. — La convention doit être rédigée par écrit (Com. 273), par acte devant un notaire (FORM. 27) ou un courtier maritime. Elle peut également être constatée par acte sous seing privé fait double.

217. CHARTE PARTIE. — L'écrit ainsi dressé est appelé charte partie (Com. 273). C'est un acte distinct du connaissement qui est un reçu délivré par le capitaine pour constater la remise des marchandises à bord (Com. 281). Dans la pratique il n'est généralement dressé de charte partie que pour l'affrètement total. Pour les affrètements partiels le connaissement remplace la charte partie, il doit du reste rappeler les clauses essentielles du contrat d'affrètement (Lyon-Caen et Renault, nᵒ 92).

218. ÉNONCIATIONS. — Les énonciations que comporte la charte partie sont prévues par l'art. 273 du Code de commerce, ce sont : 1ᵒ Le nom et le tonnage du navire ; 2ᵒ Le nom du capitaine ; 3ᵒ Les noms du fréteur et de l'affréteur ; 4ᵒ Le lieu et le temps convenus pour la charge et pour la décharge ; 5ᵒ Le prix du fret ; 6ᵒ Indication si l'affrètement est total ou partiel ; 7ᵒ Montant de l'indemnité convenue pour le cas de retard.

L'omission d'une de ces énonciations n'entraîne pas la nullité du contrat du moment où il peut être suppléé par des équivalents ou même par les usages auxquels le code renvoie du reste parfois expressément (Lyon-Caen et Renault, *trait. de dr. com.* t. 5, 2ᵉ éd., nᵒ 649).

En dehors des énonciations prescrites par le code, la charte partie contient aussi assez souvent des clauses accessoires : pot de vin ou chapeau du capitaine (sorte de gratification qui dans le principe est allouée au capitaine), dépenses de navigation, etc.

219. CAPACITÉ. — PRINCIPE. — Ce contrat doit donc intervenir entre personnes capables de faire le commerce suivant le droit commun.

220. CONSEIL JUDICIAIRE. — L'individu pourvu d'un conseil judiciaire ne pouvant être autorisé à faire le commerce (Bordeaux, 22 avr. 1896, D. 96.2.279) ne pourrait avec l'autorisation générale de son conseil judiciaire, fréter ou affréter d'une manière habituelle. Il le pourrait seulement de façon isolée à condition d'être spécialement autorisé par son conseil (Lyon-Caen et Renault, 77).

221. MINEUR ÉMANCIPÉ. — Le mineur émancipé, mais non autorisé à faire le commerce conformément à l'art. 2 du code de commerce, ne peut même, d'une façon isolée (Com. 3) être partie à l'acte d'affrètement.

222. FRAIS. — Suivant l'opinion généralement admise en matière de bail ordinaire, les frais et loyaux coûts sont à la charge du preneur (Aubry et Rau, 5ᵉ éd., § 367, nᵒ 17), il doit en être de même par analogie pour l'affrètement.

§ 2. — BAUX A FERME

223. CARACTÈRE. — On appelle bail à ferme le louage des biens ruraux (Civ. 1711), c'est-à-dire des immeubles produisant des fruits naturels ou industriels [FORM. 11 à 22].

Indépendamment des obligations générales de tout bailleur et preneur (nᵒˢ 96 à 142), la loi a tracé les règles suivantes qui sont particulières aux baux à ferme :

I. — BAIL DE FERME

224. DURÉE. — La durée du bail à ferme, comme tous les autres baux, dépend exclusivement de la volonté des parties ; mais, à défaut de durée déterminée, le bail est censé fait pour le temps qui est nécessaire au preneur pour recueillir tous les fruits de l'immeuble loué ; ainsi le bail à ferme d'un pré, d'une vigne et de tout autre fonds dont les fruits se recueillent en entier dans le cours de l'année est censé fait pour un an ; le bail des terres labourables, lorsqu'elles se divisent par soles ou saisons, est censé fait pour autant d'années qu'il y a de soles (Civ. 1774) ; le bail d'un bois taillis aménagé en plusieurs coupes, à défaut de conventions, est censé fait pour toutes les coupes successives jusqu'à leur entière révolution (Guillouard, 596).

225. CONGÉ. — L'article 1736 du Code civil n'est pas applicable aux baux à ferme. Ces baux, quoique faits sans écrits, cessent de plein droit à l'expiration du temps pour lesquel ils sont censés faits (Civ. 1775).

Cependant il y a lieu à congé dans les baux écrits faits pour plusieurs périodes ; ce congé, d'ailleurs, est ordinairement prévu dans ces baux.

226. TACITE RECONDUCTION. — Les baux à ferme, que leur durée soit déterminée ou non, peuvent être l'objet d'une tacite reconduction (v. nᵒ 166 et s.) et il s'opère un nouveau bail dont l'effet est réglé par l'article 1774 C. civ.

227. OBLIGATIONS DU BAILLEUR. — CONTENANCE. — Le bailleur d'un fonds rural doit garantir la contenance portée au contrat. Si, dans le bail, on a donné au fonds une contenance moindre ou plus grande que celle qu'il a réellement, il y a lieu à diminution ou augmentation du prix du bail pour le fermier dans les cas et suivant les règles mentionnées au titre de la vente (Voir articles 1582 à 1701 et 1765 du Code civil), le tout sauf convention contraire insérée au bail.

228. OBLIGATIONS DU FERMIER. — Les obligations générales de tout preneur indiquées plus haut (nᵒ 120 et s.) sont applicables au bail à ferme. Spécialement le fermier qui doit payer en denrées n'est pas fondé à se libérer en argent contre le gré du propriétaire même, si le bail porte évaluation de la valeur des denrées à fournir (Toullier, VII, 50 ; Troplong, 675).

En outre, le fermier, en vertu du principe tracé par l'art. 1728 (*supra* nᵒ 121) est tenu :

229. BESTIAUX. USTENSILES. — 1ᵒ De garnir la ferme des bestiaux et ustensiles nécessaires à son exploitation (Civ. 1766). — L'obligation du fermier à cet égard est donc plus lourde que celle du locataire d'une maison, car, en outre du mobilier devant répondre du paiement du loyer, il faudra encore qu'il garantisse, par le nombre et la nature des instruments aratoires, la bonne culture de la terre. Pour l'importance de ces objets, on doit consulter avant tout les circonstances, l'usage des lieux et l'intention des parties.

230. CULTURE. — 2ᵒ De cultiver en bon père de famille (*supra* nᵒˢ 127 et s.) et de ne pas divertir aucuns fumiers, pailles ou fourrages à moins qu'ils n'excèdent les besoins de la ferme ; il doit entretenir les cultures et employer la chose louée conformément à sa destination.

231. USURPATIONS. — 3° Avertir le bailleur des usurpations commises sur le fonds et spécialement de tous troubles à la propriété et à la possession du bien ; cet avertissement doit être donné dans le délai fixé en cas d'assignation, suivant la distance des lieux (Civ. 1768).

232. OBLIGATIONS DIVERSES. — 4° D'engranger dans les lieux à ce destinés d'après le bail (Civ. 1767) afin d'assurer l'effet du privilège du bailleur sur les récoltes de l'année ; 5° De faire les réparations locatives (*supra* n°ˢ 130 et s.) et d'entretenir les haies vives, le curage des fossés, la clôture des étangs, l'échenillage, les réparations des échalas et enfin de détruire les insectes et de satisfaire aux mesures prescrites pour arrêter et prévenir les dommages causés à l'agriculture (L. 24 déc. 1888, art. 2) ; 6° D'exécuter les clauses du bail ; 7° De payer les fermages ; 8° Et enfin de restituer la chose en l'état où il l'a reçue (n°ˢ 87 et s. et 133).

233. RÉSILIATION. — Le défaut par le preneur d'exécuter l'une de ces obligations entraîne pour le bailleur, si un dommage en résulte, le droit de demander la résiliation du bail et tous dommages-intérêts (Civ. 1764.1766).

234. PERTE DE RÉCOLTES. — Si le bail est fait pour plusieurs années, et que, pendant la durée du bail, la totalité ou la moitié d'une récolte au moins, soit enlevée par des cas fortuits, le fermier peut demander une remise du prix de sa location, à moins qu'il ne soit indemnisé par les récoltes précédentes. S'il n'est pas indemnisé, l'estimation de la remise ne peut avoir lieu qu'à la fin du bail, auquel temps il se fait une compensation de toutes les années de jouissance comprises dans le bail courant ; et cependant le juge peut provisoirement dispenser le preneur de payer une partie du prix en raison de la perte soufferte (Civ. 1769). — Si une remise a été faite au fermier, il devra la restituer au propriétaire s'il se trouve indemnisé par les récoltes des années suivantes (Duranton, t. 17-204 ; Troplong, 735 ; Marcadé, art. 1769).

Dans le cas où le bail est fait pour une année, le fermier a droit à une remise proportionnelle de son fermage, mais à condition que la moitié au moins de la récolte ait péri par cas fortuit (Civ. 1770).

Le fermier ne saurait exiger une remise de fermage lorsque la perte des fruits arrive après qu'ils sont séparés de la terre, à moins que le bail ne donne au propriétaire une quotité de la récolte en nature ;

auquel cas le propriétaire doit supporter sa part de la perte, pourvu que le preneur ne fût pas en demeure de lui délivrer sa portion de récolte. Le fermier ne peut également demander une remise lorsque la cause du dommage était existante, et connue à l'époque où le bail a été passé (Civ. 1721).

235. ÉVALUATION DE LA PERTE. — La remise de fermage est fixée au montant de la perte et non pas seulement pour ce qui excède la perte de moitié de la récolte.

Pour l'évaluation de la moitié de la récolte, il n'y a pas à tenir compte de la valeur des choses récoltées ; il y perte de moitié dès que la quantité récoltée ne dépasse pas la moitié d'une récolte ordinaire sur la totalité du fonds.

236. CAS FORTUITS. — Par cas fortuits applicables à l'espèce, il n'y a pas lieu de distinguer s'il s'agit d'un cas fortuit ordinaire, tel que : grêle, gelée excessive. coulure, sécheresse (Limoges, 28 nov, 1894, D. 96.2 147), tempêtes, feu du ciel, neige, incendie, nuées d'oiseaux ou d'insectes, épizooties, etc., ou d'un cas fortuit extraordinaire, tel que la guerre, l'inondation.

Le preneur peut être chargé des cas fortuits par une stipulation expresse (Civ. 1772), et il les supporte tous, ordinaires ou extraordinaires, s'il en est ainsi stipulé au bail (Civ. 1773).

Toutefois, on considère, en général, que la perte de la récolte, quand elle résulte de la disparition même des plantes, c'est-à-dire quand la récolte devient impossible pour l'avenir, équivaut à une destruction de la chose (Cass. 14 nov. 1900, S. 1901.1.16) et de la doctrine généralement admise, on a conclu que la clause qui met à la charge du preneur les cas fortuits, écarte simplement la garantie pour perte de récoltes, et non pas la garantie pour perte de la chose (v. Cass. 14 déc. 1871, S. 72.2.235 ; Cass. 11 fév. 1896, S. 97.1.10 ; *contra* : Baudry-Lacant. et Wahl, 2ᵉ éd., t. I, n° 371).

237. ASSURANCE. — Si le fermier indemnisé de ses pertes avait contracté une assurance contre les cas fortuits, il n'en conserverait pas moins son droit à la remise de fermage.

238. DROIT DE CHASSE. — Lorsque le propriétaire se réserve le droit de chasse sur les biens affermés, il est de toute nécessité de déterminer avec soin et précision les droits et obligations respectifs des parties, car, à défaut de stipulations particulières à cet égard, le propriétaire et le fermier peuvent tous deux exercer leur droit, sans que l'exercice du droit de l'un (chasse) puisse nuire à l'exercice du droit de l'autre (exploitation) et il en résulte ordinairement de sérieuses difficultés (v. not. Amiens, 12 août 1904; Rouen, 30 nov. 1904; Amiens, 17 mai 1906; Paris, 5 mai 1909, *Gaz. Trib.*, 2 juillet 1909).

239. FERMIERS SORTANTS ET ENTRANTS. — LOGEMENT. — Le fermier sortant doit laisser à celui qui lui succède dans la culture, les logements convenables et autres facilités pour les travaux de l'année suivante; et réciproquement le fermier entrant doit procurer à celui qui sort les logements convenables et autres facilités pour la consommation des fourrages et pour les récoltes restant à faire. Dans l'un et l'autre cas on doit se conformer à l'usage des lieux (Civ. 1777 et 1778; Caen, 29 nov. 1907, *R. N.* 1908.533).

A cet égard, il a été décidé que, lorsque d'après les usages locaux il est permis au fermier entrant à Pâques de façonner les jachères et de les préparer à recevoir un ensemencement en blé d'hiver, ledit fermier peut lever de suite les guérets, et les terres une fois labourées, y semer des plantes fourragères ou autres, de façon à leur faire rendre toute l'utilité dont elles sont susceptibles, encore bien qu'il rendrait, par ce fait, illusoire le droit du fermier sortant de faire pâturer son troupeau sur les terres non ensemencées (Cass., 12 juin 1903, *R. N.* 1903.629).

240. PAILLES ET ENGRAIS. — Le fermier sortant doit aussi laisser les pailles et engrais de l'année, s'il les a reçus lors de son entrée en jouissance; et quand même il ne les aurait pas reçus, le propriétaire pourra les retenir suivant l'estimation (Civ. 1778). — Lorsque le fermier est obligé par son bail à consommer les pailles et engrais sur la ferme, ils ne sont pas sa propriété et ne peuvent être saisis par ses créanciers (Guillouard, 550; Douai, 12 avril 1848).

Les règles ci-dessus s'appliquent, en principe, quelle que soit la cause qui met fin au bail.

241. PLUS VALUE. — En principe et sauf convention contraire, le fermier sortant n'a droit à réclamer au bailleur aucune indemnité à raison de la plus value qu'il a procurée au fonds par les engrais, amendements et travaux quelconques de culture, alors même que les usages locaux accorderaient en ce cas une indemnité (Douai, 10 déc. 1902 et 20 mai 1903, S. 1903.2.69; 28 oct. 1904, *Rec. Douai*, 1905.

92; Versailles, 1er juin 1906, *Le Droit*, 13 juin 1906).

Mais en cas de plus value résultant de plantations d'arbres qu'il a faites au cours du bail, le fermier a le droit de réclamer ses dépenses ou une indemnité équivalente, et, à cet effet, il est admis à prouver par témoins ces plantations, même si celles-ci sont d'une valeur supérieure à 150 fr. (Cass. 23 mai 1860).

II. — BAIL DE BOIS

242. CARACTÈRE. — Ce bail rentre dans la classe des baux à ferme (v. n°s 223 et s.), mais il importe de remarquer que le bail implique la mise en coupe réglée du bois (v. Dec. min. fin. et just., 6 juillet et 19 août 1908; J. G. 400, § 3). Sinon la régie y verrait une vente de la coupe à faire.

243. OBJET. — En conséquence ce bail doit avoir pour objet les bois aménagés en coupes réglées et la location doit comprendre toutes les coupes à faire, et tous les fruits à recueillir pendant la durée du bail [FORM. 20].

III. — BAIL DE CHASSE

244. DROIT DE CHASSE. — Le droit de chasse étant un attribut de la propriété, le propriétaire a la faculté non seulement de l'exercer personnellement, mais aussi d'en disposer au profit d'autrui et notamment de le louer ou affermer, soit conjointement avec le fonds soit séparément.

245. CAPACITÉ. — Tout propriétaire du sol ayant la capacité nécessaire pour donner à bail (n°s 14 et s.), peut consentir des baux de chasse; il en est de même de l'usufruitier dans les limites fixées par les art. 1429 et 1430 C. c. et de l'emphytéote, mais ce droit est refusé à l'usager et à l'antichrésiste.

246. FORMES. — Aucune forme particulière n'est imposée au bail de chasse; il peut donc être verbal ou écrit par acte notarié [FORM. 21] ou sous seing privé; par acte notarié, il doit être reçu en *minute;* par acte sous seing privé, il doit être fait en autant d'originaux qu'il y a de parties ayant un intérêt distinct (v. n°s 64 et s.)

247 EFFETS — GÉNÉRALITÉ. — Le bail de chasse rentre dans la classe des baux à ferme dont les règles sont entièrement applicables (v. n°s 223 et s.).

248. INTERDICTION DE CHASSER. — Spécialement le propriétaire qui a loué le droit de chasse sans réserve perd pour lui-même la faculté de chasser sur le fonds affermé; il encourt donc des dommages-intérêts, s'il se livre à la chasse, hors le consentement du locataire (v. Rouen, 7 mai 1881; Paris, 12 février 1884).

249. CONCESSION NOUVELLE. — Il ne peut non plus concéder à une autre personne une nouvelle location ou une permission de chasse sur le même terrain (Provins, 3 août 1905; *Gaz. Pal.*, 1905.2.409); cette nouvelle location ou permission demeurerait sans effet pendant toute la durée de la première (Cr. C. 22 déc. 1899, D. 1901.1.484). Mais si des deux concessions, l'une seulement était constatée par écrit ayant date certaine, celle-ci devrait l'emporter sur l'autre alors même que cette dernière aurait été faite antérieurement (Cr. C. 17 juin 1899, D. 1900.5.87).

250. CESSION DE BAIL. — A moins de défense expresse ou implicite dans le contrat, le locataire de chasse peut céder son droit (Civ. 1717).

251. CONGÉ. — Il est indispensable de bien préciser dans les baux et notamment dans les baux de chasse lorsque ceux-ci sont consentis par périodes à la volonté de l'une ou de l'autre des parties, la date jusqu'à laquelle le congé pourra être donné pour la fin de l'une ou de l'autre de ces périodes.

Ainsi il a été décidé que lorsqu'un droit de chasse a été loué pour 9 ou 12 saisons de chasse, au choix du bailleur, celui-ci, en l'absence de tout délai prévu et à défaut d'usages locaux, doit donner congé au plus tard le jour de la fermeture de la 9e chasse. S'il ne l'a pas fait, le bail continue de plein droit jusqu'à l'expiration de la 12e saison de chasse (Épernay, 5 févr. 1909, *Gaz. Trib.*, 29 mai 1909).

252. CESSATION DE BAIL. — TACITE RECONDUCTION. — Les règles générales exposées ci-dessus concernant la cessation du bail (n°s 169 et s.), et la tacite reconduction (n°s 166 et s.) sont applicables au bail de chasse (v. Cass., 13 avril 1899, D. 99.1.598).

253. TRANSCRIPTION. — Les baux de chasse, tout comme les autres baux, consentis pour plus de 18 ans, doivent être transcrits pour être opposables aux acquéreurs (Cass., 10 janv. 1893, S. 1893. 1.185; Douai, 25 janv. 1899, S. 1900.2.25; Douai, 8 févr. 1905, *R. N.* 1905-349). — Toutefois le défaut de transcription ne peut être opposé par un légataire particulier (Douai, 8 fév. 1905 précité).

IV. — BAIL DE PÊCHE

254. DROIT DE PÊCHE. — RIVERAINS. — Dans les cours d'eau et canaux non navigables ni flottables, le droit de pêche appartient aux riverains, chacun de leur côté, jusqu'au milieu du lit, sous l'obligation de se soumettre aux règlements de police, à moins qu'il ne s'agisse d'étangs privés, n'ayant aucune communication avec un cours d'eau (Cass., 31 mai 1873 et 5 déc. 1884).

255. ÉTAT. — Dans les cours d'eau et canaux navigables ou flottables, le droit de pêche est la propriété de l'Etat.

256. ALIÉNATION. — Le droit de pêche peut faire l'objet d'une location aussi bien que le droit de chasse, mais il ne pourrait être aliéné à perpétuité (Cass., 30 mars 1885).

257. FORMES DU BAIL. — Comme pour tous les baux, la forme varie suivant que le droit est concédé par des particuliers ou par l'Etat.

Si le bail est consenti par des particuliers, il doit revêtir la forme des baux ordinaires [FORM. 22]. Si le droit est concédé par l'Etat, le bail doit avoir lieu par adjudication, le tout conformément aux dispositions d'ordre public régissant cette matière (L. 15 avril 1829, art. 4, 25 et s., 32; ord. 15 nov. 1830; L. 6 juin 1840; L. 31 mai 1865).

§ 3. — BAUX A CHEPTEL

258. CARACTÈRE. — Le bail à cheptel est un contrat par lequel l'une des parties donne à l'autre, un fonds de bétail pour le garder, le nourrir et le soigner, sous les conditions convenues entre elles (Civ. 1800).

259. OBJET. — On peut donner à cheptel toute espèce d'animaux susceptibles de croît ou de profit pour l'agriculture ou le commerce (Civ. 1802). Le plus souvent le bail à cheptel a pour objet les bêtes à laine et les bêtes à cornes (chèvres, moutons, bœufs, vaches) et même les porcs et les volailles.

260. DURÉE. — Le bail à cheptel est censé fait pour 3 ans, sauf convention contraire (Civ. 1815).

261. ESPÈCES DIVERSES. — Le Code distingue plusieurs sortes de cheptel (Civ. 1801): le cheptel simple ou ordinaire, le cheptel à moitié, le cheptel donné au fermier ou au colon partiaire et le contrat prévu par l'article 1831 C. c., improprement appelé cheptel.

I. — Cheptel simple

262. DÉFINITION. — Le bail à cheptel simple [FORM. 35] est un contrat par lequel on donne à quelqu'un des bestiaux à garder, nourrir et soigner, à condition que le preneur profitera de la moitié du croît et supportera la moitié de la perte (Civ. 1804).

263. ESTIMATION. — L'estimation donnée dans le bail au cheptel n'a d'autre objet que de fixer la perte ou le profit qui pourra se trouver à l'expiration du bail ; elle n'en transfère nullement la propriété au preneur (Civ. 1805).

264. OBLIGATIONS DU BAILLEUR. — Les obligations du bailleur pour le bail à cheptel, sont celles du bailleur ordinaire que nous avons exposées *supra* n⁰ˢ 96 et s.

265. OBLIGATIONS DU PRENEUR. — Le preneur doit à la conservation du cheptel les soins d'un bon père de famille (Civ. 1806).

266. CAS FORTUITS. — Il n'est tenu du cas fortuit que lorsqu'il a été précédé de quelque faute de sa part sans laquelle la perte ne serait pas arrivée, et, en cas de contestation, il est tenu de prouver le cas fortuit comme le bailleur doit, de son côté, prouver la faute qu'il impute au preneur (Civ. 1807-1808). Le preneur qui est déchargé par le cas fortuit est toujours tenu de rendre compte des peaux de bêtes (Civ. 1809) ou de faire connaître la cause pour laquelle il ne peut les représenter.

267. INTERDICTIONS. — Il lui est interdit de tondre sans en prévenir le bailleur (Civ. 1814) ; il lui est interdit également de disposer d'aucune bête du troupeau, soit du fonds, soit du croît (tant qu'il n'a pas été partagé) sans le consentement du bailleur (Civ. 1812) ; le bailleur ne saurait non plus en disposer sans le consentement du preneur (même article).

268. DROITS DU PRENEUR. — Le preneur profite seul des laitages, du fumier et du travail des animaux donnés à cheptel.

La laine et le croît se partagent par moitié (Civ. 1811) (v. n⁰ 283).

269. LAINE. — Par « laine », il faut entendre non seulement la toison des moutons, mais encore le poil, le crin des autres animaux et les plumes des oiseaux de basse cour (Aubry et Rau, § 376.3 ; Guillouard, 931).

270. CROIT. — Le « croît » comprend : 1° la multiplication numérique des têtes du troupeau après le prélèvement des têtes nécessaires pour réparer les pertes du bétail ; 2° l'augmentation de la valeur intrinsèque des bestiaux donnés à cheptel (Troplong, 1125).

271. VENTE FORCÉE. — La doctrine semble admettre que l'une des parties peut contraindre l'autre à aliéner certaines bêtes du troupeau en en faisant ordonner la vente par justice (Duranton, t. 17-283 ; Marcadé, 1812-3 ; Guillouard, 927 ; Aubry et Rau, § 376-6 ; *contra :* Troplong, 1152 ; Laurent, t. 26-101).

272. PERTES. — Si le cheptel périt en entier sans la faute du preneur, la perte en est pour le bailleur. S'il n'en périt qu'une partie, la perte est supportée en commun, d'après le prix de l'estimation originaire et celui de l'estimation à l'expiration du cheptel (Civ. 1810).

273. PROHIBITIONS DE CLAUSES. — Sont prohibées toutes clauses portant : 1° que le preneur supportera la perte totale du cheptel quoique arrivée par cas fortuit et sans sa faute ; 2° qu'il supportera dans la perte une part plus grande que dans le profit ; 3° que le bailleur prélèvera, à la fin du bail, quelque chose de plus que le cheptel qu'il a fourni (Civ. 1811) ; 4° que le preneur sera tenu de délaisser au bailleur sa part dans la toison à un prix inférieur à sa véritable valeur.

274. NULLITÉ. — Les stipulations ci-dessus sont prescrites à peine de nullité (Civ. 1811). Cette nullité frappe seulement sur la convention illicite et laisse subsister le bail (Troplong, 1157 ; Marcadé, 1811-2 ; *contra :* Duranton, t. 17-279) ; elle ne peut être invoquée que par le preneur (Aubry et Rau, § 376-5).

275. NOTIFICATION. — Si le cheptel est donné au fermier d'un tiers, on doit notifier le bail à ce dernier, sans quoi il peut faire saisir le cheptel et le faire vendre pour ce que son fermier lui doit (Civ. 1813).

276. ÉPOQUE. — Cette notification doit être faite avant l'introduction du cheptel dans la ferme, postérieurement elle serait sans effet.

277. FORME. — Aucune forme spéciale n'est prescrite pour cette notification qui peut même résulter du fait que le propriétaire du fonds a eu connaissance de l'introduction du cheptel et qu'il y a consenti tacitement (Nancy, 31 janv. 1901, D. 1901. 2.454, *R. N.* 1901-836).

278. RÉSOLUTION. — Le bailleur peut demander la résolution du contrat si le preneur ne remplit pas ses obligations (Civ. 1816) et obtenir de celui-ci des dommages-intérêts pour faute grave.

Le même droit de résiliation appartient au preneur si le bailleur manque à son engagement.

279. EXTINCTION DU BAIL. — EXPIRATION. — Le bail à cheptel finit à l'expiration de la durée prévue au contrat, si cette durée n'a pas été déterminée, il est censé fait pour 3 ans (Civ. 1815).

280. TACITE RECONDUCTION. — Si, après l'expiration de la durée légale ou conventionnelle le preneur reste et est laissé en possession, il s'opère une tacite reconduction conformément aux principes généraux du louage, *supra* nº 166 et s., et le nouveau bail qui en résulte est toujours de 3 ans.

281. CONDAMNATION. — Le bail peut être déclaré résolu par suite de la condamnation du preneur à un emprisonnement qui le tiendra pour longtemps éloigné de la métairie (Bordeaux, 28 juin 1854).

282. DÉCÈS. — La mort de l'une des parties ne met pas fin au cheptel, il se continue avec les héritiers ; il y a controverse néanmoins à l'égard du preneur.

283. PARTAGE. — A la fin du bail, ou lors de sa résolution, il est procédé à une nouvelle estimation du cheptel soit par les parties elles-mêmes, soit par experts. Le bailleur prélève ensuite des bêtes de chaque espèce jusqu'à concurrence de la première estimation ; l'excédent, s'il y en a, se partage entre les parties (Civ. 1817). S'il n'existe pas assez de bêtes pour remplir la première estimation, le bailleur prend ce qui reste et la perte est supportée par moitié (Civ. 1817).

284. INSAISISSABILITÉ. — Le bailleur ne pouvant disposer du cheptel (nº 273), il en résulte que ses créanciers ne peuvent le saisir entre les mains du preneur, alors même que le bail n'aurait pas acquis date certaine avant le commencement des poursuites (Aubry et Rau, § 376-8 ; Guillouard, 924), et à plus forte raison les créanciers du preneur ne peuvent non plus le saisir.

II. — CHEPTEL A MOITIÉ

285. DÉFINITION. — Le cheptel à moitié [FORM. 36] est une société dans laquelle chacun des contractants fournit la moitié des bestiaux qui demeurent communs pour le profit ou pour la perte (Civ. 1818).

286. PROFIT. — Comme dans le cheptel simple, *supra* nº 268, le preneur profite seul des laitages, des fumiers et du travail des bêtes. Le bailleur n'a droit seulement qu'à la moitié des laines et du croît. Toute convention contraire est nulle, à moins que le bailleur ne soit propriétaire de la métairie, dont le preneur est fermier ou colon partiaire (Civ. 1819).

287. RÈGLES. — Toutes les autres règles concernant le cheptel simple, et rappelées ci-dessus sous les nºˢ 262 à 284, s'appliquent au cheptel à moitié (Civ. 1820).

III. — CHEPTEL DONNÉ AU FERMIER

288. CARACTÈRE. — Ce cheptel, appelé aussi *cheptel de fer* [FORM. 37], est celui que le propriétaire d'une métairie donne à son fermier, à la charge de laisser, à la fin du bail, des bestiaux d'une valeur égale au prix de l'estimation de ceux qu'il a reçus (Civ. 1821).

289. PROPRIÉTÉ. — Le bailleur reste unique propriétaire du cheptel, l'estimation qui en est faite dans le bail n'en transfère pas la propriété au fermier, mais le met seulement à ses risques et périls ; on reconnaît à ce dernier le droit de disposer des animaux comme un administrateur de bonne foi (Civ. 1822), mais d'un autre côté il peut être poursuivi pour abus de confiance s'il détourne frauduleusement le bétail faisant l'objet du cheptel (Grenoble 2 déc. 1909, *R. N.* 1911-286).

290. PROFITS. — Tous les profits du cheptel (laitage, travail des animaux, les laines et le croît) appartiennent au fermier s'il n'y a convention contraire, sauf le fumier qui reste appartenir à la métairie, à l'exploitation de laquelle il doit être exclusivement employé (Civ. 1823 et 1824).

291. PERTES. — La perte, même totale et par cas fortuit est en entier pour le fermier, s'il n'y a convention contraire (Civ. 1825).

292. FIN DU BAIL. — A la fin du bail, le fermier ne peut retenir le cheptel en en payant l'estimation ; il doit laisser un cheptel en nature de valeur égale à celui qu'il a reçu. S'il y a du déficit il doit le payer ; et c'est seulement l'excédent qui lui appartient (Civ. 1826), quand même le déficit ne serait pas de son fait (Lyon, 11 juin 1874).

IV. — Cheptel donné au colon partiaire

293. CARACTÈRE. — Ce cheptel [Form. 38] peut être un cheptel à moitié *supra* nᵒˢ 285 et s., ou peut constituer une variété du cheptel simple aux règles duquel il est soumis.

294. STIPULATIONS PERMISES. — A la différence de ce qui a lieu dans le cheptel simple il est permis de stipuler : 1° Que le colon délaissera au bailleur sa part de la toison à un prix inférieur à la valeur ordinaire; 2° Que le bailleur aura une plus grande part du profit; 3° Qu'il aura la moitié des lainages; 4° Que le colon supportera pour partie la perte totale du cheptel; mais on ne saurait toutefois convenir que cette perte sera entièrement à sa charge (Civ. 1828).

295. PERTE. — Si le cheptel périt en entier sans la faute du colon, la perte est pour le bailleur (Civ. 1827).

296. FIN. — Ce cheptel finit avec le bail à métairie (Civ. 1829).

V. — Contrat improprement appelé cheptel

297. CARACTÈRE. — C'est le contrat par lequel une ou plusieurs vaches sont données pour les loger et les nourrir [Form. 39].

298. PROPRIÉTÉ. — Le bailleur conserve la propriété des vaches, il a seulement le profit des veaux qui en naissent (Civ. 1831).

299. OBLIGATIONS ET PROFITS DU PRENEUR. — Le preneur est tenu aux soins des animaux; s'ils tombent malades il doit en prévenir le bailleur et les faire soigner à ses frais. Les saillies de la vache sont également aux frais des preneurs.

Le profit à retirer du lait, du fumier et du travail des vaches, reste la propriété du preneur.

300. DURÉE. — Si la durée du bail n'est pas fixée, le bailleur et le preneur peuvent retirer et rendre les vaches pourvu que ce soit en temps opportun, ce qu'il appartient au juge d'apprécier en cas de désaccord.

§. 4. — BAIL A COLONAGE PARTIAIRE.

301. CARACTÈRE. — Le bail à colonage partiaire ou métayage (Form. 15] est le contrat par lequel le possesseur d'un héritage rural le remet pour un cer-

tain temps à un preneur qui s'engage à le cultiver sous la condition d'en partager les produits avec le bailleur (L. 18 juillet 1889, art. 1. D. 90.4.22).

302. NATURE MIXTE. — Ce contrat, bien que qualifié bail, est de nature mixte, participant à la fois du louage et de la société; il est régi par les art. 1763 et 1764 C. civ. et par la loi précitée du 18 juillet 1889.

303. OBJET. — **PRIX**. — Ce bail ne peut avoir pour objet que des héritages ruraux et le prix consiste dans le partage par moitié des fruits et produits s'il n'y a stipulation ou usage contraire (L. précitée, art. 2).

304. PREUVE. — A défaut d'acte écrit, la preuve du bail se fait de la même manière que pour les baux ordinaires (V. nᵒ 70).

305. OBLIGATIONS DU BAILLEUR. — Le bailleur est tenu : 1° De délivrer et garantir les objets compris au bail (nᵒ 97); 2° D'entretenir ces objets en état de servir à l'usage pour lequel ils ont été destinés (nᵒ 100); 3° d'en faire jouir paisiblement le colon pendant la durée du bail (nᵒ 105); 4° d'acquitter l'impôt foncier (nᵒ 143).

306. ACHATS. — De contribuer par moitié aux achats des matières nécessaires à l'exploitation, notamment des engrais, sauf, bien entendu, convention contraire.

307. RÉPARATIONS. — Il doit faire, en outre, aux bâtiments, toutes les réparations qui peuvent devenir nécessaires (nᵒ 100).

Toutefois, les réparations locatives ou de menu entretien qui ne sont occasionnées ni par la vétusté ni par force majeure sont à la charge du colon (nᵒˢ 130 et s.) sauf convention contraire.

308. OBLIGATIONS DU COLON. — **GÉNÉRALITÉS**. — Le preneur est tenu d'user de la chose louée en bon père de famille en se conformant à la destination qui lui a été donnée par le bail (nᵒ 127); il est également tenu des obligations spécifiées pour le fermier par les articles 1718, 1730, 1731, 1736 à 1741, 1766 à 1778 C. civ., *supra*, nᵒˢ 120 et s. (L. 1889, art. 13). Il doit se servir des bâtiments d'exploitation existant dans les héritages qui lui sont confiés et résider dans ceux affectés à l'habitation (*Ibid.*, art. 4).

309. INCENDIE. — **DÉGRADATIONS**. — Il répond de l'incendie, des dégradations et des pertes arrivées pendant la durée du bail, à moins qu'il ne prouve qu'il a veillé à la garde et à la conservation de la chose en bon père de famille (V. Grenoble, 18 mars 1908, S- 1909.2.251).

310. EXPLOITATION. — Le bailleur a la surveillance des travaux et la direction générale de l'exploitation soit pour le mode de culture, soit pour l'achat et la vente des bestiaux. L'exercice de ce droit est déterminé quant à son étendue, par la convention ou, à défaut de convention, par l'usage des lieux. Les droits de chasse et de pêche restant au propriétaire (L. 1889, art. 5).

311. RATIFICATION. — Il a été décidé, néanmoins, que si aux termes de l'art. 5 de la loi précitée, le bailleur a la direction générale pour l'achat et la vente des bestiaux, il n'en est pas moins tenu des engagements contractés par le preneur lorsqu'il a ratifié ces engagements et se trouve ainsi engagé vis-à-vis des tiers à raison de ces actes (Cass., 21 oct. 1901, *R. N.*, 1902-186).

312. RÈGLEMENT ANNUEL. — **CONTESTATIONS**.—Chacune des parties est en droit de demander le règlement annuel du compte d'exploitation, et en cas de contestation le juge de paix est compétent pour trancher le litige, s'il n'y a pas lieu à interprétation des clauses du bail et ce en dernier ressort jusqu'à 300 francs, et à charge d'appel, à quelque somme que le litige puisse s'élever. — La preuve testimoniale peut être admise par le juge (L. 1889, art. 11).

313. PRIVILÈGE. — Le privilège de l'art. 2102 sur les meubles, effets, bestiaux et portions de récoltes du colon, appartient au bailleur pour la garantie de l'exécution du bail et le paiment du reliquat de compte à rendre par le colon (L. 1889, art. 10).

314. CONGÉ. — **DURÉE**. — Les règles concernant le congé exposées *supra*, nos 157 et s., sont applicables au louage à colonage partiaire.

Les art. 1774 et 1776 du Code civil ne sont pas applicables aux baux à colonat partiaire (L, 1889, art. 13). En conséquence, pour ces sortes de baux, lorsqu'ils sont contractés sans écrit, ou, ce qui revient au même, se prolonge par l'effet de la tacite reconduction, les parties ont la faculté de se séparer à la fin de l'année à la condition d'observer le délai d'usage pour la signification des congés (Aix, 9 août 1905, *Juris. civ. Marseille*, 1906-42).

Spécialement, à défaut de convention contraire, les baux à colonage dans le département de la Haute-Vienne sont censés faits pour une année seulement et le congé donné pour l'expiration de ce terme est valable s'il est donné dans les délais conformes à l'usage (Limoges, 2 déc. 1904, *Rec. Riom*, 1905.215).

315. SOUS-LOCATION. — Aux termes des art. 1763 et 1764 C. civ. le colon partiaire n'a le droit ni de sous-louer ni de céder, si le bail ne le lui permet pas, et en cas de contravention, le propriétaire a droit de rentrer en jouissance, et le preneur peut être condamné à des dommages intérêts.

316. EXTINCTION DU BAIL. — Le contrat est résolu :

317. DÉCÈS. — 1º Par la mort du preneur (mais non par celle du bailleur) ; la jouissance des héritiers cesse à l'époque fixée par l'usage des lieux, pour l'expiration des baux annuels (L. 1889, art. 6) ;

318. ALIÉNATION DU FONDS. — 2º Par l'aliénation du fonds par le bailleur s'il en a été convenu ainsi dans le contrat ; dans ce cas l'art. 7, L. 1889, détermine les conditions dans lesquelles la résiliation peut avoir lieu ; spécialement si le bail est authentique ou sous seing privé avec date certaine, l'acquéreur ne peut expulser le colon sauf stipulation contraire ;

319. PERTE. — **CAS FORTUIT**. — 3º Par la perte totale par cas fortuit des biens donnés à métayer et ce, sans aucune indemnité de part ou d'autre. S'ils ne sont détruits qu'en partie, le bailleur peut se refuser à faire les réparations et les dépenses nécessaires pour les remplacer et les rétablir. Les parties peuvent dans ce cas demander la résiliation et le preneur obtenir alors une indemnité (L. 1889, art. 8).

320. PERTE DE RÉCOLTES. — En cas de perte de récoltes en totalité ou en partie par cas fortuit, le colon ne peut réclamer d'indemnité au bailleur (L. 1889, art. 9).

321. CONTESTATIONS. — **COMPÉTENCE**. — Le bail à colonage partiaire, comme nous l'avons indiqué, participe du caractère de la société et par suite l'action formée par le colon après l'expiration du bail, à l'effet d'obtenir le règlement de la part lui revenant dans les bénéfices produits par le cheptel, est une action en matière de société, qui doit être portée devant le juge de paix du lieu ou la société était établie, c'est-à-dire devant le juge de paix de la situation des lieux (Agen, 24 mars 1904, S. 1905.2.21) (V. nº 322).

322. PRESCRIPTION. — Toute action résultant du bail à colonage partiaire se prescrit par cinq ans, à partir de la sortie du colon (L. 1889. art. 12).

Cette prescription est applicable à toute créance au profit du propriétaire contre le colon, et faisant partie des comptes nés entre eux à l'occasion et à cause du bail, alors même que la dite créance repose sur un titre authentique (Seine, 12 déc. 1902, *J. Huissiers*, 1904.151).

§ 5. — BAIL A COMPLANT OU BAIL DE VIGNOBLES

323. CARACTÈRE. — Le bail à complant consiste, en principe, à concéder des terres soit déjà plantées de vignes, soit non encore cultivées et alors à charge de les planter de vignes, moyennant une partie de la récolte.

324. BUT. — USAGE. — Ce genre de bail a donc pour but de favoriser la culture de la vigne ; il était très usité autrefois dans l'Anjou, le Maine, le Poitou et la Saintonge ; il existe encore dans la Loire-Inférieure, la Loire, Maine-et-Loire et la Vendée. Dans certaines localités on le nomme : Bail à devoir de tiers ou de quart.

325. FORMES. — Ce bail doit être fait dans la forme des baux ordinaires [FORM. 16 et 17], si la jouissance du preneur est limitée à une époque fixe ou si le bailleur s'est réservé un droit de congédiement. Mais si la durée était perpétuelle, le bail prendrait le caractère d'une vente à rente, régie par l'art. 530 C. civ.

326. EFFETS. — D'après la coutume du Poitou, le bail à complant ne transfère pas au preneur la propriété du terrain donné à bail (Poitiers, 19 février 1894, S. 94.2.201 ; Cass., 11 fév. 1896, S. 97.1.10 ; Poitiers 12 juin 1899, S. 1900. 2.298 ; Cass., 14 nov. 1900, S. 1901.1.16 ; Poitiers 24 fév. 1909, S. 1909.2.152 ; *contra* : note de M. Surville, sous Poitiers, 19 fév. 1894, précité) ; mais il en est autrement dans le territoire régi par les coutumes de la Rochelle (V. Cass., 11 fév. 1896 et 14 nov. 1900 précités).

327. DESTRUCTION DE LA VIGNE. — RECONSTITUTION. — Quand, par suite de l'invasion du phylloxéra, une vigne à complant est détruite, le colon de cette vigne a le droit de la reconstituer sans que le caractère du bail à complant en soit modifié. — Est considérée comme détruite par le phylloxéra toute vigne dont la moitié des ceps au moins est atteinte et est devenue improductive (L. 8 mars 1898, art. 1er), — Cette reconstitution doit être faite en plants américains greffés avec les cépages choisis d'un commun accord par le propriétaire et le complanteur. — En cas de désaccord, le greffage aura lieu avec le cépage de l'ancien vignoble (V. L. 8 mars 1898, art. 2°).

328. DÉLAI. — Un délai de 4 ans est accordé pour la reconstitution de la vigne à partir du 1er avril de l'année où la vigne a été détruite. — Est considérée comme reconstituée la vigne dans laquelle la replantation et le greffage des plants sont exécutés (art. 2).

329. REDEVANCE. — Dans le cas où, au cours de la période de reconstitution, le colon ferait des cultures destinées à amender le sol, il devrait donner au propriétaire une redevance annuelle calculée à raison de 35 francs par hectare (art. 2).

330. CESSION. — Toutes les fois que le colon d'une vigne à complant détruite comme il est indiqué ci-dessus ne peut ou ne veut la reconstituer, il a la faculté de céder son droit à un tiers. — Si ce tiers n'est ni l'ascendant ni le descendant du complanteur, le propriétaire du sol, peut, à prix égal, user du droit de préemption. — Le colon qui veut céder son droit à un tiers doit notifier au propriétaire du sol le nom de ce tiers et le prix de la cession — Le propriétaire a 20 jours pour notifier sa réponse. — Passé ce délai il doit être considéré comme ayant renoncé à son droit de préemption. — Après la reconstitution du vignoble, le complanteur qui veut céder son droit à un tiers est tenu aux mêmes obligations que celles qui viennent d'être indiquées (L. 1898, art. 3).

331. NOTIFICATION. — La notification à faire au propriétaire du sol n'est soumise à aucune forme sacramentelle et rigoureuse, et le propriétaire qui a eu connaissance de la cession et qui a accepté du nouveau colon la part de récolte lui revenant, est censé avoir renoncé à son droit de préemption et avoir entendu laisser la cession suivre son cours (Cass., 30 nov. 1903, D. 1904.1.364).

332. CESSION DU BAIL. — Le droit de complant ou de propriété du plant de la vigne peut être cédé à un tiers avec ses charges, sans le concours et l'intervention du bailleur, quand le bail ne renferme à ce sujet aucune clause prohibitive (Nantes, 29 déc. 1904, *Pand. Fr.*, 1905.2.114).

§ 6 — BAIL A CONVENANT OU A DOMAINE CONGEABLE

333. CARACTÈRE. — Le bail à domaine congeable est un bail à ferme par lequel le propriétaire d'un fonds concède la jouissance à un tiers pour un temps déterminé et aliéné, au profit du preneur, moyennant une redevance annuelle, les *édifices* et *superficies* qui existent sur ce fonds.

334. DÉSIGNATION — Le bailleur porte le nom de *propriétaire foncier;* le preneur celui de *domanier* ou de *colon* Les termes *édifices* et *superficies*, désignent tout ce que l'art et le travail de l'homme élèvent sur le sol, en culture et en construction. On appelle *deniers d'entrée* la somme payée au propriétaire par le colon au moment de son entrée en jouissance, pour la valeur des édifices et superficies existant à cette époque.

Le *prisage* est l'expertise faite pour évaluer les édifices et superficies, et *revue* la seconde expertise que chaque partie est en droit de demander.

Le droit du propriétaire de mettre fin au bail porte le nom de *congement,* la cession de ce droit est la *baillée de congement.* La prorogation du bail s'appelle *baillée de renouvellement,* et le prix qui en résulte *commissions* ou *nouveautés.*

335. USAGE. — Ce bail qui n'est usité qu'en Bretagne est régi par la loi du 6 août 1791 dont certaines dispositions ont, d'ailleurs, cessé d'être en vigueur, et par celle du 8 février 1897 (D. 97.4 18).

336. FORMES. — ÉCRIT. — Ce bail doit être rédigé par écrit soit authentique [FORM. 19], soit sous seing privé (L. 6 août 1791, art. 14).

337. ÉNONCIATIONS. — Les parties sont libres d'y insérer telle clause qu'il leur paraîtra bon (art. 13) pourvu qu'elles n'aient pas pour but de rétablir des droits féodaux (art. 2, 3 et 15).

338. DURÉE. — La durée du bail est fixée par la convention des parties, ou, à défaut, par les anciens usages, qui en général fixaient cette durée à neuf ans.

339. DROITS ET OBLIGATIONS DU COLON. — GÉNÉRALITÉS. — En tant que fermier, le colon est soumis aux mêmes obligations qu'un fermier ordinaire (n° 120 et s.).

340. IMPOT FONCIER. — L'impôt foncier est entièrement à sa charge, sauf le droit de retenir au propriétaire sur la redevance convenancière, une partie de l'impôt proportionnel à cette redevance.

341. ALIÉNATION. — HYPOTHÈQUE. — Le colon a le droit d'aliéner et hypothéquer les édifices et superficies avec la restriction toutefois que n'étant propriétaire que sous condition résolutoire, tous les droits réels qu'il consentira seront soumis à la même condition (Guillouard, II, 664; Paul Pont, *privilèges* et *hyp.* I. 392; Troplong, I, 61).

342. DROIT DE REMBOURSEMENT. — Le colon a également le droit de remboursement, autrement dit le droit de se retirer à la fin du bail en se faisant rembourser les édifices et superficies (L. 6 août 1791, art. 11).

343. DROITS DU PROPRIÉTAIRE FONCIER. — Le propriétaire foncier a deux sortes de droits particuliers.

344. BOIS FONCIERS. — 1° Le droit à la jouissance des bois fonciers, c'est-à-dire le droit d'abattre les arbres (sauf les arbres fruitiers), enlever ceux abattus par le vent, en planter d'autres, à la seule condition de réparer tout dommage qu'il pourrait ainsi causer au fermier.

345. CONGÉMENT. — 2° Le droit de congément, c'est-à-dire le droit de congédier le domanier à l'expiration du bail, soit que la durée ait été fixée au contrat, soit qu'elle résulte de l'usage. L'exercice de ce droit, entraînant l'acquisition des édifices et superficies, rend nécessaire chez le propriétaire la capacité d'acquérir.

§ 7. — BAIL DE MINE ET CARRIÈRE OU AMODIATION

346. EXPLOITATION DES MINES. — Le service des mines dépend du ministère des travaux publics (ord. 19 mai 1830).

347. LÉGISLATION. — La législation minière est contenue dans la loi du 21 avril 1810, modifiée par les lois des 9 mai 1866 (D. 66.4.42) et 27 juill. 1880 (D. 81.4.33).

348. CLASSIFICATION. — Tout le système de la loi du 21 avril 1810 repose sur la classification des substances minérales et fossiles qui permet de régler l'attribution de la propriété de sa substance, de déterminer les personnes qui peuvent les exploiter et de définir les droits et obligations des exploitants. Cette classification d'après laquelle les substances minérales et fossiles sont réparties en trois catégories : mines, minières et carrières, repose sur la nature moléculaire de chacune d'elles.

349. RÈGLES DE L'EXPLOITATION. — Les *mines* ne peuvent être exploitées, même par le propriétaire du sol, qu'en vertu d'une concession résultant d'un décret rendu en conseil d'Etat Les *minières* sont exploitées par le propriétaire du sol en vertu d'une permission ou d'une déclaration; les *carrières* sont laissées à la libre disposition du propriétaire du sol, qui les exploite en vertu d'une simple déclaration.

Il en résulte que les *mines* à la différence des minières et des carrières constituent une propriété distincte de la surface et ne peuvent être exploitées que par un concessionnaire tenu à payer une redevance à l'Etat pour prix de la concession.

350. REMARQUE. — Nous ne nous occuperons ici que du bail de mines qui seul, présente un caractère spécial, la propriété des minières et carrières étant entièrement soumise aux règles du droit commun.

351. BAIL. — DROIT DU CONCESSIONNAIRE. — — L'acte de concession donne au concessionnaire la propriété perpétuelle de la mine. Il peut la vendre, l'échanger et, par conséquent la donner à bail mais après autorisation du gouvernement par décret rendu sur avis conforme du conseil d'Etat (L. 13 juill. 1911, art. 138).

352. FORMES DU BAIL. — Le bail d'une mine revêt les formes du contrat de louage. La chose est remise au preneur pour un temps déterminé et moyennant un prix généralement transformé en redevance à cause de fluctuations que peut éprouver le rendement de l'exploitation. Des clauses de résiliation sont également insérées dans l'acte.

353. DÉPOT EN BANQUE. — En pratique, pour sûreté de cette redevance, de l'exécution des charges et conditions du bail et aussi en garantie de tous dommages pouvant résulter de l'exploitation, les parties conviennent que le preneur effectuera le dépôt d'une somme déterminée dans une banque désignée par le bailleur.

354. RETRAIT DE LA CONCESSION. — Il sera utile également de mentionner dans le contrat que le bail sera résilié de plein droit si la concession était retirée au concessionnaire par mesure administrative dans l'un des cas prévus par la loi du 21 avril 1910, art. 49, le décret du 23 oct. 1852 et la loi du 27 avril 1838.

§ 8. — BAIL PAR ADJUDICATION

355. CARACTÈRE. — Le bail par adjudication est celui qui a lieu aux enchères publiques au plus offrant et dernier enchérisseur.

356. APPLICATION. — Tout propriétaire a la faculté de choisir cette forme de louage. Cette forme est généralement adoptée lorsque le bail a pour objet des biens appartenant à l'Etat (v. n° 360), à une commune (v. n° 367), à un hospice ou autre établissement public (v. n° 372).

357. BAIL PAR LICITATION. — Le bail par adjudication peut également avoir lieu sur licitation ; il en est ainsi lorsque les intéressés dans une chose indivise ne sont pas d'accord pour en faire le louage.

La licitation peut alors être à l'amiable si toutes les parties sont capables et s'entendent [FORM. 31] ; autrement on y procède judiciairement dans les formes prescrites pour la vente des rentes constituées (Pr. 643 et s.).

358. CAHIER DE CHARGES ET ADJUDICATION. — Le bail par adjudication ne diffère que par la forme du bail ordinaire. Les conditions en sont indiquées dans un cahier de charges dressé, préalablement à l'adjudication à laquelle il est procédé, de la même manière que pour la vente.

359. EFFETS. — Les effets du bail par adjudication sont en général identiquement les mêmes que ceux des baux ordinaires (V. *Bail en général*. Nos 96 et s.).

§ 9. — BAIL ADMINISTRATIF

I. — BIENS DE L'ETAT

360. FORMES DU BAIL. — Les baux des biens de l'Etat se font à la diligence des préposés de la régie des domaines, devant le Préfet ou le sous-préfet de l'arrondissement où les biens sont situés (LL. 28 oct. et 5 nov. 1790 ; 6 frim. an VII, 4 et 28 pluv. an VIII), lequel peut, dans certains cas, se faire suppléer par le maire.

Ces baux se font aux enchères ou de gré à gré (V. nos 361 et 363).

Le ministère du notaire n'est pas obligatoire.

361. CONDITIONS. — Les conditions de l'adjudication sont réglées par le préfet ou par le sous-préfet, et déposées en leur secrétariat, où il peut en être pris communication sans frais (L. 1790 précitée, titre II, art. 16).

362. DURÉE. — La durée pour laquelle ces baux peuvent être passés est : de 9 années pour les biens incorporels ; et de 3, 6 ou 9 années pour les autres biens (L. 1790, art. 15).

363. BAIL A L'AMIABLE. — Les baux des biens de l'Etat peuvent être consentis à l'amiable, savoir : par les directeurs des domaines pour un bail d'une durée n'excédant pas 9 années et 1.000 fr. de loyer ; par le directeur général des domaines pour un bail n'excédant pas neuf années et 5.000 fr. de loyer.

364. APPROBATION. — Les baux de plus de 9 ans ou d'une durée moindre, mais avec un loyer annuel supérieur à 5.000 francs, doivent être soumis à l'approbation du ministre des finances. Aucun bail amiable ne peut être consenti pour une durée de plus de 18 ans.

365. EXÉCUTION. — L'exécution des baux de biens de l'État est poursuivie au moyen de contraintes décernées par les préposés des domaines et rendues exécutoires par le juge de paix (LL. 19 déc. 1790, art. 25; 12 sept. 1791, art. 4; 9 oct. 1791, art. 17).

II. — Biens des communes

366. OBJET DU BAIL. — Les communes peuvent affermer : 1° des terres, des maisons, des mines; 2° des sources d'eaux minérales ; 3° des droits de chasse ou de pêche ; 4° des services municipaux ; 5° des perceptions municipales (octroi, pesage, droit de place) [FORM. 32 et 33].

367. FORMES. — Ces baux sont réglés par le conseil municipal et ne sont soumis à l'approbation préfectorale que si leur durée est supérieure à 18 ans (L. 5 avril 1884, art. 68-1°, 69 ; il appartient au conseil de décider si le louage sera passé de gré à gré ou par adjudication (Avis Cons. d'Etat, 24 oct. 1895).

368. CAHIER DE CHARGES. — Le conseil dresse ou fait dresser par un notaire le cahier de charges, y fixe les conditions de jouissance du fermier et les obligations qu'il veut lui imposer. Les impôts et contributions des biens loués doivent être payés par les locataires ou fermiers, en déduction ou non du prix du bail, suivant qu'ils ont été mis ou non à leur charge (L. 26 germ. an XI, art. 1er).

369. ADJUDICATION. — Les baux sont annoncés par des publications et des affiches et par une insertion dans le journal du lieu de la situation. Il est fait mention du tout dans le procès-verbal d'adjudication (Décr. 12 août 1807 ; ord. 7 oct. 1818, art. 3).

370. NOTAIRE. — Il est procédé à l'adjudication par le ministère d'un notaire, aux enchères dans la forme ordinaire ; le bail est ensuite exécutoire sans approbation préfectorale.

371. MAIRE. — Cette adjudication peut être faite par le maire sans le concours de notaire (L. 5 avril 1884, art. 90-6°). Le bail, en ce cas, est également exécutoire sans avoir besoin d'être approuvé par le préfet (Circ. 15 mai 1884).

III. — Biens des Hospices

372. FORMES DU BAIL. — Les baux des biens des hospices doivent avoir lieu aux enchères et *devant un notaire* (Décr. 12 août 1807).

373. CONDITIONS ET DURÉE. — Il appartient à la commission des hospices de régler les conditions des baux lorsque leur durée n'excède pas 18 ans pour les biens ruraux et 9 ans pour les autres. La délibération à ce sujet est exécutoire si, trente jours après la notification officielle, le préfet ne l'a pas annulée (L. 7 août 1851, art. 8).

374. APPROBATION. — Les baux de plus de 18 ans sont soumis à l'approbation du préfet et à certaines formalités préalables, conformément à l'arrêté du 7 germ. an IX.

375. ASSISTANCE PUBLIQUE. — Le conseil de surveillance de l'assistance publique, à Paris, est appelé à donner son avis sur les conditions des baux à ferme ou à loyer des biens affermés ou loués par cette administration et pour son compte (L. 10 janv. 1849, art. 5-3°).

376. CAHIER DE CHARGES. — Le cahier de charges est dressé par la commission administrative, on doit y stipuler une hypothèque sur les biens du preneur ; à défaut il pourrait y avoir nullité (Décr. 12 août 1887), mais sans responsabilité pour le notaire, le cahier de charges étant rédigé administrativement. Le sous-préfet donne son avis et le préfet approuve ou modifie.

377. ADJUDICATION. — L'adjudication est annoncée par des affiches, qui sont apposées dans les formes et les délais indiqués par les lois et règlements, et de plus par un extrait de l'affiche même, inséré dans le journal, de la situation de l'établissement. Mention du tout en est faite dans le procès-verbal d'adjudication.

378. APPROBATION. — Un membre de la commission des hospices assiste aux enchères et à l'adjudication. Cette adjudication n'est définitive qu'après l'approbation du préfet (Décr. 12 août 1807)

§ 10. — BAIL A NOURRITURE DE PERSONNES

379. CARACTÈRE. — Ce bail est un contrat par lequel une personne (*le pre-*

neur) s'oblige à fournir à une autre (*le bailleur*), moyennant un prix, les aliments, c'est-à dire tous les objets qui sont de première nécessité pour la subsistance et à les fournir en nature et préparés pour l'usage et la consommation.

380. DONATION. — Par suite ne saurait être considéré comme bail à nourriture le contrat par lequel une partie s'oblige, moyennant un prix, à soigner et à garder l'autre, infirme, à la charge par cette dernière de s'entretenir de tout ce dont elle aurait besoin. Une semblable convention constituerait une donation rémunératoire, soumise, à peine de nullité, à toutes les règles de fond des donations (C. Pau, 1er déc. 1902, *R. N.* 1903-215).

381. FORME. — On considère que le bail « à nourriture » renferme à la fois un louage de service et un marché de fournitures (V. Duvergier, I-248), et il convient de lui appliquer les règles de forme de ces deux contrats [FORM. 25], sauf ce qui est indiqué n° 380).

382. INCOMMUNAUTÉ. — Si le bailleur doit habiter avec le preneur, il est nécessaire de constater les effets et objets mobiliers qu'il apporte chez celui-ci.

383. CAS DE DÉCÈS. — Enfin il sera nécessaire de stipuler expressément que le bail sera continué, s'il y a lieu, par les héritiers du preneur.

384. EFFETS. — L'art. 1975 du Code civil aux termes duquel le contrat de rente viagère ne produit aucun effet, lorsque la rente a été créée sur la tête d'une personne atteinte de la maladie dont elle est décédée, dans les vingt jours du contrat, est applicable au bail à nourriture à l'égard du créancier d'aliments (Seine, 2 mars 1898, *Pand. fr.* 1900.2.97).

Mais on considère que l'art. 1978 du Code civil est une disposition exceptionnelle qui doit être restreinte au contrat de rente viagère et ne saurait être étendue au contrat de bail à nourriture (Grenoble, 17 fév. 1907, S. 1907.2.230).

Enfin il a été décidé que le contrat de bail à nourriture intervenu entre un père, sa fille et son gendre, n'est susceptible d'être résilié à la demande du père, qu'autant qu'il rapporte la preuve que sa fille et son gendre n'ont pas rempli les obligations qu'ils avaient contractées (Caen, 9 fév. 1904, *J. Not.* 28434).

§ II. — BAIL EMPHYTÉOTIQUE

385. CARACTÈRE. — *LÉGISLATION.* — Le bail emphytéotique est actuellement régi par la loi du 25 juin 1902 (*R. N.* 1902-612) sur le Code rural (V. étude de M. Aubery, *Rev. Nouv.* 1902, p. 951 et 971).

386. DÉFINITION. — C'est un contrat par lequel le propriétaire d'un immeuble consent à une personne, moyennant le paiement de certaines prestations, un droit réel immobilier spécial d'une durée déterminée, appelé *emphytéose*; droit qui confère au preneur un usage et une jouissance plus complète que dans le louage ordinaire.

387. OBJET. — Toute espèce d'immeubles corporels, soit ruraux, soit urbains, peut faire l'objet d'un bail emphytéotique.

388. FORMES. — Les règles en ce qui concerne la forme des baux en général est applicable au bail emphytéotique (n°s et 64 s.); il peut donc avoir lieu par acte authentique [FORM. 18] comme par acte sous seing privé.

389. DURÉE. — La durée de l'emphytéose doit être supérieure à 18 ans et ne peut dépasser 99 ans (L. 25 juin 1902, art. 1, § 2); mais il pourrait être consenti sur plusieurs têtes à la condition de ne pas dépasser le nombre de 3 (V. n° 75).

390. TACITE RECONDUCTION. — La tacite reconduction ne peut jamais avoir lieu en matière d'emphytéose (L. 25 juin 1902, art. 1er, § 2).

391. CAPACITÉ. — Le bail emphytéotique, renfermant l'aliénation d'une partie de la propriété, ne peut être valablement consenti que par ceux ayant le droit d'aliéner dans les termes de l'art. 1594 C. civ., et spécialement pour la femme mariée, de l'art. 311 C. c. et de la loi du 13 juillet 1907.

392. MINEUR. — En ce qui concerne les immeubles appartenant à des mineurs, ils ne peuvent être donnés à bail emphytéotique qu'en vertu d'une délibération du conseil de famille homologuée par le tribunal (L. 1902, art. 2).

393. OBLIGATIONS DU BAILLEUR. — En général, les obligations du bailleur sont celles dont est tenu un vendeur; il doit notamment garantir au preneur, ou emphytéote, la jouissance de la chose et, en cas d'expropriation pour cause d'utilité publique, il doit faire connaître l'emphytéose conformément à l'art. 21 de la loi du 3 mai 1841 (V. n° 398).

394. OBLIGATIONS DU PRENEUR. — L'emphytéote est tenu : d'acquitter toutes les contributions, même foncières et charges de la chose, et de faire toutes les réparations de quelque nature qu'elles soient ; il ne peut modifier la forme et la nature du fonds, on lui reconnaît toutefois le droit de changer le mode de culture et de transformer les anciens bâtiments ; toutes les améliorations et constructions faites par lui restent la propriété du bailleur, et à la fin du bail il ne peut ni les détruire ni réclamer aucune indemnité.

395. REDEVANCE. — Enfin le preneur est tenu d'acquitter la redevance fixée par le contrat, sans pouvoir demander une réduction de cette redevance ni pour cause de vente partielle du fonds, ni pour cause de stérilité ou privation de la récolte à la suite de cas fortuit (L. 1902, art. 4) Il ne saurait non plus se libérer de la redevance ni se soustraire à l'exécution des conditions du bail en délaissant le fonds (L. 1902, art. 6).

396. DROITS DU PRENEUR. — JOUISSANCE. — Le preneur possède seul le droit de chasse et de pêche et jouit de l'alluvion, le tout sans augmentation de redevance ; il profite du droit d'accession pendant la durée du bail, et à l'égard des mines et carrières, etc.... il a les mêmes droits qu'un usufruitier (L. 25 juin 1902, art. 1, 9 et 12).

397. PROPRIÉTÉ. — Pendant toute la durée du bail, il peut disposer de la propriété du fonds : le louer, l'aliéner, l'hypothéquer, et y établir des servitudes (L'immeuble pourrait également être saisi par les créanciers du preneur dans les formes prescrites par le Code de procédure pour les saisies immobilières), mais le tout sauf les droits du bailleur à l'expiration du contrat.

398. EXPROPRIATION D'UTILITÉ PUBLIQUE. — En cas d'expropriation pour cause d'utilité publique de l'héritage emphytéotique, des indemnités distinctes sont accordées au bailleur et au preneur (L. 1902, art. 11) (V. n° 111).

399. RÉSOLUTION. — La résolution du contrat peut être demandée par l'une des parties pour inexécution des obligations incombant à l'autre ; spécialement le bailleur peut poursuivre cette résolution pour détérioration ou dégradation du fonds et pour défaut de paiement de la redevance, mais à la condition que ce défaut de paiement porte sur deux années consécutives et après une sommation restée sans effet (L. 1902, art. 5).

400. FIN DE L'EMPHYTÉOSE. — L'emphytéose prend fin : 1° par l'expiration du temps convenu au contrat ; 2° par la perte totale du fonds ; 3° par la résolution du contrat.

II. — PROCÉDURE CIVILE

401. REMARQUE. — Les notaires étant très souvent consultés sur les contestations qui peuvent s'élever relativement à l'exécution des baux, nous avons jugé nécessaire de consacrer la seconde partie de notre sujet à la procédure civile, que nous diviserons en quatre chapitres contenant : le 1er l'énumération des principales contestations qui peuvent s'élever entre propriétaire et locataire ; le 2e les règles de la compétence des juridictions qui doivent en connaître ; le 3e l'indication des formes de la procédure à suivre en la matière ; et le 4e les règles des saisies-gageries et revendications ; l'exercice du privilège du bailleur et les règles de la résiliation de bail.

Chapitre I. — Contestations relatives aux baux.

402. GÉNÉRALITÉS. — Les baux quels qu'ils soient peuvent, comme on l'a vu, être l'objet d'un certain nombre de contestations qui, si elles ne s'arrangent à l'amiable, se transforment en actions judiciaires.

403. PRINCIPALES ACTIONS. — Les principales de ces actions sont les suivantes :

404. DÉLIVRANCE DE LA CHOSE. — 1° Actions en délivrance de la chose louée (Civ. 1719) ;

405. TROUBLES DE JOUISSANCE. — 2° Actions en garantie du trouble apporté à la jouissance du preneur (Civ. 1719 et 1721 ; v. n°s 440, 454 et 469) ;

406. RÉSILIATION DE BAIL. — 3° Actions en résiliation ou résolution de bail (v. n°s 431, 452 et 536) pour cause de :

a) Non-délivrance de la chose louée (Civ. 1719) ;

b) Non-exécution de réparations empêchant l'habitation ou l'exploitation (Civ. 1720) ;

c) Existence d'un vice de la chose louée (Civ. 1721) ;

d) Perte totale ou partielle de la chose louée soit par cas fortuit ou force majeure, soit par la faute du bailleur, soit par celle du preneur (Civ. 1722) ;

e) Changements faits par le bailleur à

la chose louée (outre le droit à des dommages-intérêts) (Civ. 1723);

f) Éviction totale (de plein droit) ou partielle (selon les circonstances) résultant d'un trouble de droit (Civ. 1726);

g) Défaut de paiement des loyers ou fermages (Civ. 1728);

h) Changement de destination par le preneur, entraînant dommage pour le bailleur (Civ. 1729);

i) Manquement par le preneur à son obligation de jouir en bon père de famille (Civ. 1732);

j) En général, défaut par le bailleur ou le preneur de tenir leurs engagements (Civ. 1741);

k) Défaut de nantissement suffisant (Civ. 1752);

l) Inexécution par le preneur des conditions de son bail (Civ. 1766);

m) Cession ou sous-location par le preneur à colonat partiaire (Civ. 1763-64);

n) Inexécution des engagements par le preneur ou le bailleur à cheptel (Civ. 1816);

o) Défaut de paiement de 2 années de loyers en cas de bail emphytéotique, et après sommation (Loi 25 juin 1902, art. 5);

p) Inexécution des conditions ou détériorations graves, en cas de bail emphytéotique (*id.*).

407. DOMMAGES-INTÉRÊTS. — 4° Actions en paiement de dommages-intérêts pour cause de :

a) Non-jouissance du locataire du fait du bailleur (Civ. 1719, 1720, 1721);

b) Dommage causé par le retard apporté dans l'exécution des réparations par le bailleur (Civ. 1720); C. Nancy, 7 juin 1873, D. 74.2.159; Paris, 29 nov. 1892, D. 93.2.473);

c) Perte résultant pour le preneur de vices ou défauts de la chose louée, du fait du bailleur (Civ. 1721);

d) Perte totale ou partielle de la chose louée, par la faute du bailleur, outre le droit à la résiliation et à la diminution du loyer (Civ. 1722);

e) Perte totale par la faute du preneur, outre le droit à la résiliation (C. Riom 24 août 1868) — ou perte partielle par la faute du preneur, sans résiliation (Civ. 1722);

f) Changements apportés par le bailleur à la chose louée, outre le droit à la résiliation (Civ 1723);

g) Éviction totale ou partielle du preneur par suite d'un trouble de droit (Civ. 1726);

h) Résiliation du bail (n° 406);

i) Manquement par le preneur à son obligation de jouir en bon père de famille, avec ou sans résiliation (Civ. 1732);

j) Indemnité de reconstruction, de perte de loyers, de perte de mobilier s'il y a lieu, en cas de responsabilité du fermier pour incendie (Civ. 1733);

k) Expulsion du preneur en cas de vente, lorsqu'il y a bail authentique ou ayant date certaine (Civ. 1743 et s.);

l) Inexécution par le preneur des conditions du bail (Civ. 1766);

m) Non-avertissement du bailleur par le preneur en cas d'usurpation (Civ. 1768);

n) Cession ou sous-location par le preneur à colonat partiaire, outre le droit à la résiliation (Civ. 1764);

o) Inexécution des engagements par le preneur à cheptel, outre le droit à la résiliation (Civ. 1810).

408. PAIEMENT DES LOYERS. — 5° Actions en paiement des loyers ou fermages, au cas de non-paiement (Civ. 1728 — Pr. 819 et s. — Civ. 2102); — (v. n°⁸ 410, 411, 414, 429, 435 à 437, 442 et 450).

409. RÉPARATIONS. — 6° Actions par le preneur pour faire contraindre le bailleur à l'exécution des réparations (Civ. 1720) dans un délai déterminé et à défaut pour être autorisé à les exécuter et à en retenir le montant sur ses loyers;

7° Actions en exécution de réparations par le bailleur (Civ. 1719, 1920);

8° Actions relatives aux réparations locatives et aux états de lieux (Civ. 1730, 1731 et 1754);

Sur la procédure à suivre en la matière (v. n°ˢ 424, 455 et 462).

410. RÉDUCTIONS DE LOYERS. — 9° Actions en réduction de loyers :

a) Proportionnellement à la jouissance dont le preneur a été privé par suite de vices ou défauts de la chose louée, outre les dommages-intérêts (Civ. 1721) — (Paris, 13 juin 1849, D. 49.2.212; Aix, 5 janvier 1877, D. 78.2.94);

b) Dans le cas de perte partielle de la chose louée par cas fortuit ou par force majeure, dans le cas où le preneur peut encore jouir de la chose suivant sa destination mais sans dommages-intérêts (Civ. 1722);

c) Dans le cas de perte partielle par le fait du bailleur, avec jouissance encore possible, avec dommages-intérêts (Civ. 1722);

d) Pour éviction partielle résultant d'un trouble de droit, si la jouissance est encore possible (Civ. 1726);

e) Pour différence dans la contenance indiquée (Civ. 1765).

411. SUPPLÉMENT DE FERMAGES. — 10° Actions en supplément de fermages (Civ. 1765);

412. CHANGEMENTS DES LIEUX. — 11° Actions tendant à faire défense au bailleur d'exécuter les changements qu'il prétend faire à la chose louée, à lui faire détruire ceux déjà faits, ou à autoriser à défaut le preneur à les détruire lui-même aux frais du bailleur (Civ. 1723; v. n° 463).

413. RÉTABLISSEMENT DES LIEUX. — 12° Actions en rétablissement des lieux dans leur état primitif, en cas de changement de destination par le preneur (Civ. 1729; Cass. req., 17 février 1873, D. 73.1.372);

414. PERTE. — REMISE DU PRIX. — 13° Actions relatives à la remise du prix en cas de perte de la totalité ou d'au moins la moitié d'une récolte par cas fortuit lorsque le bail porte sur plusieurs années et s'il n'y a eu indemnisation, à la décharge d'une partie proportionnelle du même prix dans le même cas, s'il s'agit d'un bail d'un an, ou à la dispense provisoire du paiement du prix (Civ. 1769 et 1770; v. n°ˢ 426 et 439).

415. CONGÉS. — 14° Actions relatives aux congés (en cas de baux verbaux, ou de baux écrits faits pour plusieurs périodes, ou au cas d'expulsion par l'acquéreur), et à la validité ou à leur nullité (V. n°ˢ 430, 451).

416. EXPULSION. — 15° Actions relatives à l'expulsion du preneur, soit pour défaut de nantissement suffisant (art. 1752, C. civ.), soit en cas de vente de la chose louée après congé (art. 1743 et s. — V. n°ˢ 432, 451, 461).

417. RÈGLEMENT DE COMPTE. — 16° Actions relatives au règlement annuel de compte d'exploitation en matière de bail à colonat partiaire (Loi du 18 juil. 1889, art. 11 — V. n° 428).

418. CHEPTEL. — ESTIMATION. — 17° Actions relatives à l'estimation du cheptel à fin de bail en cas de désaccord; expertise (Art. 1817 C. civ.).

419. — SAISIES. — DISTRIBUTIONS. — HOMOLOGATIONS. AUTORISATIONS. — De plus les juges et tribunaux ont encore à intervenir pour:

1° Autoriser les saisies-gageries, saisies gageries-revendications et saisies-revendications (Civ. 2102; Pr. 819, 820 et 826), et statuer sur les actions en validité, en nullité ou en mainlevée de ces saisies (V. n°ˢ 492, 500 et 533).

2° Procéder à la distribution du prix de vente de ce qui garnissait la chose louée, aussi bien après saisie-gagerie ou revendication par le bailleur, qu'après saisie-exécution par un autre créancier, dans laquelle distribution le bailleur fait valoir son privilège. — (V. n°ˢ 466, 486, 492, 500 et 533).

3° Homologuer les avis de parents autorisant certains baux intéressant des incapables (V. n°ˢ 456, 483, 498).

4° Autoriser la passation de certains baux en ce qui concerne les immeubles de la femme dotale (V. n°ˢ 456, 484 et 498).

CHAPITRE II. — Compétence.

420. TRIBUNAUX COMPÉTENTS. — La presque totalité des actions ou procédures relatives aux baux sont de la compétence soit des tribunaux civils de première instance, soit de celle des juges de paix.

Toutefois la juridiction administrative est compétente lorsqu'il s'agit de troubles apportés à la jouissance du locataire ou fermier par le fait de l'administration (Civ. 1727).

§ 1ᵉʳ — COMPÉTENCE RATIONE MATERIÆ

421. JUSTICES DE PAIX. — La loi du 12 juillet 1905, réorganisatrice de la compétence des juges de paix, a, comme ses devancières du 25 mai 1838 et suivantes, accordé à ces magistrats une compétence beaucoup plus étendue en matière de baux qu'en toute autre matière, notamment aux termes de ses articles 3 et 4; elle attribue même une compétence exclusive aux tribunaux de paix pour certaines actions.

La loi du 18 juillet 1889 (art. 11) attribue également aux tribunaux de paix la compétence exclusive des contestations relatives au règlement de compte annuel d'exploitation, lorsqu'il n'y a pas contestation.

Pour les diverses contestations qui leur sont ainsi attribuées exclusivement, les juges de paix ne sont plus comme d'ordinaire le juge d'exception, ils deviennent le juge *de droit* commun du premier degré.

En ce qui concerne les baux auxquels s'applique la compétence du juge de paix, v. *infra*, n° 434.

422. TRIBUNAUX CIVILS. — Toutes les causes non attribuées par les textes aux justices de paix relèvent, à l'exception de celles de nature administrative, des tribunaux civils.

I. — JUSTICES DE PAIX.

423. ÉTENDUE. — L'étendue de la

compétence *ratione materiæ* des juges de paix varie suivant la nature des actions.

A. — COMPÉTENCE EN DERNIER RESSORT JUSQU'A 300 FRANCS ET EN PREMIER RESSORT A QUELQUE VALEUR QUE LA DEMANDE PUISSE S'ÉLEVER, QUEL QUE SOIT LE PRIX DU BAIL.

424. RÉPARATIONS LOCATIVES. — 1°*Actions relatives aux réparations locatives des maisons ou des fermes* (Civ. 1720, 1730, 1731 et 1754; — art. 4 §1, loi du 12 juil. 1905).

Peu importe qu'elles soient à la charge du locataire ou à celle du bailleur, que l'action soit intentée par le bailleur ou par le preneur.

Il n'y a pas lieu de distinguer non plus si les réparations locatives sont à faire aux édifices ou au surplus de la chose louée.

S'il s'agissait de réparations autres que les locatives à la charge du preneur par la loi ou l'usage, le juge de paix serait incompétent à moins, (à notre avis), qu'il ne le soit dans les termes de sa compétence générale de l'article 1er de la loi du 12 juillet 1905 (Seine, 30 nov. 1896, *Gaz. Trib.*, 3 janv. 1897; C. Bordeaux, 11 mai 1909. D. 1911-5-10; Pontoise, 30 avril 1907).

Si le bailleur réclame en même temps des réparations locatives et d'autres réparations plus considérables mises à la charge du preneur, le tribunal civil devient compétent pour le tout (sauf, à notre avis, la même restriction que ci-dessus).

Le juge de paix a compétence pour statuer sur toutes les contestations relatives aux réparations locatives soit avant ou au moment de l'entrée en jouissance, soit pendant la durée du bail, soit à la sortie.

S'il y a une demande accessoire en dommages-intérêts il est compétent (Lille, 6 mars 1899; *Gaz. Pal.*, 1899-2-165 ; Seine, 7e ch., 5 déc. 1910; *La Loi*, 5 fév. 1911).

Il connaît des difficultés que peuvent faire naître les états de lieux dressés ou à dresser; (toutefois il y a controverse sur ce point).

Il a compétence pour statuer sur le tout lorsqu'à l'expiration du bail le preneur réclame le prix d'améliorations par lui faites, devant se compenser avec les réparations locatives.

Mais s'il s'agit de dégradations pouvant avoir le caractère de réparations locatives commises après l'expiration du bail, par exemple pendant la durée d'une instance entre le bailleur et le preneur, c'est au tribunal civil qu'il appartient d'en connaître (à moins que le juge de paix ne soit

compétent dans les termes de l'article 1er de la loi du 12 juillet 1905).

S'il y a lieu à interprétation d'une clause du bail, le juge de paix est incompétent.

425. INDEMNITÉS. — 2° *Actions relatives aux indemnités réclamées par le locataire ou fermier provenant du fait du bailleur, lorsque le droit à une indemnité n'est pas contesté :*

Soit pour retard dans la délivrance ou défaut de délivrance de la chose louée (art. 1719 C. c.) ;

Soit pour défaut des réparations auxquelles le bailleur est tenu pendant le bail (art. 1720 C. c.) ;

Soit pour pertes provenant de vices ou défauts de la chose louée (art. 1721 C. c.) ;

Soit pour contravention par le bailleur à la défense à lui faite de changer la forme de la chose louée (art. 1723 C. c.) ;

Soit pour tout fait quelconque du bailleur entravant ou diminuant la jouissance du preneur ;

Il faut absolument que la non-jouissance provienne du fait du bailleur, mais peu importe la cause de cette non-jouissance ;

Le juge de paix connaît : de la demande en dommages-intérêts formée par le preneur évincé de tout ou partie de la chose par le bailleur ; — de la demande en diminution de fermages pour erreur dans la contenance exprimée au bail ; — de l'action en indemnité formée par le sous-fermier, contre le fermier principal et du recours en garantie formé par celui-ci contre le bailleur ;

Le juge de paix peut à la fois allouer des dommages-intérêts et ordonner les réparations nécessaires ou la suppression des obstacles ;

Si le preneur demande en même temps la résiliation, le tribunal civil devient compétent pour le tout ;

Pour que le juge de paix soit compétent dans les termes de l'article 4 de la loi du 12 juillet 1905, il faut que le droit à une indemnité ne soit pas contesté sérieusement; il ne suffit pas d'une simple allégation ou affirmation (art. 4 loi du 12 juillet 1905) — (Cass. civ. 16 août 1854. D. 54.1.274. Paris, 31 janvier 1901. *Gaz. Trib.* 1901. 1.365) ;

Mais il peut être compétent dans les termes et les limites de la compétence générale de l'article 1er de la loi du 12 juillet 1905 et alors il connaît de la contestation ; — il pourrait être compétent dans les mêmes limites dans le cas où le fait de non-jouissance viendrait d'un tiers ;

L'incompétence du juge de paix lorsque le droit à une indemnité est contesté est absolue et peut être soulevée en tout état de cause, même en appel. (Cass. civ. 12 août 1851. D. 51.1 232) ;

426. DÉGRADATIONS ET PERTES. — 3° *Actions relatives aux dégradations et pertes causées dans les cas prévus par les articles 1732 et 1735 du Code civil:*

Quand bien même elles auraient été commises après l'expiration du bail par le locataire qui a prolongé sa jouissance au-delà du terme fixé ou qui a refusé d'obéir au congé ou à l'avertissement ;

Qu'elles soient dirigées par le bailleur contre le locataire principal, ou par celui-ci contre le sous-locataire ;

Quand bien même le locataire dénie les pertes ou dégradations et quelle que soit l'exception soulevée ;

Le juge de paix peut en même temps allouer une indemnité et ordonner les réparations nécessaires ;

Si la résiliation était demandée en même temps le juge de paix serait incompétent.

427. INONDATION. — 4° *Actions relatives aux pertes causées par une inondation provenant du fait du fermier* (art. 4 et 6 loi du 12 juillet 1905) ;

L'article 4 de la loi du 12 juillet 1905 renvoie en cas de pertes ou dégradations causées par incendie ou inondation a la compétence de l'article premier de la même loi ;

Toutefois s'il s'agissait d'une inondation causée par la faute du fermier, il y aurait une action pour dommages aux champs prévu par l'article 6 de la loi du 12 juillet 1905, et dans ce cas, comme dans celui de l'article 4, le juge de paix pourrait statuer en dernier ressort jusqu'à 300 francs, et en premier ressort à quelque somme que la demande s'élève, quel que soit le prix du bail.

428. COMPTE D'EXPLOITATION. — 5° *Actions afférentes aux difficultés relatives aux articles du compte annuel d'exploitation en matière de bail à colonatpartiaire, si les obligations résultant du contrat ne sont pas contestées* (art. 11 de la loi du 18 juillet 1889).

Il peut connaître du compte portant sur plusieurs années et même du compte général. (C. Agen, 8 juillet 1891. — Baudry-Lacantinerie et Wahl, 2° éd., t. II, n° 1585. — Planiol, Précis de droit civil, n° 1714)

S'il y a contestation sur le contrat c'est le tribunal civil qui est compétent.

B. — COMPÉTENCE EN DERNIER RESSORT JUSQU'A 300 FRANCS ET EN PREMIER RESSORT A QUELQUE SOMME QUE LA DEMANDE PUISSE S'ÉLEVER, LORSQUE LE PRIX DU BAIL VERBAL OU ÉCRIT N'EXCÈDE PAS 600 FRANCS ANNUELLEMENT (art. 3 de la loi du 12 juillet 1905).

429. PAIEMENT DU LOYER. — 1° *Actions en paiement de loyers ou fermages.*

A moins que s'il y a contestation sur le prix du bail, et s'il n'existe ni bail écrit ni quittance, on ne soit obligé de recourir aux procédés indiqués par l'article 1716 C. c., ce qui rendrait la demande indéterminée ;

Ou à moins que le bail ne soit contesté dans son existence, sa durée ou ses clauses, quand bien même le loyer annuel serait inférieur au taux de la compétence du juge de paix (D. 57.1.346 notes 1 et 2. — Cass. civ., 6 janvier 1886. D. 86.1.339. — Cass. civ., 1er déc. 1890. D. 91.1.98. — Cass., 30 nov. 1898. D. 99.1.145) ;

Mais cette contestation doit être sérieuse et ne pas consister en une simple allégation. (Cass., 23 juillet 1868, D. 69. 1.87 ; S. 69.1.116, P. 69.2.73).

430. CONGÉS. — 2° *Demandes en validité ou en nullité de congés*, quel que soit le motif (fond ou forme) qui leur serve de base ;

Mais non s'il y a des contestations sérieuses sur le titre en vertu duquel le congé est donné (Paris, 1er août 1890, S. 92.2.249, P. 92.2.249. — Cass., 15 nov. 1886, S. 87.1.464, P. 86.1.1147) ;

Ces demandes n'étant point délimitées par une somme sont toujours jugées en premier ressort.

431. RÉSILIATIONS DE BAUX. — 3° *Demandes en résiliation de baux fondées soit sur le défaut de paiement des loyers ou fermages, soit sur l'insuffisance des meubles garnissant la maison ou des bestiaux et ustensiles nécessaires à l'exploitation d'après les articles 1752 et 1766 C. c., soit enfin sur la destruction de la chose louée par cas fortuit prévue par l'article 1722 C. c.* (art. 3 loi du 12 juillet 1905) ;

Quand bien même elles seraient assorties d'une demande en dommages intérêts contre le preneur ;

Le juge de paix serait incompétent pour connaître des demandes en résiliation basées sur la destruction partielle par cas fortuit (Civ. 1722), ou sur le changement de destination (Civ. 1729), ou sur l'inexécution des conditions du bail, ou tout motif autre que ceux spécifiés en l'article 3 de la loi du 12 juillet 1905 ;

Il serait incompétent également s'il y avait contestation sur l'existence même du bail ou sa prolongation par tacite reconduction (Civ. 16 août 1854, D. 54. 1.274) ;

Ces demandes n'étant point non plus exprimées en sommes, sont toujours jugées en premier ressort.

432. EXPULSIONS. — *4° Des expulsions de lieux* (art. 3 de la loi du 12 juillet 1905);

Quelles qu'en soient les causes et les exceptions soulevées à l'encontre ; Elles sont aussi toujours jugées en premier **ressort** ;

Souvent l'expulsion est prononcée par le même jugement qui prononce la résiliation du bail ou la validation du congé;

Le juge de paix est incompétent pour ordonner l'expulsion s'il n'y a point de bail (Cass. 1er déc. 1890. D. 91.1.98. — Cass. 5 août 1895 (S. et P. 95.1.436. D. 96.1.48) ; ou si le bail est terminé (C. Rouen, 1re ch., 25 nov. 1908).

433. SAISIES-GAGERIES ET REVENDI- CATIONS. — *5° Demandes en validité, en nullité ou en mainlevée de saisies-gageries pratiquées en vertu des articles 819 et 820. C. p. c. ou de saisies-revendications portant sur des meubles déplacés sans le consentement propriétaire dans les cas prévus aux articles 2102 C. c. § 1er et 819 C. p. c., à moins que dans ce dernier cas il y ait contestation de la part d'un tiers (art. 3 de la loi du 12 juillet 1905.*

Quelle que soit l'importance du mobilier saisi ;

Et la demande fût-elle exercée sur les meubles du sous-locataire (cas où il faut considérer le prix du sous-bail) ;

S'il y avait des contestations de la part d'un tiers, c'est le tribunal civil qui aurait compétence ;

434. BAUX. COMPÉTENCE. — *L'article 3 de loi du 12 juillet 1905* s'applique savoir :

Aux baux ordinaires des maisons et des fermes ;

Aux baux à longue durée ;

Aux baux à vie ;

Aux baux des communes, des établissements publics, nationaux ;

Aux baux à complant ;

Aux baux à colonat partiaire ;

Elle ne s'applique pas :

Aux baux à cheptel (sauf application de la compétence de l'article 1er de la loi du 12 juillet 1905. — Civ. 22 juin 1908);

Aux baux à convenant (qui confèrent des droits réels sur l'immeuble) ;

Aux baux emphytéotiques (qui confèrent des droits réels sur l'immeuble) ;

Aux baux à durée perpetuelle (sauf application de l'article 1er de la loi du 12 juillet 1905) ;

Elle ne s'applique pas non plus lorsqu'il n'y a pas de bail, ni écrit, ni verbal.

435. LOYER. — D. TERMINATION DU TAUX. — Pour que l'on puisse appliquer la compétence régie par l'article 3 de la loi du 12 juillet 1905, il faut que le prix du bail verbal ou écrit n'excède pas 600 francs annuellement ;

Il faut s'attacher au taux de la location annuelle, mais à lui seul ;

Quand bien même le montant des loyers réclamés excéderait le taux de la compétence ordinaire et en dernier ressort des tribunaux de première instance, le juge de paix est compétent si le loyer annuel n'excède pas 600 francs;

Si la location est faite à tant par trimestre, ou tant par mois (mais au moins pour un an), il faut se baser sur le montant annuel de la location ; — si elle était faite aussi pour moins d'un an la compétence appartiendrait au juge de paix dans les limites de l'article 1er de la loi du 12 juillet 1905 ou au tribunal civil ;

Si la location est faite pour plusieurs années moyennant un prix global, il faut, pour déterminer la compétence, calculer le prix afférent à une année;

436. CHARGES. — **IMPOTS.** — Il ne faut tenir compte que du prix principal du bail auquel on ajoute tout ce qui est payé en plus et peut être considéré comme en faisant réellement partie; par exemple les impôts fonciers mis à la charge du locataire, car ils constituent un surcroît du loyer avec lequel ils forment bloc (T. c. Rouen, 8 février 1908), mais pas les impôts des portes et fenêtres, ni une taxe de balayage, ni une charge de faible importance (C. Orléans, 23 mars 1892. D. 93.2.262) ; ni le sou pour livre, le denier à Dieu, les charrois, les menues redevances ou faisances ;

437. PRESTATIONS. — **MERCURIALES.** — Si le prix principal du bail se compose en totalité ou en partie de denrées ou prestations en nature appréciables d'après les mercuriales, l'évaluation en est faite sur les mercuriales du jour de l'échéance lorsqu'il s'agira du paiement des fermages; dans tous les autres cas elle a lieu suivant les mercuriales du mois qui précède la demande (art. 3 loi du 12 juillet 1905);

S'il comprend des prestations non appréciables d'après les mercuriales ou s'il s'agit de baux à colons partiaires, le juge de paix détermine la compétence en prenant pour base du revenu de la propriété, le principal de la contribution foncière de l'année courante multipliée par cinq (*id.*);

Les mercuriales doivent être certifiées par le maire du lieu où elles ont été établies et produites au plus tard au moment de l'audience (si l'affaire est de la compétence du tribunal civil elles doivent être communiquées auparavant entre avoués);

S'il n'y a pas de marché dans la localité on prend celles du marché le plus voisin ;

S'il n'y en a pas au jour précis de l'échéance des fermages, on prend celle du jour le plus rapproché en remontant;

Le montant de la contribution doit être justifié au moyen du bordereau des impôts des biens loués ou d'un certificat du percepteur constatant le principal de la contribution foncière de l'année courante, produite au jour de l'audience (avec communication préalable si l'affaire est de la compétence du tribunal civil).

C. — Compétence en dernier ressort jusqu'à 300 francs, et en premier ressort, a charge d'appel, jusqu'à 600 francs.

438. PRINCIPE. — C'est la compétence générale ordinaire des juges de paix résultant de l'article 1er de la loi du 12 juillet 1905.

Elle doit s'appliquer, selon nous, quel que soit le prix du loyer ou fermage ; — néanmoins la question est controversée pour certaines actions.

Cette compétence est applicable notamment :

439. PERTES. — 1° *Aux actions relatives aux pertes causées par incendie et inondation* (art. 4, § 4 et art. 1er loi du 12 juillet 1905).

Néanmoins, comme on l'a vu ci-dessus (n° 427), s'il s'agissait d'une inondation causée par la faute du fermier, il y aurait dommage aux champs et il devrait être fait application de l'article 6 de la loi du 12 juillet 1905.

440. TROUBLES DE JOUISSANCE — *2° Aux actions relatives aux réclamations pour non jouissance qui n'est pas le fait du bailleur, soit lorsque les réparations urgentes nécessitées par un accident durent plus de 40 jours (art. 1724 C. civ.), soit au cas de perte par cas fortuit d'au moins moitié*

de la récolte (Civ. 1769. V. n°ˢ 405, 454 et 469).

441. RECOURS CONTRE LES TIERS. — *3° Aux recours en garantie par le bailleur contre un tiers qui a troublé la jouissance du fermier.*

442. PAIEMENT DU LOYER. — *4° Aux demandes en paiement de loyers inférieurs à 600 francs, lorsque le prix du bail est supérieur à cette somme (Cass. civ. 22 mai 1901, G. P. 1901.1.758. D. 1901.1.393 et note conforme de l'arrêtiste).*

Il y a néanmoins controverse sur ce point.

443. ACTIONS PERSONNELLES OU MOBILIÈRES. — *5° Et en général, selon nous, à toutes actions personnelles ou mobilières* (et tel est le caractère de celles auxquelles peuvent donner lieu les baux, sauf de rares exceptions comme en cas de baux à convenant ou à emphytéoses qui concèdent aux preneurs des droits réels sur les immeubles), *autres que celles dont il est question sous les numéros précédents, que le prix du bail soit inférieur, égal ou supérieur à 600 francs, pourvu que ces actions rentrent dans la compétence ordinaire indiquée par l'article 1er de la loi du 12 juillet 1925, et qu'il ne s'agisse ni de résiliation, ni d'interprétation du bail, ni d'aucun autre motif qui rende les actions indéterminées et les fasse rentrer comme telles dans la compétence des tribunaux civils.*

(V. T. Paix Marseille, 23 décembre 1904; J. C. Marseille, 1905.135.)

D. — Compétence en matière de distribution par contribution, jusqu'à 600 francs (art. 15, loi du 12 juillet 1905).

444. CONTRIBUTION. — D'après l'article 15 de la loi du 12 juillet 1905, le juge de paix est compétent pour procéder à la distribution par voie de contribution lorsqu'il n'y a pas entente amiable au cas où il y a des créanciers opposants, lorsque la somme provenant du prix de vente de ce qui garnissait les lieux loués (soit après saisie-gagerie ou revendication validées, soit après saisie-exécution par un autre créancier), ne dépasse pas 600 francs (V. n° 485).

Nous verrons plus loin les formes de cette distribution (V. n° 492, 500 et 533).

445. TITRES CONTESTÉS. — Si les titres des créanciers produisants sont contestés et si les causes de la contestation excèdent les limites de sa compétence, le juge de paix surseoit au règlement de la procédure de contribution jusqu'à ce que les tribunaux compétents se soient prononcés et que leur jugement soit devenu définitif.

E. — PROROGATION DE COMPÉTENCE
(art. 7 du C. pr. c.).

446. RÉQUISITION. — Suivant l'article 7 du C. pr. civ., les parties peuvent se présenter volontairement devant le juge de paix qui juge leur différend, soit en dernier ressort si la loi ou si les parties l'y autorisent, soit à charge d'appel ; pour cela une réquisition signée des deux parties ou contenant mention qu'elles ne savent signer est nécessaire.

447. APPLICATION. — Il peut être fait application de cette disposition aux contestations nées des baux ;

C'est ce qu'on appelle la prorogation de compétence.

Cette prorogation peut même être consentie une fois l'assignation lancée ; il suffira de faire signer par les parties le jugement contenant la contestation (Paris, 5 août 1809, D. G. S., v *Comp. civ. des T. de Paix*, 305 et 318).

Il a même été jugé qu'audit cas il n'était point besoin de signature des parties, leur consentement suffisant (Cass., 15 juin 1869. D. 71.1.331).

La prorogation de la juridiction du juge de paix est possible de *quantitate* ad *quantitatem*, c'est-à-dire en conférant à ce magistrat le pouvoir dans des affaires de sa compétence par leur nature de statuer sur une somme supérieure au taux de sa compétence ordinaire (Seine, 7e ch., 1er avril 1908 ; *Gaz. Trib..* 1908-2-30) ; Cass. civ., 5 janvier 1858. D. 58.1.36). — *Contra*, Glasson, *Précis de Pr. civ.*, t. I, p. 123.

Mais la prorogation de juridiction n'est point possible de *re ad rem*, c'est-à-dire à l'égard des contestations qui par leur nature sont en dehors de la compétence du juge de paix (Cass., 14 fév. 1866, D. 66.1 ; 447 ; — Cass., 20 juin 1877, D. 77.1.392. — Cass., 23 oct. 1888, D. 89.1.449).

II. — TRIBUNAUX CIVILS D'ARRONDISSEMENT.

448. ÉTENDUE. — Les tribunaux civils d'arrondissement ou de première instance sont ou juges d'appel ou juges du premier degré.

Comme juges d'appel, ils connaissent des affaires dont compétence est attribuée en premier ressort aux juges de paix (sauf néanmoins l'effet de la prorogation de compétence de ceux-ci s'il en a été fait usage).

Il importe de remarquer que, de par le fait de la prorogation de compétence des juges de paix, les tribunaux civils peuvent être amenés comme juges d'appel à connaître en dernier ressort, d'actions dont ils n'auraient connu qu'en premier ressort s'ils avaient été saisis directement.

Comme juge du premier degré ils connaissent, en règle générale, de toutes les actions qui ne rentrent point dans la compétence des tribunaux administratifs et dont la connaissance n'a point été attribuée par des lois spéciales aux juges de paix (Loi du 12 juillet 1905, art. 1, 3, 4, 13 et 15, et loi du 18 juillet 1889, art. 11), en ce qui concerne les baux et locations (V. Seine, 25 mars 1893. P. 94.2.257 ; — Garsonnet, *Tr. th. et pr. de procéd. civ.*, 2e éd., t. I, p. 116, no 61).

Nous avons vu plus haut quelles actions sont de la compétence des juges de paix, toutes les autres (sauf quelques exceptions qui relèvent de la juridiction administrative), sont de la compétence des tribunaux de première instance.

449. ACTIONS IMMOBILIÈRES — Notamment ceux-ci connaissent : 1o Des actions ayant un caractère réel immobilier relatives aux baux emphytéotiques ou à convenant quel que soit le prix du bail ;

450. PAIEMENT DU LOYER. — 2o Des actions en paiment de loyers ou fermages supérieurs à 600 francs lorsque le prix du bail est supérieur à 600 francs ;

3o Des actions en paiement de loyers ou fermages, lorsque le prix du bail ne dépasse pas 600 francs, et si celui-ci est contesté ou si on est obligé de recourir aux formalités de l'art. 1716 du C. civ.

451. CONGÉ.—EXPULSIONS.—SAISIES.— 4o Des actions relatives aux congés, aux expulsions de lieux, aux résiliations de baux, aux validités, nullités ou mainlevées de saisies-gageries ou saisies-revendications (Proc. 819 et 820), lorsque le prix du bail est supérieur à 600 francs ;

452. RÉSILIATIONS. — 5o Des actions tendant à résiliation de baux dont le prix est inférieur à 600 francs, pour d'autres motifs que ceux indiqués à l'article 3 de la loi du 12 juillet 1905 ;

453. SAISIES-REVENDICATIONS. — 6o Des actions relatives aux saisies-revendications (Proc. 819), s'il y a contestations de la part de tiers lorsque le prix du bail ne dépasse pas 600 francs ;

7o Des actions relatives aux saisies-revendications proprement dites (Proc.

826) si on les admet quel que soit le taux du bail ;

454. NON-JOUISSANCE. — 8o Des actions pour non-jouissance, du fait du bailleur si le droit à une indemnité est contesté (art. 4, loi du 12 juillet 1905, sauf application de l'art. 1er de ladite loi) (V. nos 405, 440 et 469) ;

455. RÉPARATIONS. — 9o Des actions relatives aux réparations autres que locatives ou aux dégradations commises après la fin du bail et pouvant avoir le caractère de réparations locatives (sauf application de l'art. 1er de la loi de 1905) ; (V. nos 409, 424 et 462).

456. HOMOLOGATIONS. — AUTORISATIONS. — Ils connaissent aussi :

1o Des demandes d'homologation d'avis de parents autorisant certains baux concernant des incapables ;

2o Les demandes d'autorisation par une femme dotale pour passer certains baux (notamment baux emphytéotiques).

457. RESSORT. — Comme juges du degré, les tribunaux d'arrondissement connaissent soit en premier et dernier ressort, soit en premier ressort seulement.

Ils connaissent : En premier et dernier ressort des actions personnelles et mobilières jusqu'à 1.500 francs de principal et des actions immobilières jusqu'à 60 francs de revenu, déterminé soit en rente, soit pour prix du bail.

Et en premier ressort seulement de toutes actions dépassant ce taux ou indéterminées.

Président des Tribunaux de première instance.

458. SAISIES. — Les présidents des tribunaux de première instance ont compétence pour donner l'autorisation nécessaire pour opérer les saisies-gageries et saisies-revendications dans les termes des articles 819 et 820 C. proc. civ. et 2102 du C. civ., lorsque le prix du bail excède 600 francs, ainsi que les saisies-revendications ordinaires (Proc. 826) si on les admet quel que soit le taux du bail.

459. RÉFÉRÉS. — Ils ont également compétence pour statuer en matière de référé en cas d'urgence (art. 806 C. proc. civ.), et sans porter préjudice au principal, et notamment :

460. EXÉCUTION DU BAIL. — 1o Pour connaître de l'exécution des clauses du bail (Cass., 23 juin 1905, D. 1905.1.336), à moins qu'il

n'y ait lieu à interprétation, cas où il est incompétent (C. Paris, 8 mai 1903 ; *Gaz. Pal.*, 1903.1.725).

461. EXPULSIONS — 2o Pour ordonner l'expulsion au cas où il n'y a pas de bail ou si le bail est terminé (Cass., 26 août 1899, *Gaz. Pal.*, 1900.1 120 ; — Cass., 4 janvier 1898, *Gaz. Pal.* 1898.1.233.D. 1899.1.164), quand bien même le loyer aurait été inférieur à 600 francs (C. Rouen, 25 novembre 1908 ; *Journal de Rouen*, 7 décembre 1908) ;

3o Pour ordonner l'expulsion du preneur, lorsque le bail contient une clause stipulant que faute de paiement d'un terme de loyer à son échéance et un mois après un commandement, le bail serait résilié de plein droit, et ce alors même qu'une instance en validité de saisie-gagerie serait pendante (Paris, 29 juillet 1896. D. 97.2. 31 ; Paris, 22 mars 1897, D. 98-2-10 ; Paris, 27 décembre 1901 ; *Gaz. Pal.*, 13 février 1902).

4o Pour ordonner l'expulsion du preneur qui ne garnit pas la maison de meubles suffisants, même si une instance en résiliation est pendante (D. 78.2. 177 et s ; — Trib. Pau, 12 juillet 1902 ; *La Loi*, 21 octobre 1902 ; — Trib. Pau, 29 juin 1904 ; *La Loi*, 3 sept. 1904).

Mais non s'il s'agit d'une ferme (C. Paris, 10 décembre 1851, D. 53.2.16, S. 52.2. 192).

5o Pour ordonner l'expulsion du preneur qui exploite d'une façon scandaleuse (T. civ., Pau, 29 juin 1904 précité ; — T. civ., Pau, 22 novembre 1905 ; *La Loi*, 28 décembre 1905).

462. RÉPARATIONS URGENTES. — 6o Pour ordonner des réparations urgentes à faire, soit lors de l'entrée en jouissance, soit au cours du bail ;

463. CHANGEMENTS — 7o Pour faire ordonner la cessation du changement dans la destination de la chose louée (art. 1729 C. civ.) ; — C. Aix, 25 novembre 1886 ; — C. Douai, 24 mai 1887 ; *Gaz. Pal.* 1887.2. 129) ;

464. EXPERTISES. — 8o Pour nommer des experts à l'effet de constater et évaluer la perte en existence et quotité en matière de cas fortuit ;

9o Pour ordonner une expertise à l'effet de constater si les meubles sont suffisants ;

465. SAISIES. — 10o Lorsque celui chez lequel on veut saisir-gager, revendiquer ou saisir revendiquer, refuse d'ouvrir les portes ou s'oppose à la saisie (Pr. 829).

Juge spécial en matière de distribution par contribution.

466. DISTRIBUTION. — Lorsque la somme provenant du prix de ce qui garnissait les lieux loués dépasse 600 francs et qu'il y a lieu de procéder à sa distribution par contribution, c'est un magistrat des tribunaux civils, spécialement désigné à cet effet, qui y procède, et cela, que le bail excède ou non 600 francs annuellement.

Nous croyons cependant que si toutes les parties étaient d'accord et capables, elles pourraient procéder devant le juge de paix par prorogation de compétence.

467. RÉFÉRÉ DU BAILLEUR. — C'est le même magistrat des tribunaux civils qui est compétent pour procéder, au cours de la distribution par contribution, à ce qu'on appelle le référé du bailleur (Pr. 661) (V. nos 494 et 501).

III. — NATURE DE LA COMPÉTENCE.

(Tribunaux de Paix et d'arrondissement.)

468. PRINCIPE. — Comme on le sait, cette compétence est d'ordre public, elle peut être soulevée en tout état de cause et même déclarée d'office par les tribunaux (Proc. 170).

En conséquence, si une contestation de la compétence du tribunal civil est portée devant un juge de paix, celui-ci doit se déclarer incompétent (sauf toutefois l'effet de la prorogation de sa compétence dans les cas ou elle est possible, conformément à l'art. 7 C. pr. civ.).

De même, si une action de la compétence du juge de paix est portée devant le tribunal civil, celui-ci doit d'office se déclarer incompétent et renvoyer devant le juge de paix :

Soit qu'il s'agisse de causes en premier ressort (Cass., 31 oct. 1910, *Gaz. Trib.* 10 nov. 1910; Cass., 29 nov. 1904, D. 1905. 1.252; Cass., 16 mai 1900, D. 1900.1.335; Cass., 12 mars 1889, D. 1889.1.177; T. civ. Seine, 5 déc. 1910, *La Loi* 5 février 1911).

Soit qu'il s'agisse même de causes en dernier ressort (Cass., 5 nov. 1889, D. 1890.1.9; Cass. civ., 16 mars 1841, D. J. G.Rép. v° *Action possessoire*, n° 593; C. Pau, 6 janv. 1893, D. 1894.2.89; C. Rouen, 18 nov. 1908, D. 1909.2.174; *Contra* toutefois : Cass. req., 17 fév. 1894, D. 1894. 1.220; C. Rouen, 7 juillet 1906, D. 1908. 5.18; C. Dijon, 19 déc. 1909, D. 1910.2. 295).

En effet, les juges de paix (bien que toujours juges d'exception) ont plénitude de juridiction dans les affaires qui leur sont spécialement confiées.

IV. — COMPÉTENCE ADMINISTRATIVE.

469. TROUBLE DE JOUISSANCE. — En cas de trouble apporté à sa jouissance par le fait de l'administration, le preneur, en dehors de l'action en garantie contre son bailleur, a contre l'administration une action directe en réparation du dommage causé.

470. APPLICATION. — Cette action contre l'administration est de la compétence administrative (C. Paris, 1er déc. 1864).

Mais l'action en garantie contre le bailleur à raison d'un trouble provenant de l'administration est de la compétence judiciaire (C. Paris, 15 juil. 1857, D. 57.2. 151; Paris, 24 nov. 1858, D. J. G. Supp. au Rép., v. *Louage*, n° 159).

§ 2. — COMPÉTENCE RATIONE PERSONÆ OU LOCI.

471. DÉTERMINATION. — Cette compétence est déterminée par les articles 2 et 3 et 59 du C. pr. civ. et 13 de la loi du 12 juillet 1905, en ce qui concerne les tribunaux de paix, et, par ce dernier article seul, en ce qui concerne les tribunaux d'arrondissement.

I. — JUGES DE PAIX.

472. MATIÈRE PERSONNELLE OU MOBILIÈRE. — Aux termes de l'article 2 C. pr. civ., en matière purement personnelle ou mobilière, la citation est donnée devant le juge de paix du domicile du défendeur, ou s'il n'a pas de domicile, de sa résidence.

(Le juge de paix connaît des actions personnelles pourvu qu'elles soient mobilières, et des actions mobilières qu'elles soient personnelles, réelles ou mixtes).

Aux termes de l'article 3 C. pr. civ., la citation est donnée devant le juge de la situation de l'objet litigieux lorsqu'il s'agit :

1° Des actions pour dommages aux champs, fruits et récoltes; 2° des déplacements, etc.; 3° des réparations locatives; 4° des indemnités prétendues par le fermier ou locataire pour non-jouissance lorsque le droit à une indemnité n'est pas contesté, et des dégradations alléguées par le propriétaire.

En conséquence, le juge de paix compétent est :

473. LIEU DU DOMICILE. — *Celui du*

domicile ou, à défaut, de la résidence du défendeur.

1° Pour les causes dont la compétence est attribuée aux juges de paix par l'article 3 de la loi du 12 juillet 1905, sauf celles relatives aux saisies-gageries et saisies-revendications (c'est-à-dire demandes en paiement de loyers ou fermages, ou résiliation de baux pour les causes y indiqués, en validité ou en nullité de congés, en expulsion de baux);

2° Pour les causes rentrant dans la compétence du juge de paix aux termes de l'article 1er de la loi du 12 juillet 1905, de par leur caractère personnel ou mobilier, sauf celles relatives aux pertes causées par incendie ou inondation.

474. LIEU DE LA SITUATION. — *Celui de la situation de l'objet litigieux :*

1° Pour les actions dont la compétence est attribuée aux juges de paix par l'article 4 de la loi du 12 juillet 1905 (réparations locatives, indemnités de non-jouissance et dégradations et pertes des articles 1732 et 1735 C. civ.);

2° Pour les actions relatives aux pertes et dégradations causées par incendie et inondation (art. 4 et 1er de la loi de 1905 et art. 3 C. pr. civ);

3° Pour les actions relatives aux dégradations causées par une inondation causée par la faute du preneur, étant des dommages aux champs (art. 6 de la loi du 12 juillet 1905 et art. 3 C. pr. civ.)

4° Pour les actions relatives à la validité, à la nullité ou à la main levée des saisies-gageries et saisies-revendications, comme aussi pour accorder la permission nécessaire pour les conduire (art. 2102 C. civ.; 819 et 820 C. pr. civ.; art. 13 de la loi du 12 juillet 1905; Trib. paix Paris, 12 nov. 1903);

5° Pour les actions afférentes aux difficultés relatives aux articles du compte annuel d'exploitation en matière de bail à cheptel.

475. BAIL A COLONAT PARTIAIRE. — Il a été jugé que ce bail, en ce qui concerne le partage des fruits et des produits, a le caractère d'une société et qu'en conséquence le juge de paix du lieu où la société est établie, c'est-à-dire de la situation des lieux, est compétent pour statuer sur une action tendant à faire déterminer la part revenant au colon dans ces fruits et produits, lorsque la demande est de la compétence du Trib. de paix (Trib. Agen, 24 mars 1904, D. 1904.2.296; C. Limoges, 30 avril 1894, D. 1895.2.293).

476. REMARQUE. — Si tous les biens du domaine ne sont pas situés dans le **même** canton, il faut s'adresser au juge de paix du centre de l'exploitation (habitation ou à défaut partie la plus importante).

477. PROROGATION DE COMPÉTENCE. — Dans le cas de prorogation de compétence, les parties peuvent choisir un juge autre que celui du domicile du défendeur, ou de la situation de l'objet litigieux (Pr. 7.).

II. — TRIBUNAUX CIVILS D'ARRONDISSEMENT.

478. INSTANCES. — Aux termes de l'article 59 C. pr. civ., le défendeur doit être assigné, en matière personnelle, devant le tribunal de son domicile, et s'il n'a pas de domicile, devant le tribunal de sa résidence.

S'il y a plusieurs défendeurs, devant le tribunal du domicile de l'un d'eux, au choix du demandeur.

En matière réelle, devant le tribunal de la situation de l'objet litigieux;

En matière mixte, devant le tribunal de la situation ou devant celui du domicile du défendeur.

Il importe de bien distinguer la nature des affaires

479 ACTIONS PERSONNELLES. — Sont personnelles :

Les actions qui naissent du contrat de louage quelles qu'elles soient (Cass. civ., 21 fév. 1865, D. 1865.1.132).

L'action du bailleur en paiement de loyers (Bourges, 27 fév. 1852, D. 1853.2.31; Cass. civ., 16 août 1854, D. 1854.1.273), bien qu'une demande en réparations locatives y ait été jointe, cette dernière demande n'étant elle-même qu'une demande personnelle (Cass., 16 août 1854, précité).

On considère également dans ce système comme personnelles et non comme mixtes :

L'action du bailleur en paiement de loyers et en déguerpissement des lieux (Cass. req., 14 nov. 1832, D. J. G. Rép., v. *Action*, n° 97; C. Bourges, 27 fév. 1852, précité).

L'action du preneur en délivrance de la chose louée (C. Bourges, 27 fév. 1852, précité).

L'action du preneur en exécution du bail (C. Caen, 24 janv. 1848, D. 1849.2.254).

L'action exercée par le bailleur contre le preneur pour le faire condamner à exécuter des réparations à l'immeuble loué

(Cass. civ., 21 fév. 1865, précité ; C. Lyon, 1ᵉʳ juil. 1881, D. 1882.2.231).

480. ACTIONS MIXTES. — Dans un autre système on considère comme *mixtes :*

L'action du bailleur en résiliation du bail, expulsion et réparation de dégradations (C. Paris, 10 fév. 1853. D. 1853.2. 156).

L'action en congé et expulsion (C. Paris, 16 fév. 1868, D. J. G., v. Action, 97 ; C. Paris, 12 mars 1858, D. 1858.2.131; Paris, 29 mars 1860, D. 1860.2.185 à 187).

L'action du bailleur contre le preneur en exécution de réparations (C. Rouen, 30 juillet 1855, D. 1857.2.33).

481. COMPÉTENCE. — Donc, le tribunal civil compétent est presque toujours celui du domicile du défendeur (ou de sa résidence à défaut) ou de l'un des défendeurs, presque toutes les actions relatives aux baux étant personnelles ou tout au moins mixtes.

Peuvent être portées devant le tribunal de la situation des lieux, celles qui sont considérées comme mixtes, si l'on admet le système partisan de cette qualification.

Les actions réelles immobilières relatives notamment aux baux emphytéotiques ou à convenant doivent être portées devant le tribunal de la situation des lieux.

482. SAISIES. — Doivent être portées devant le tribunal de la situation des lieux, les actions relatives aux saisies-gageries et saisies-revendications quand bien même elles seraient assorties d'une demande en paiement de loyers ou en résiliation de bail, ce qui arrive presque toujours (C. Caen, 28 mars 1887, D. 1887. 2.185 et note).

A notre avis, lorsque ces saisies sont faites pour loyers échus, c'est la demande en paiement de loyers qui doit guider la compétence puisqu'il faut qu'elle soit fondée pour que les saisies soient valables.

Les demandes en validité des saisies-revendications ordinaires (Proc. 826), sont portées devant le tribunal du domicile de celui sur qui elles sont faites, à moins qu'elles ne soient connexes à une instance déjà pendante, cas où elles sont portées au tribunal déjà saisi (Proc. 831).

483. HOMOLOGATIONS D'AVIS DE PARENTS. — Elles doivent être portées devant le tribunal du lieu de la tutelle.

484. AUTORISATIONS DE FEMMES DOTALES. — Elles doivent être sollicitées du tribunal du lieu du domicile.

485. DISTRIBUTION PAR CONTRIBUTION. — Le tribunal compétent est celui auquel il appartenait de connaître de la saisie, et devant lequel il a été procédé à la vente, quand bien même il ne serait pas celui du domicile du saisi (Patron, *Code Manuel de la Dist. par Cont.*, t. I, p. 78, nº 116 ; C. Paris, 11 juin 1836).

486. SAISIES-GAGERIES ET SAISIES-REVENDICATIONS. — Le président compétent pour les autoriser est celui du tribunal civil du lieu où la saisie doit être faite (Garsonnet, *Tr. th. et pr. de Proc. civ.* t. VII, § 2626; voir art. 13, loi du 12 juillet 1905).

487. RÉFÉRÉS — Les instances en référé doivent être portées suivant le principe du droit commun, devant le juge du domicile du défendeur (C. Paris, 13 nov. 1894, *Gaz. Pal.* 94.2.681 ; C. Paris, 4 août 1897, *Gaz. Pal.* 97.2.415, D. 1898.2.62; C. Paris, 8 mai 1903, *Gaz. Pal.* 1903.1. 725).

Néanmoins, il est admis dans la pratique, au cas de désignation d'experts pour faire des vérifications ou constatations pressantes, qu'on peut s'adresser au juge de la situation (C. Chambéry, 25 mars 1896, *Gaz. Pal.* 1896.2.271 ; C. Rouen, 16 fév. 1898, *Gaz. Pal.* 1898.1.362, D. 1898.2.408; C. Rouen, 19 mars 1902, *Gaz. Pal.* 1902.1.840).

III. - TRIBUNAUX ADMINISTRATIFS.

488. PRINCIPE. — Lorsqu'une contestation doit être portée devant le conseil de préfecture, le conseil compétent est celui du lieu où s'est passé le fait qui a donné naissance à la contestation.

IV. — CARACTÈRES DE LA COMPÉTENCE.

489. PRINCIPE. — Cette compétence n'est pas d'ordre public ; elle n'est que relative, doit être soulevée *in limine litis*, avant tout débat au fond, et ne peut être soulevée d'office par les Tribunaux.

CHAPITRE III. — Formes de la Procédure.

I. — TRIBUNAUX DE PAIX.

490. INSTANCES. — On suit les formes ordinaires tracées par le code et les lois de procédure pour les instances devant se dérouler devant les Tribunaux de Paix : Tentative de conciliation sur billet d'avertissement, et à défaut de conciliation, citation devant le tribunal en vertu du permis délivré ; ou pour les causes requérant célérité, citation directement sur permission donnée par le juge en marge de l'original ; si le défendeur est domicilié hors du canton (ou des cantons de la même ville), il n'est point besoin d'appeler en conciliation. (Loi du 25 mai 1838.)

491. SAISIES-GAGERIES ET SAISIES-REVENDICATIONS. — L'autorisation est donnée par le Juge de paix sur une requête signée par la partie, un avoué ou un avocat (v. *infra* n° 511) ; ensuite l'instance est intentée ; il ne nous paraît pas nécessaire qu'il y ait préliminaire de conciliation, mais beaucoup de juges de paix l'exigent.

492. DISTRIBUTION PAR CONTRIBUTION. — Il y est procédé après dépôt de la somme à la Caisse des consignations dans les formes prescrites et prévues par les articles 11 à 18 de la loi du 12 janvier 1895 et par le décret du 8 février suivant, relatifs à la saisie-arrêt sur les salaires et les petits traitements.

Pour la procédure suivie se reporter à la loi du 12 janvier 1895.

493. TITRES CONTESTÉS. — Si des titres de créanciers produisants, notamment celui du bailleur, sont contestés, et si les causes de la contestation excèdent les limites de sa compétence, le juge de paix surseoit au règlement de la procédure de contribution jusqu'à ce que les tribunaux compétents se soient prononcés et que leur jugement soit devenu définitif.

494. RÉFÉRÉ DU LOCATEUR. — Dans cette procédure de distribution par contribution devant le juge de paix, il est impossible au bailleur d'employer la procédure spéciale, dite référé du locateur, mise à sa disposition en matière de contribution ordinaire devant le magistrat du tribunal civil ; mais la procédure est d'un autre côté beaucoup moins longue devant le juge de paix que devant le juge commissaire, et aussi moins coûteuse (v. n°s 467 et 501).

495. PIÈCES A PRODUIRE. — Pour requérir la distribution devant le juge de paix, il y a lieu de fournir le certificat des sommes consignées et celui des oppositions délivrées par le préposé à la Caisse et enregistrés.

II. — Tribunaux civils d'arrondissement.

496. INSTANCES. — Il est procédé comme dans toutes autres instances qui se déroulent devant les tribunaux civils : Tentative de conciliation devant le juge de paix du domicile du défendeur ou de l'un des défendeurs, aussi bien en matière personnelle que réelle, et à défaut de conciliation, assignation directe devant le tribunal ; ou pour les causes qui sont dispensées du préliminaire de conciliation, assignation directe devant le tribunal.

497. DISPENSE DE CONCILIATION. — Sont dispensées du préliminaire de conciliation les causes intéressant les saisies, les paiements de loyers ou de fermages, ainsi que celles requérant célérité ; pour ces dernières on assigne en vertu d'une autorisation du président, obtenue sur requête.

Si les tribunaux civils statuent comme juges d'appel, il est procédé devant eux comme d'ordinaire sur appel.

Il est procédé et jugé soit en matière sommaire, soit en matière ordinaire, suivant la nature des causes.

498. HOMOLOGATION. — AUTORISATION. — HOMOLOGATIONS D'AVIS DE PARENTS ET AUTORISATIONS DE FEMMES DOTALES. — Il est procédé comme à l'ordinaire par présentation d'une requête à la chambre du conseil.

499. SAISIES — SAISIES-GAGERIES ET SAISIES-REVENDICATIONS. — L'autorisation de conduire ces saisies est donnée par le Président sur une requête signée par un avoué ; ensuite l'instance est introduite sans préliminaire de conciliation. (V. *infra* n° 519).

500 DISTRIBUTIONS PAR CONTRIBUTION. — Il est procédé après dépôt du prix de vente à la Caisse des Consignations dans les formes ordinaires des distributions par contribution (art. 656 à 672 du C. p. c. — (Voir ces articles pour la procédure employée.)

501. RÉFÉRÉ DU BAILLEUR. — Le bailleur qui veut faire statuer sur son privilège et toucher la somme lui revenant sans attendre la clôture de la distribution, peut employer la procédure tracée par l'article 661 C. p. c., appelée dans la pratique : *Référé du bailleur ou locateur.*

Chapitre IV. — Saisies. — Privilège du bailleur. — Résiliation.

§ 1. — SAISIES-GAGERIES ET REVENDICATIONS.

502. BUT. — Ces procédures spéciales (saisie-gagerie et saisie-gagerie-revendication et peut-être saisie-revendication ordinaire) sont mises à la disposition du bailleur pour lui faciliter l'exercice du privilège qui lui appartient aux termes de l'article 2102 C. c., lorsque le preneur ne paie point ses loyers à leur échéance ou se permet d'enlever sans le consentement du bailleur ce qui garnit les lieux loués (art. 819 et 820 C. p. c. et peut-être

826 C. p. c.; art. 3 et 13 de la loi du 12 juillet 1905, et art. 2102 C. c.).

503. TEXTES. — Aux termes de l'article 819 C. p. c., les propriétaires et principaux locataires de maisons ou de biens ruraux, soit qu'il y ait bail ou qu'il n'y en ait pas, peuvent un jour franc après commandement et sans permission du juge faire saisir-gager pour loyers et fermages échus, les effets et fruits étant dans les dites maisons ou bâtiments ruraux et sur les terres. — Ils peuvent même faire saisir-gager à l'instant en vertu de la permission qu'ils en auront obtenue sur requête du Président du tribunal civil de première instance. — Ils peuvent aussi saisir les meubles qui garnissent la maison ou la ferme louée lorsqu'ils ont été déplacés sans leur consentement, et ils conservent sur eux le privilège pourvu qu'ils en aient fait la revendication conformément à l'article 2102 du C. c.

504. SOUS-FERMIER. — Les effets du sous-fermier ou du sous-locataire garnissant les lieux occupés et les fruits des terres qu'ils louent peuvent être saisis-gagés pour les loyers dus par le locataire ou fermier de qui ils tiennent (art. 820 C p. c.).

505. REVENDICATION. — Suivant l'article 2102 C. c. le propriétaire peut saisir les meubles qui garnissent sa maison ou sa ferme lorsqu'ils ont été déplacés sans son consentement, et il conserve sur eux son privilège pourvu qu'il en ait fait la revendication, savoir : lorsqu'il s'agit du mobilier qui garnissait une ferme dans le délai de 40 jours, et dans celui de quinzaine s'il s'agit des meubles garnissant une maison ;

Certains auteurs enseignent que la demande en validité de la saisie-revendication (si on considère comme telle la saisie pratiquée par le propriétaire qui revendique les objets déplacés sans son consentement), doit être formée dans la huitaine sous peine d'être tenue comme mal fondée ou volontairement abandonnée (Garsonnet op. cit., t. 7, § 2640 ; Bioche, n° 21).

506. SAISIE-GAGERIE. — DÉFINITION. — La saisie-gagerie est la mise sous main de justice avant d'avoir obtenu condamnation, des objets affectés à la sûreté des loyers (Garsonnet, *Traité th. et prat. de Proc. civ.*, t. VII, § 2625).

507. — CARACTÈRE DE LA SAISIE A EFFECTUER EN CAS DE DÉPLACEMENT DU GAGE SANS LE CONSENTEMENT DU BAILLEUR. — On n'est point d'accord sur ce point :

D'aucuns auteurs estiment qu'il faut distinguer suivant que les meubles déplacés sont encore en la possession du **preneur**, soit qu'il les ait transportés dans une propriété à lui appartenant ou dans une propriété louée par lui d'un tiers (cas auquel il y aurait lieu à saisie-gagerie dans les termes de l'article 819 C. p. c.), — ou bien que les meubles déplacés se trouvent par suite d'une vente ou d'une autre manière quelconque aux mains et au domicile d'un tiers quelconque (cas où il y aurait lieu à revendication dans les termes de l'article 826 C. p. c.). — (Voir cependant Rennes, 7 mars 1816, Dalloz J. G. Rép. v° *Priv. et Hyp.* n° 282 ; id. *Nouv. C. civ.* annoté art. 2102 n° 583 ; C. Besançon. 1er mai 1891, D.91-5-470 ; Garsonnet, *op, cit.*, t. VII, § 2636).

Certains ne permettent même la saisie-gagerie que si les meubles déplacés n'ont point été portés chez un tiers ; — si le contraire a eu lieu, soit que ces meuble-soient dans un local loué par le preneur d'un tiers, soit chez un tiers directement, il y a lieu à revendication, (Glasson. *Précis de Pr. civ.* t. II, pages 429 et 430) ;

Un autre auteur Chauveau et Glaudaz *Form. de Proc.* t. II, p. 547 et 548, estime même qu'au cas de déplacement des meubles pour les transporter dans le nouveau local loué par le preneur, on peut employer soit la saisie-gagerie, soit la saisie-revendication ; — d'après lui au cas où ces meubles sont entre les mains d'un tiers il y a lieu à la saisie-revendication de l'art. 826 C. p. c.

Il semble que, d'après les termes des articles 3 et 13 de la loi du 12 juillet 1905, il ne saurait y avoir lieu à la saisie-revendication proprement dite de l'article 826 dans aucun cas ; — car ces articles ne parlent que de la saisie-revendication dans les cas des articles 2102 C. c. et 819 (seul) C. p. c., sans citer jamais l'article 826 C. p. c., et pourtant l'article 3 de la loi du 12 juillet 1905 prévoit le cas de contestation de la part d'un tiers.

La saisie, qu'elle soit à opérer dans les lieux loués ou ailleurs, doit toujours être considérée comme une saisie-gagerie, et lorsqu'elle a lieu hors des lieux loués il y a lieu de faire la revendication des meubles déplacés conformément à l'article 2102 pour la conservation du privilège du bailleur, on l'appelle communément dans la pratique : Saisie-gagerie-revendication.

Il n'y a point lieu en matière de louage en aucun cas à la saisie-revendication de l'article 826 C. p. c. (V. art. 3 et 13 de la loi du 12 juillet 1905).

La saisie-gagerie-revendication peut

être exercée même à l'encontre du tiers de bonne foi (D. J. G. Rép. vº *Priv. et Hyp.* n 136).

Néanmoins l'article 2280 C. c. § 2 est applicable si les meubles déplacés sans son consentement ont été achetés dans une foire, un marché, une vente publique ou d'un marchand vendant des choses pareilles ; dans ce cas le bailleur qui revendique doit rembourser à l'acheteur le prix d'achat.

Si l'on admettait avec certains la possibilité de la saisie-revendication ordinaire, il y aurait lieu de décider que les juges de paix ne peuvent en connaître.

508. DÉLAI. — DELAI DANS LEQUEL DOIT ÊTRE FAITE LA SAISIE-GAGERIE-REVENDICATION ET LA SAISIE-REVENDICATION ORDINAIRE SI ON L'ADMET. — La revendication (art. 2102 C. c.) pour conserver le privilège, doit être faite dans les 40 jours s'il s'agit d'une ferme et dans les 15 jours s'il s'agit d'une maison ;

Il suffit pour que le droit de revendication soit suffisamment exercé que le tiers chez qui se trouvent à un titre quelconque les meubles déplacés, soit assigné en réintégration des meubles ou bestiaux déplacés (Caen, 23 juin 1893, S. 94.2.229) ;

Il faut donc, non seulement que la saisie soit faite dans le délai de 40 ou 15 jours, mais que l'assignation en validité de la saisie et en réintégration des meubles déplacés soit délivrée, au moins au tiers intéressé dans ledit délai ; si l'on croyait ne pouvoir délivrer en temps utile cette assignation, il serait bon pour le bailleur de faire une signification au preneur lui indiquant la revendication faite ; néanmoins il a été jugé qu'il suffisait que la saisie-revendication ait été faite dans le délai de 15 jours (C. Pau, 13 juillet 1905, S. 05.2.272).

509. POINT DE DÉPART DU DÉLAI. — Le délai de 40 ou 15 jours, délai non franc, part du jour du déplacement ; il ne part pas du jour de la vente s'il y a eu vente préalable, ni du jour où le bailleur a eu connaissance du déplacement.

En cas de fraude, l'opinion dominante fait partir le délai du jour ou l'enlèvement est parvenu à la connaissance du bailleur (T. C. Toulouse, 8 mars 1898, G. P. 1898. 2.164 ; *Pand. fr.* 1901.2.345) ;

510. CAPACITÉ. — QUI PEUT SAISIR-GAGER ET REVENDIQUER. — Tout bailleur actuel peut saisir-gager et saisir-gager revendiquer (et saisir revendiquer si l'on admet cette façon de procéder), de même que toute personne subrogée aux droits du bailleur, par exemple une caution du preneur (Paris, 28 mai 1867, S. 1868.2.9) ou un délégataire de loyers ;

Ce droit appartient aussi au cédant sur les meubles du cessionnaire (Seine, 25 janvier 1911, *La Loi*, 2-3 avril 1911) ;

Le bailleur peut saisir sur le locataire ou fermier (art. 819 C. pr. civ.) ou sur le sous-locataire ou fermier (art. 820 C. pr. civ.) ;

Le principal locataire peut saisir sur le sous-fermier ou sous-locataire (art. 819 C. pr. civ.) ;

511. — NÉCESSITÉ D'UN BAIL. — Les mots « soit qu'il y ait bail ou qu'il n'y en ait pas » de l'art. 819, signifient qu'il y ait un bail écrit ou un bail verbal, ou un bail se continuant par tacite reconduction (Garsonnet, *Tr. th. et pr. de proc. civ.*, t. VII, § 2626 texte et notes 6 et 7).

512. BAIL AUTHENTIQUE. — DROIT D'OPTION. — Le bailleur porteur d'un bail authentique a le droit d'option entre la saisie-exécution ou la saisie-gagerie (C. Paris, 25 mai 1867, *J. Av.* 1867, p. 394 ; Glasson, *Précis de proc. civ.*, t. II, p. 427).

513. ANCIEN BAILLEUR. — L'ancien bailleur ou l'ancien principal locataire, ne peuvent saisir-gager ou saisir-gager revendiquer, même s'il leur était dû des loyers, au temps où ils étaient bailleur ou principal locataire (C. Nancy, 18 juillet 1894, D. 95.2.191 ; Garsonnet, *op. cit.*, t. VII, § 2626 ; Glasson, *op. cit.*, t. II, p. 427).

514. FIN DU BAIL. — Si à la fin du bail le bailleur a laissé le locataire transporter son mobilier dans un nouveau domicile, il ne peut procéder ni à saisir-gager, ni à saisir-revendiquer pour paiement des loyers à lui dus (Trib. Paix Avranches, 12 déc. 1901, *Le Droit*, 2 mars 1902 ; Reims, 18 juillet 1901, D. 01.2.453) ;

Le bailleur ne peut, à la fin du bail, retenir le mobilier s'il n'est pas payé ; il doit effectuer une saisie-gagerie (Cass., 14 mars 1883, S. 83.1.204).

515. APPLICATION. — BASES DE LA SAISIE-GAGERIE, DE LA SAISIE-GAGERIE-REVENDICATION ET DE LA SAISIE-REVENDICATION. — La saisie-gagerie ne peut porter, quand le locataire n'a point déplacé les meubles garnissant les lieux loués, que sur les loyers échus et non sur les loyers à échoir (C. Douai, 26 avril 1884, S. 84.2.176 ; T. C. Seine, 13 nov. 1895, D. 97 2.182, S. 98.2.249 ; Garsonnet, t. VII, § 2627 ; Glasson, t. II, p. 429) ;

Elle peut être faite aussi quand les loyers payables d'avance n'ont point été payés à leur échéance (T. C. Bordeaux, 17 juin 1895, S. et P. 1896.2.254 ; T. C. Seine, 25 mars 1899, *J. Av.* 1899 ; T. C. Seine, 25 mai 1901, confirmée C. Paris, 23 juillet 1902 ; T. C. Pontoise, 7 mai

1907, *Gaz. Pal.* 5 juillet 1907, D. 1907.2.239; C. Lyon, 26 février 1909, D. 09 2.309; Garsonnet, t. VII, § 2627; *Contra :* T. P. Charenton, 3 nov. 1906, *Gaz. Pal.* 1906.2. 406); T. Paix Lille, 19 janv. 1910, *Rec. Jur. Nord,* 1910-90.

Quand les meubles sont déplacés des lieux loués sans le consentement du bailleur, la saisie est exercée sous le nom de saisie-gagerie-revendication ou de saisie revendication aussi bien pour les loyers à échoir que pour les loyers échus (C. Bordeaux, 17 déc. 1906, D. 07.2.318, *R. N.* 1907, p. 131; C. Douai, 8 fév. 1854, D. 55.2.3 et 26 avril 1884, S. 84.2.176);

Mais, dans ce cas, s'il n'y a pas de loyers échus, les meubles non déplacés ne peuvent être saisis (C. Rennes, 9 mars 1905, *Gaz. Trib.* 25 mars 1905 avec note, S. 1905.2.276);

Les saisies-gagerie, gagerie-revendication et revendication peuvent être conduites pour avoir paiement du reliquat de compte du colon partiaire.

516. BIENS SUSCEPTIBLES DE SAISIE-GAGERIE. — Tous les biens garnissant les lieux loués ou enlevés de ceux-ci peuvent être saisis, même ceux considérés comme insaisissables d'habitude, à l'exception toutefois du coucher et des habits nécessaires au saisi et à ses enfants;

Même ceux appartenant à des tiers quand le preneur est de bonne foi et n'a pas connu les droits des tiers (circonstances de fait variables);

Et aussi les fruits susceptibles de saisie-brandon (art. 819 C. pr. civ.) même avant l'arrivée des six semaines précédant la maturité qu'on doit attendre en matière de saisie-brandon (l'art. 626 C. pr. civ. est inapplicable).

517. EXCEPTION. — Ne peuvent être saisis:

Les meubles du preneur qui se trouvent continuellement ailleurs que dans les lieux loués; Le cheptel donné au fermier d'autrui s'il a été notifié au propriétaire de qui le fermier tient (art. 1813 C. civ.);

Les animaux donnés à cheptel étant immeubles par destination ne peuvent, s'ils ont été conduits pendant un certain temps sur un fonds autre que celui auquel ils sont attachés, être saisis gagés revendiqués par le propriétaire de ce fonds, lorsque le cheptelier les déplace pour les ramener sur leur fonds d'attache (Cass., 6 mai 1905. *Journ. Just. Paix* 1906, p. 90, D. 1905.1.429);

518. FORMES DE PROCÉDURE. — COMMANDEMENT ET SOMMATION. — La saisie-gagerie doit être précédée à un jour franc d'inter-valle, d'un commandement si le bail est authentique, ou d'une sommation valant commandement si le bail est sous signature privée (art. 819 C. pr. civ.).

519. PERMISSION. — Si l'on craint un déplacement ou détournement ou s'il en a déjà été commis un, on sollicite du juge de paix ou du président du tribunal civil d'arrondissement selon le cas (art. 819 C. pr. civ., art. 13, loi du 12 juillet 1905), une autorisation de saisir-gager sur l'heure et sans commandement préalable ;

Quant à la saisie-gagerie revendication elle est toujours faite en vertu de l'autorisation du juge de paix ou du président (mêmes articles) suivant le cas; le commandement serait inutile.

520. COMPÉTENCE. — Pour la détermination de la compétence *ratione materiæ,* voir *supra* nos 433, 451, 453 et 458) pour celle de la compétence *ratione personæ,* (voir *supra* nos 464, 482 et 486).

521. PAS DE COMMISSION D'HUISSIER. — L'ordonnance portant permis de saisir n'a pas besoin de commettre un huissier (T. C. Grenoble, 5 déc. 1889, *Le Droit,* 12 janvier 1890).

522. PAS DE SIGNIFICATION D'ORDONNANCE. — L'ordonnance étant exécutoire sur minute. la saisie peut être faite sans signification préalable (Garsonnet, *op. cit.,* t. VII, § 2629; Glasson, *op. cit.,* t. II, p. 431).

523. SUCCESSION. — Les saisies dont s'agit peuvent être (ainsi que la saisie-revendication ordinaire si on l'admet) faites pendant les délais pour faire inventaire et délibérer, comme aussi dans la huitaine de l'article 877 C. civ., étant donné leur caractère conservatoire (Garsonnet, *op. cit.,* t. VII, § 2629).

524. FAILLITE. — L'état de faillite du preneur n'empêche pas le bailleur de saisir-gager et de réaliser son gage (C. Rouen, 9 décembre 1896, D. 99.2.157 et notes; Garsonnet, *op. cit.,* t. VII, § 2626).

525 PROCÈS-VERBAUX DE SAISIES. — L'article 1037 C. pr. civ. doit être observé en ce qui concerne les heures en dehors desquelles il n'est pas permis de saisir;

Le juge ne peut permettre de saisir un jour de fête légale que s'il y a péril en la demeure, lorsqu'il s'agit de saisie-gagerie revendication seulement.

526. PROCÈS-VERBAL DE SAISIE-GAGERIE. — La saisie-gagerie se fait en la même forme que la saisie-exécution; elle contient itératif commandement si elle a été précédée d'un commandement ou sommation; sans quoi elle contient commandement;

Le saisi peut-être constitué gardien des meubles saisis (art. 821 C. pr. civ.);

S'il y a des fruits il est procédé comme aux articles 626 et 627 C. pr. civ. et le garde champêtre en est constitué gardien.

527. SAISIE ANTÉRIEURE. — S'il y a une précédente saisie, il est procédé conformément à l'article 611 C. pr. civ., et le bailleur (à moins de réclamer en même temps des loyers et la résiliation ou s'il y a revendication) n'a pas intérêt à faire valider sa saisie, à moins que le premier saisissant ne soit morosif;

Si un deuxième saisissant, créancier ordinaire, se trouve en présence d'une saisie-gagerie, il procède comme à l'article 611 C. civ. (T. C. Reims, 17 juillet 1902, *Le Droit*, 10 nov. 1902), et il peut vendre avant que la saisie-gagerie ne soit validée.

528. PROCÈS-VERBAL DE SAISIE-REVENDICATION. — Si l'on estime que dans certains cas, il y a lieu à saisie-revendication ordinaire dans les termes de l'article 826 C. p. c., il est procédé à la saisie en vertu d'une ordonnance du Président du tribunal civil (le juge de paix n'est jamais compétent, les articles 3 et 13 de la loi de 1905 ne se réfèrent pas à l'article 826 du C. p. c.), rendue sur présentation d'une requête énonçant sommairement les objets sur lesquels la saisie doit porter (art. 826 et 827 C. p. c.); cette saisie peut avoir lieu un jour de fête légale (art. 828 C. p. c.);

Si celui chez qui la saisie doit être faite s'y oppose, il en est référé au juge, saisie préalablement faite et garnison aux portes établie (art. 829 C. p. c.);

La saisie est faite sous forme de saisie-exécution (art. 830 C. p. c.);

Dans la pratique cette forme de procéder est souvent employée dans le cas de saisie de meubles déplacés; il nous semble que c'est à tort.

529. DEMANDE EN VALIDITÉ DES SAISIES. — Il ne peut être procédé à une vente sur les saisies énoncées en les articles 819, 820 et 826 C. p. c., et 3 et 13 de la loi du 12 juillet 1905 qu'après qu'elles ont été déclarées valables (art. 824 C. p. c. — Voir Cass, 13 avril 1840, S. 40.1. 409, P. 40.1.597. — Garsonnet, *op. cit.* t, VII, §§ 2624 et 2638; — Glasson, *op. cit.* t. II, p. 419 et s.).

530. ASSIGNATION. — En conséquence une fois la saisie-gagerie dressée, il y a lieu d'assigner le saisi pour voir prononcer la validité de la saisie et en même temps s'il y a lieu le paiement des loyers échus, la résiliation du bail, avec expulsion et dommages-intérêts, et pour assurer le paiement des condamnation, la vente des meubles saisis ;

De même après saisie-gagerie revendication comme aussi dans la saisie-revendication ordinaire si on emploie ce mode, il y a lieu d'assigner le saisi, ainsi que le tiers, nouveau bailleur ou autre, dans les locaux duquel ont été reportés les objets déplacés, pour voir ordonner la validité de la saisie-gagerie revendication ou saisie-revendication et la réintégration dans les lieux loués des meubles déplacés, avec en outre s'il y a lieu le paiement des loyers, la résiliation du bail avec expulsion et dommages-intérêts, et vente des meubles déplacés une fois réintégrés pour assurer le paiement des condamnations.

531. COMPÉTENCE. — (Pour la compétence voir *supra* n°s 433, 451, 453, 458 et 519 quant à la compétence *ratione materiæ* et n°s 464, 482, 486 et 519, quant à la compétence *ratione personæ*);

Rappelons qu'en ce qui concerne la saisie-revendication (art, 826 C. p. c.) le tribunal civil est seul compétent.

532. INTRODUCTION DE L'INSTANCE. — Les demandes en validité s'introduisent sans préliminaire de conciliation soit devant les tribunaux civils, soit devant les juges de paix ; néanmoins certains de ces derniers exigent quand même ce préliminaire.

Devant le juge de paix elles s'introduisent forcément par exploit ;

Devant les tribunaux civils elles se forment par exploit si elles sont principales ou par acte d'avoué à avoué si elles sont incidentes ; — d'aucuns partisans de la saisie-revendication ordinaire dans certains cas estiment qu'elles doivent toujours être formées par exploit quand il s'agit de cette saisie ;

L'assignation en validité pourrait parfaitement être comprise dans l'exploit même de saisie, mais ce n'est point l'usage ;

A partir du jugement de validité, ce sont les règles de la saisie-exécution qui sont applicables.

533. DISTRIBUTION. — S'il y a des créanciers opposants et que les parties ne s'entendent pas à l'amiable, le prix est déposé à la caisse des consignations par l'officier ministériel vendeur et il est procédé à la distribution par contribution soit devant le juge de paix, soit devant le juge du tribunal civil commis à cet effet (Voir *supra* n°s 444, 446 et 467); le bail leur fait valoir son privilège dans la contribution ;

S'il n'y a pas de créanciers opposants le bailleur touche de l'officier vendeur, le prix à concurrence du montant de sa créance en vertu du jugement qui contient toujours une disposition spéciale à cet effet.

§ 2. — EXERCICE DU PRIVILÈGE DU BAILLEUR

(Ventes autres que sur poursuites.)

534. VENTE ORDINAIRE. — Le bailleur conduit une opposition en vertu de l'article 609 C. p. c., pour ce qui peut lui être dû en raison de son privilège qu'il fait valoir dans la distribution amiable et judiciaire.

535. FAILLITE-LIQUIDATION JUDICIAIRE. — Si la vente a lieu à la requête du syndic ou du liquidé assisté de son liquidateur, le bailleur produit en privilège à la faillite ou à la liquidation pour le montant de ce qui lui est dû et il exerce ainsi son privilège lors de la répartition.

§ 3. — RÉSILIATION DU BAIL

(Fonds de commerce.)

536. NOTIFICATION. — Pour permettre aux créanciers inscrits sur le fonds de commerce de faire cesser les causes de résiliation et de trouver un acquéreur pour le fonds, l'article 14 de la loi du 17 mars 1909 impose au bailleur qui veut faire prononcer la résiliation du bail, de ne prendre jugement qu'un mois après notification de sa demande aux créanciers antérieurement inscrits, au domicile par eux élus dans leurs inscriptions.

Le même article dans son § 2 spécifie que la résiliation amiable du bail ne devient définitive qu'un mois après la notification qui en a été faite aux créanciers inscrits aux domiciles par eux élus.

III. — FORMULES

I. — PRÉAMBULE DE BAUX

FORM. 1. — Bailleurs. — Durées diverses. — Preneurs.

Pardevant Me... A... *(ou : Ont)* comparu :

§ I. — COMPARUTION (nos 14 et s.)

1o *Célibataire.* — M. Eugène Cotte, propriétaire, demeurant à... *(ou : Mlle Jeanne Bertin, propriétaire, majeure, demeurant à...)*

2o *Mari et femme.* — M. Eugène Cotte. propriétaire, et Mme Jeanne Bertin, son épouse, qu'il autorise, demeurant ensemble à... *(Si l'immeuble est propre à la femme, indiquer le régime.*

3o *Mari administrateur.* — M. Eugène Cotte, propriétaire, demeurant à...

Agissant en qualité d'administrateur des biens de Mme Jeanne Bertin, son épouse, demeurant avec lui, et avec lequel elle est soumise, etc ..

4o *Femme mariée agissant seule.* — Mme Jeanne Bertin, épouse de M. Eugène Cotte, propriétaire, avec lequel elle demeure à...

Mariée sous le régime de... aux termes de son contrat, etc...

Agissant seule sans autorisation, conformément à l'art. 1er, 3e alinéa de la loi du 13 juillet 1907, comme exerçant une profession distincte de celle de son mari, ainsi que le constate un acte de notoriété dressé par Me... notaire à... le... dont une expédition est demeurée ci-annexée après mention.

5o *Femme séparée de biens.* — Mme Jeanne Bertin, épouse de M. Eugène Cotte, propriétaire, avec lequel elle demeure à...

Mariée sous le régime, etc...

6o *Femme séparée de corps.* — Mme Jeanne Bertin, propriétaire, demeurant à... rue..., no... épouse de M. Eugène Cotte.

La dite dame, séparée de corps d'avec son mari, etc...

7o *Femme divorcée.* — Mme Jeanne Bertin, propriétaire, demeurant à..., divorcée, d'avec M. Eugène Cotte et non remariée.

8o *Mineur émancipé.* — M. Eugène Cotte, employé demeurant à..., rue..., no...

Mineur, né à..., le..., du mariage de M. et Mme..., demeurant ensemble à...

Mais émancipé par M..., son père suivant déclaration faite par lui devant M. le juge de paix du canton de... qui, assisté de son greffier, en a dressé procès-verbal le...

(ou : Mineur, né à..., le .., du mariage de feu M... et Mme..., demeurant à...

Mais émancipé par Mme veuve C..., sa mère, suivant déclaration, etc...

(ou : Mineur, né à..., le..., du mariage de M... et Mme..., tous deux décédés.)

Mais déclaré émancipé aux termes de la délibération de son conseil de famille prise sous la présidence de M. le juge de paix du canton de.. , le...

(*ou :* Mineur né à..., le...

Mais, émancipé de plein droit par son mariage avec Mme..., demeurant avec lui, célébré à la Mairie de..., le...

9° *Tuteur*. — M. Eugène Cotte, propriétaire, demeurant à...

Agissant au nom et comme tuteur légal de Henri Cotte, son fils né, etc...

10° *Tutrice légale assistée du conseil à la tutelle*. — Mme Jeanne Bertin, propriétaire, demeurant à..., veuve de M. Eugène Cotte, et non remariée.

Agissant au nom et comme tutrice naturelle et légale de M. Albert Cotte, son fils mineur, né à..., le..., de son mariage avec feu M. Eugène Cotte.

Assistée de M... ici présent, agissant au nom et comme conseil spécial à la tutelle de Mme veuve Cotte, fonction à laquelle il a été nommé par le d. M. Cotte aux termes de son testament... (*ou :* suivant déclaration faite devant M. le juge de paix du canton de... qui, assisté de son greffier, en a dressé un procès-verbal le... *ou encore :* suivant déclaration faite devant M^e..., notaire, à..., le...)

11° *Tutrice légale autorisée par le conseil de famille*. — Mme Jeanne Bertin, propriétaire, demeurant à..., veuve de M. Eugène Cotte.

Agissant au nom et comme tutrice naturelle et légale de M... son fils mineur, né à..., le..., de son mariage avec M...

Assistée de M... ici présent, agissant au nom et comme conseil spécial à .., etc.. (V. *ci-dessus*).

Et spécialement autorisée à consentir le bail ci-après avec l'assistance du dit M... conseil à la tutelle, par délibération du conseil de famille du mineur Cotte, prise devant M. le juge de paix du canton de... qui, assisté de son greffier, en a dressé procès-verbal le... (*s'il y a lieu :* la d. délibération homologuée par jugement, rendu par le tribunal civil de..., le...

L'expédition de laquelle délibération (*et s'il y a lieu*) et la grosse duquel jugement sont demeurées ci-annexées, après mention.

12° *Conseil judiciaire*. — M. Eugène Cotte, propriétaire, demeurant à..., rue..., n°...

Pourvu d'un conseil judiciaire en la personne de M..., suivant jugement rendu en la chambre du conseil par le tribunal civil de..., le .., mais ayant qualité pour consentir seul le bail ci-après, conformément aux dispositions de l'article 513 du Code civil.

(*Ou :* assisté de M..., demeurant à..., à ce présent, son conseil judiciaire, nommé à cette fonction suivant jugement du tribunal civil de..., passé en force de chose jugée et duquel un extrait est demeuré ci-annexé après mention).

13° *Grevé de restitution*. — M. Eugène Cotte, négociant, demeurant à..., rue..., n°...

Propriétaire de l'immeuble ci-après désigné, à charge de restitution à ses enfants nés et à naître, au moyen...

(*Expliquer très succinctement, selon les circonstances, comment le bailleur est propriétaire*).

14° *Propriétaires conjoints*. — M..., demeurant à..., rue..., n°...

Et M..., demeurant à..., rue..., n°...

Propriétaires indivis de l'immeuble dont font partie les locaux loués ci-après.

15° *Usufruitier*. — M. Eugène Cotte, propriétaire, demeurant à...

Agissant en qualité d'usufruitier des biens ci-après dépendant de la succession de Mme Jeanne Bertin, son épouse, décédée à. ., le.. , et de laquelle il était légataire universel en usufruit en vertu d'un acte reçu par M^e..., notaire à..., le...

Lequel a (*ou :* lesquels ont) par ces présentes, donné à bail, à loyer (*ou :* a ferme).

§ II. — DURÉES (n°s 73 et s.)

1° *Durée fixe*. — Pour une durée de trois années consécutives, qui commenceront à courir le .., pour finir le...

2° *Par périodes*. — Pour trois, six ou neuf années, à partie du... et au choix respectif du bailleur (*ou :* des bailleurs) et du preneur, à charge par celui qui voudrait faire cesser le présent bail, à l'expiration de l'une des deux premières périodes, d'en prévenir l'autre partie au moins six mois à l'avance et par lettre recommandée (*ou :* au choix du preneur seul, qui, pour faire cesser le présent bail à l'une des deux premières périodes, devra avertir le bailleur — *ou* les bailleurs — au moins six mois d'avance et par écrit).

3° *A vie*. — Pour toute la vie du preneur ci-après nommé, à partir du... (V. *formule* 23).

4° *Durée illimitée*. — Pour le temps, sous les conditions et moyennant le prix ci-après indiqués, à M..., etc... (V. *formule* 24).

§ III. — PRENEUR (n°s 53 et s.)

1° *Célibataire*. — A M. Adrien Lange, cultivateur, demeurant à... rue..., n°..., ici présent et qui accepte.

(*Si le bail est important et fait à un jeune homme, il est utile de lui faire prendre l'obliga-*

tion de rapporter l'engagement solidaire de sa femme, si elle est majeure dans le mois de la célébration du mariage, et si elle est mineure dans le mois de sa majorité. Cet engagement se met dans les conditions particulières ou à la suite du loyer. V. formules 2 et 11).

2° *Mari et femme.* — A M. Adrien Lange, cultivateur, et Mᵐᵉ Louise Morin, son épouse, demeurant ensemble à...

Preneurs, conjoints et solidaires, à ce présents et qui acceptent : Mᵐᵉ Lange, sous l'autorisation de son mari.

Mariés, etc... (*Indiquer le régime pour établir que la femme a sa capacité civile*).

3° *Mandataire.* — A M. Adrien Lange, cultivateur, demeurant à...

A ce non présent, mais accepté pour lui par M. Emile Lorain, propriétaire, demeurant à..., son mandataire en vertu des pouvoirs qu'il lui a conférés à cet effet, suivant acte reçu par Mᵉ..., notaire à..., le... et dont le brevet original dûment légalisé est demeuré ci-annexé après mention.

L'immeuble (*ou :* les immeubles) dont la désignation suit :

(*Pour le surplus, v. les formules ci-après*).

II. — BAUX A LOYER

FORM. 2. — Bail de maison (n° 192).

Pardevant Mᵉ... A comparu :

M. Eugéne Cotte, propriétaire, demeurant à... (V. *formule 1, § I*).

Lequel a, par ces présentes, donné à loyer, pour... années, etc.. (V. *formule 1, § II*).

A M. Adrien Lange, cultivateur, demeurant à..., ici présent et qui accepte (V. *formule 1, § III*).

DÉSIGNATION

Une maison, sise à..., rue..., n°..., comprenant :

Un principal corps de bâtiment sur la rue et un autre bâtiment en aile sur la gauche, le tout élevé sur caves, d'un rez-de-chaussée, de deux étages carrés et d'un troisième sous-combles, couverts en tuiles. Cour derrière la maison au fond de laquelle se trouve les fosses d'aisances et un puits.

Ainsi, au surplus que cette maison se poursuit et comporte avec toutes ses dépendances, sans aucune exception, ni réserve, et sans qu'il soit besoin d'une désignation plus détaillée, le preneur déclarant parfaitement la connaître pour l'avoir vue et visitée aux fins du présent bail.

CHARGES ET CONDITIONS

Le présent bail est fait avec les charges et aux conditions suivantes que M. Lange s'oblige, et avec indivisibilité entre ses héritiers et représentants, à exécuter et accomplir :

ART. 1ᵉʳ. — *Entretien.* — Il garnira la maison louée et la tiendra constamment garnie de meubles et effets mobiliers en suffisantes quantité et valeur pour répondre des loyers.

Il ne pourra, sous aucun prétexte, changer la destination de l'immmeuble, qu'il habitera par lui-même et sa famille ; il l'entretiendra en bon état de réparations locatives, et le rendra à la fin du présent bail conforme à l'état qui en sera dressé par l'architecte du bailleur, aux frais du preneur et contradictoirement avec lui dans la quinzaine qui suivra l'entrée en jouissance.

(*Ou bien :* et entretiendra la maison louée et ses dépendances en bon état de réparations de quelque nature qu'elles soient et il supportera toutes les charges, qui, suivant l'usage et le droit, sont ordinairement acquittées par le propriétaire, comme l'entretien et la réparation des toitures et des gros murs, le curement du puits, la vidange des fosses d'aisances, etc...; seule la reconstruction des toitures et des gros murs en cas de destruction par vétusté ou de force majeure restera à la charge du bailleur).

Il ne pourra déposer, ni faire déposer dans la cour ou adosser le long des murs de clôture aucuns fardeaux qui soient de nature à incommoder ou dégrader le pavé et les clôtures.

Il fera curer et à ses frais le puits et vider les fosses d'aisances de la maison, lorsqu'il sera nécessaire de le faire, et ce, pendant toute la durée du bail.

ART. 2. — *Impôts, contributions et autres charges.* — Il acquittera sa contribution personnelle et mobilière, ainsi que l'impôt des portes et fenêtres, de manière qu'aucun recours ne puisse être exercé contre le bailleur.

(*Ou :* il acquittera exactement ses contributions personnelles et mobilières, de manière que le bailleur ne soit point inquiété à cet égard et remboursera chaque année à ce dernier en quatre paiements égaux et en même temps que le loyer les contributions des portes et fenêtres de la maison, ainsi que toutes autres taxes qui pourraient dans l'avenir être mises en remplacement ou en superposition de ces contributions.

Ou encore : il acquittera exactement pendant la durée du bail, à partir du..., en sus des contributions des portes et fenêtres et de l'impôt mobilier, les contributions foncières et autres de toute nature, auxquelles l'immeuble loué peut et pourra être assujetti).

Il satisfera à toutes les charges de balayage, éclairage et à toutes autres de ville et de police, auxquelles les locataires sont ordinairement tenus.

Il paiera annuellement en sus du loyer et sans recours contre le bailleur les gages du concierge fixés à... ; ce paiement aura lieu par quart aux mêmes époques que les loyers ; néanmoins, le concierge sera choisi par le bailleur, qui aura seul le droit de le changer. (*Ou :* le preneur aura le choix de ce concierge avec l'agrément du bailleur, qui, pour des motifs sérieux, aura le droit d'en exiger le changement.)

Art. 3. — *Assurance contre l'incendie.* — Il devra faire assurer son mobilier personnel contre l'incendie, les risques locatifs et le recours des voisins, par une Compagnie solvable, et il justifiera au bailleur à toute réquisition de l'acquit des primes d'assurances.

Il acquittera, en outre, à partir du... et pendant toute la durée du bail, les primes dues pour l'assurance contre l'incendie de la maison louée, contractée à la Compagnie..., ayant son siège à..., en vertu d'une police, en date du..., n°..., et ce, en sus du loyer ci-après fixé.

Art. 4. — *Baux en cours.* — Il entretiendra et exécutera pour le temps qui en reste à courir les baux et locations qui peuvent exister dans l'immeuble loué, de telle sorte qu'aucun recours à cet égard ne soit exercé contre le bailleur. (*Nota. — Il est prudent de ne pas indiquer les locations, car l'administration de l'enregistrement prétend que, dans ce cas, il y a, délégation de loyers, et perçoit, en conséquence le droit de 1 o/o sur les loyers cumulés de ces locations.*)

Art. 5. — *Grosses réparations.* — Il souffrira les grosses réparations qui pourraient devenir nécessaires à l'immeuble loué dans le cours du présent bail, et cela, sans aucune indemnité, ni diminution de loyer, quelle que soit la durée des travaux.

Art. 6. — *Cession et sous-location du bail.* — Il ne pourra céder son droit au présent bail, ni sous-louer en totalité ou en partie, sans le consentement exprès et par écrit du bailleur.

(*Ou :* Il ne pourra céder son droit au présent bail sans le consentement exprès et par écrit du bailleur ou sans lui avoir au préalable versé à titre de complément de loyer d'avance, une somme de 2.000 francs qui s'ajoutera à celle dont le paiement est ci-après constaté, pour s'imputer comme elle sur les termes les plus éloignés du bail ; et ne pourra sous-louer qu'à des personnes tranquilles et n'exerçant pas d'états bruyants ou incommodes ou de nature à dégrader la maison.

Ou : il ne pourra céder son droit au présent bail sans le consentement exprès et par écrit du bailleur et ne devra sous-louer qu'à des personnes tranquilles et n'exerçant pas d'états nuisibles à la propriété ou incommodes aux autres locataires.

Ou : il ne pourra céder son droit au présent bail et sous-louer en tout ou partie, qu'en restant caution de ses cessionnaires ou sous-locataires et de leurs successeurs, solidairement avec eux, du paiement des loyers et de l'exécution des charges et conditions du bail pendant toute sa durée.)

Toutes cessions ou sous-locations ne pourront avoir lieu que par acte authentique, en présence du propriétaire ou, lui dûment appelé, auquel sera remis sans frais pour lui, une grosse de chaque acte de cession ou de sous-location.

(*Ou :* toute cession ne pourra être consentie pour un prix inférieur à celui ci-après indiqué, ni à des conditions moins onéreuses, et ne pourra être faite par le preneur qu'en restant garant et répondant solidaire avec les cessionnaires de l'entière exécution du bail et du paiement des loyers. Cette stipulation s'appliquera à toutes cessions ou sous-locations successives).

Art. 7. — *Travaux.* — Il ne pourra faire aucun changement de distribution dans les lieux loués, sans le consentement du bailleur. Tous travaux, améliorations et constructions qui seraient faits par le preneur appartiendront à la fin du bail au bailleur, sans indemnité, à moins que ce dernier ne préfère demander le rétablissement des lieux dans leur état primitif.

(*Ou :* les distributions, améliorations, décors et embellissements quelconques que le preneur pourra faire à l'intérieur ou à l'extérieur de la propriété louée resteront au bailleur sans indemnité aucune, à moins que celui-ci ne préfère demander le rétablissement des lieux dans leur état primitif. Quant aux constructions que le preneur pourra faire élever sur la propriété louée, elle devront être enlevées à la fin du bail, à moins que le bailleur ne préfère les conserver en en payant la valeur à dire d'experts désignés à l'amiable par les parties.)

Art. 8. — *Frais.* — Enfin, il paiera les frais et honoraires des présentes, y compris ceux de la grosse à délivrer au bailleur.

De son côté M. Cotte s'oblige à tenir la propriété close et couverte selon l'usage.

LOYER

En outre, le présent bail est fait moyennant .... francs de loyer annuel, que le preneur s'oblige à payer au bailleur, en sa demeure à... ou pour lui au porteur de la grosse des présentes, en quatre termes égaux, les... de chaque année, pour effectuer le paiement du premier terme le...

A défaut de paiement d'un seul terme de loyer à son échéance et un mois après un simple commandement de payer rester infructueux, le bail sera résilié de plein droit si bon semble au bailleur sans qu'il soit besoin de remplir aucune autre formalité. Dans ce cas, l'expulsion du preneur pourra avoir lieu, en vertu d'une simple ordonnance de référé, et les loyers payés d'avance resteront acquis au bailleur à titre d'indemnité, sans préjudice de tous autres dommages-intérêts, s'il y a lieu. Il en sera de même, en cas d'inexécution de l'une quelconque des conditions et un mois après une simple mise en demeure restée sans effet.

M. Lange s'oblige, pour le cas où il viendrait à se marier, au cours du présent bail, de rapporter au bailleur, dans le mois de son mariage, l'engagement solidaire de son épouse, tant au payement des loyers qu'à l'exécution de toutes les charges et conditions du présent bail.

En cas de décès du preneur, il y aura solidarité et indivisibilité entre ses héritiers et représentants pour l'exécution des présentes, et ceux-ci supporteront les frais de la signification à leur faire, en conformité de l'article 877 du Code civil.

Loyers d'avance. — M. Cotte reconnaît que M. Lange, auquel il en donne quittance, lui a à l'instant payé, en espèces de monnaie, à la vue du notaire soussigné, la somme de... pour six mois de loyer d'avance imputables sur les six derniers mois de jouissance du présent bail, de manière que l'ordre ci-devant établi pour le paiement des loyers ne soit point interverti.

Caution. — A ces présentes est intervenu :

M. Emile Danois, propriétaire, demeurant à... Lequel après avoir pris communication du bail qui précède, a, par ces présentes, déclaré se rendre et constituer volontairement caution et répondant solidaire de M. Lange, envers M. Cotte, tant pour raison du paiement exact des loyers que pour l'exécution de toutes les charges, clauses et conditions du bail. (*Nota : s'il y a une affectation hypothécaire, limiter les causes de l'inscription à prendre à 3 années de loyer pour éviter que le droit soit perçu sur la totalité des années de loyer.*)

ÉLECTION DE DOMICILE

Pour l'exécution des présentes, les parties font élection de domicile : le bailleur en sa demeure sus-indiquée et le preneur dans la maison louée.

ÉVALUATION ET RÉQUISITION POUR L'ENREGISTREMENT

Pour la perception des droits d'enregistrement, les charges annuelles extraordinaires imposées au preneur sont évaluées à la somme de... et les parties requièrent l'enregistrement du présent bail par périodes triennales.

DONT ACTE. — Fait et passé, etc...

ENREGISTREMENT : Bail 0 fr. 20 o/o (n° 562) ; Cautionnement 0.10 % (n° 571) décimes en plus.

FORM. 3. — Bail de maison meublée avec jardin (n°ˢ 192 et 209).

Pardevant Mᵉ... A comparu :

M. Eugène Cotte, propriétaire, demeurant à... (*V. formule 1, § 1*).

Lequel a, par ces présentes, donné à loyer pour... années, etc. (*V. formule 1, § 2*).

A M. Adrien Lange, cultivateur, demeurant à... (*V. formule 1, § 3*) ici présent et qui accepte.

DÉSIGNATION

1ᵉⁿᵗ Une maison de campagne et ses dépendances sise à... consistant en :

1° Un bâtiment principal, élevé sur caves, etc...

2° Un autre bâtiment à droite, à usage d'écurie et remise, avec grenier au-dessus.

3° Une cour dans laquelle se trouvent des fosses d'aisances et un puits avec pompe.

4° Et un jardin, derrière la maison d'habitation, planté d'arbres et un potager.

Le tout d'un seul tenant et entouré de murs, couvrant une superficie de...

2ᵒⁿᵗ Les différents meubles et objets mobiliers garnissant cette maison et ses dépendances, tels qu'ils sont désignés en un état détaillé, dressé aujourd'hui même par les parties, et qui est demeuré ci-annexé après avoir été par elles certifié véritable et revêtu d'une mention d'annexe.

Ainsi que le tout se poursuit et comporte, sans aucune exception ni réserve, et dont le preneur déclare avoir une connaissance suffisante.

CHARGES ET CONDITIONS

Le présent bail est fait avec les charges et aux conditions suivantes, que M. Lange s'oblige à exécuter sans aucune diminution du loyer ci-après fixé, ni aucune indemnité quelconque, savoir :

ART. 1ᵉʳ. — *Entretien.* — Il entretiendra la maison louée et ses dépendances en bon état de toutes réparations locatives et les rendra, à la fin du bail, conformes à l'état qui en sera dressé, aux frais du preneur, dans les quinze jours qui suivront l'entrée en jouissance.

Il cultivera et fumera convenablement le jardin, sans pouvoir en changer la distribution actuelle ; il taillera et échenillera les arbres et vigne et ne pourra en arracher aucun sous quelque prétexte que ce soit, sauf s'ils venaient à périr, auquel cas il serait tenu d'en faire le remplacement, par des arbres sains et vifs de mêmes nature et espèce.

Il devra tenir en bon état et remplacer, s'il y a lieu, les meubles et objets mobiliers compris dans la présente location, et les rendre à l'expiration de la jouissance en parfait état.
(*V. en outre les deux derniers alinéas de l'article 1er des conditions du bail à la formule 2.*)
ART. 2. — *Impôts et contributions.* — Il satisfera à toutes les charges ordinaires du locataire, telles que le paiement de la contribution personnelle et mobilière et de l'impot des portes et fenêtres, de manière que le bailleur ne soit pas inquiété à ce sujet.
Il acquittera, en déduction des loyers du présent bail, les impositions foncières dont la propriété peut être chargée et la patente de logeur en garni à laquelle le bailleur peut être imposé. Ce paiement devra avoir lieu par moitié et avant l'échéance des loyers, afin que le compte puisse en être établi et la quittance remise au moment du paiement de chaque terme.
(*V. formule 2, art. 2 des conditions.*)
ART. 3. — *Assurance contre l'incendie.* — (*V. dernier alinéa de l'art. 3 à la formule 2.*)
ART. 4. — *Grosses réparations.* — (*V. formule 2, art. 5.*)
ART. 5. — *Travaux.* — (*V. même formule, art. 7.*)
ART. 6. — *Cession et sous-location du bail.* — (*V. même formule, art. 6.*)
ART. 7. — *Frais.* — (*V. même formule, art. 8.*)
De son côté M. Cotte s'oblige à tenir la propriété close et couverte selon l'usage.

LOYER. DÉCLARATION POUR L'ENREGISTREMENT. DOMICILE

(*Voir ces clauses à la formule 2.*)

DONT ACTE. — Fait et passé, etc...

ENREGISTREMENT : Droit proportionnel à 0,20 o/o, décimes en plus (n° 562 et 593).

FORM. 4. — Bail d'appartement (n° 201).

Pardevant Me... A comparu :
M. Eugène Cotte, propriétaire, demeurant à... (*V. formule 1, § 1.*)
Lequel a, par ces présentes, donné à loyer pour... etc... (*V. formule 1, § 2.*)
A M. Adrien Lange, employé, demeurant à... (*V. formule 1, § 3*) ici présent et qui accepte.
Les locaux ci-après désignés dépendant d'une maison sise à..., rue..., n°..., savoir :
Un appartement au troisième étage, composé de... (*Désignation.*)
La jouissance de la pompe et des cabinets d'aisance se trouvant dans la cour de l'immeuble, en commun avec les autres locataires.
Ainsi que le tout se poursuit et comporte sans aucune exception ni réserve, et dont le preneur déclare avoir une connaissance suffisante pour l'avoir vu et visité aux fins des présentes.

CHARGES ET CONDITIONS

Le présent bail est fait aux charges et conditions suivantes que le preneur s'engage à exécuter et accomplir, sans pouvoir prétendre à aucune indemnité ni à aucune déduction sur les loyers ci-après fixés :
ART. 1er. — *Entretien.* — Il garnira les lieux, pendant toute la durée du bail, de meubles suffisants pour répondre des loyers.
Il les entretiendra en bon état de réparations locatives et les rendra, à la fin du bail, conformes à l'état qui en sera fait aux frais du preneur dans la quinzaine de son entrée en jouissance.
Il se conformera au règlement général de la maison en ce qui concerne la propreté, l'approvisionnement et le service, et, en particulier, il veillera à ce qu'aucun bruit insolite n'ait lieu dans les locaux loués, où il ne pourra être introduit ni chien, ni chat, ni aucun autre animal.
ART. 2. — *Grosses réparations.* — Il souffrira les grosses réparations qui pourraient devenir nécessaires dans le cours du bail, tant dans les lieux loués qu'à la maison dont ils font partie, sans pouvoir réclamer aucune indemnité, quel que soit le temps de leur durée.
ART. 3. — *Travaux.* — Il laissera à la fin du bail et dans l'état où ils se trouveront, sans pouvoir réclamer d'indemnité, les décors, embellissements, armoires et autres travaux que le preneur aura fait faire dans les lieux loués, à moins que le bailleur ne préfère demander le rétablissement des lieux loués dans leur état primitif.
Toutefois, et malgré cette clause, le preneur ne pourra faire aucun percement de murs, ni un changement quelconque de distribution, sans le consentement exprès et par écrit du bailleur.
ART. 4. — *Charges.* — Il paiera entre les mains du bailleur, annuellement et par quart, aux mêmes époques que le loyer, et en sus de celui-ci :
La somme de 30 francs, fixée invariablement entre les parties pour remboursement des portes et fenêtres, à la charge du preneur, quelque modification qui puisse être apportée par la suite au taux de ces contributions, plus 0,10 centimes par franc sur le montant du loyer pour les gages du concierge.
Et la somme de 60 francs pour sa part contributoire dans les frais d'éclairage et d'eau de la maison.

Il devra acquitter exactement toutes ses contributions personnelle et mobilière et satisfaire à toutes les charges de ville et de police dont les locataires sont ordinairement tenus, de manière que le bailleur ne soit point inquiété ni recherché à ce sujet.

ART. 5. — *Cession du bail.* — Il ne pourra céder ses droits au présent bail, ni sous-louer sans le consentement exprès et par écrit du bailleur (*V. formule 2, art. 6*).

ART. 6. — *Frais.* — Enfin il acquittera tous les frais et honoraires des présentes et ceux de la grosse à délivrer au bailleur.

De son côté, M. Cotte s'oblige à tenir les lieux loués clos et couverts selon l'usage et à faire exécuter, avant l'entrée en jouissance du preneur, les travaux ci-après... (*Désigner les travaux à faire.*)

LOYER

En outre, le présent bail est fait moyennant un loyer annuel de 5.000 francs pour les trois premières années, et de 5 500 francs pour les années subséquentes; lequel loyer M. Lange s'engage à payer à M. Cotte en sa demeure à..., ou pour lui, au porteur de ses titres et pouvoirs, en quatre termes égaux, aux époques ordinaires de l'année, de manière que le premier terme devra être payé le... de la présente année.

Ces loyers ne pourront être valablement payés qu'en espèces d'or et d'argent ayant cours.

A défaut de paiement à son échéance d'un terme de loyer et un mois après un simple commandement de payer resté sans effet, le présent bail sera résilié de plein droit, si bon semble au bailleur, et sans qu'il ait à remplir aucune formalité judiciaire.

Loyers d'avance. — M. Lange s'oblige à payer à M. Cotte avant son entrée en jouissance et pour trois mois de loyer d'avance, la somme de... qui sera imputable sur les trois derniers mois de jouissance du présent bail; en sorte que l'ordre précédemment fixé pour le paiement du loyer ne sera point interverti.

ÉLECTION DE DOMICILE

Pour l'exécution des présentes, les parties font élection de domicile, etc. (*V. formule 2*).

DONT ACTE. — Fait et passé, etc...

ENREGISTREMENT : Droit proportionnel à 0,20 o/o décimes en plus (n° 562).

FORM. 5. — Bail d'appartement meublé (n° 201).

Pardevant M⁰... A comparu :
M. Eugène Cotte, propriétaire, demeurant à... (*V. formule 1, § 1*).
Lequel a, par ces présentes, donné à bail pour... (*V. formule 1, § 2*).
A M. Adrien Lange, employé, demeurant à... (*V. formule 1, § 3*), ici présent et qui accepte.

1o Un appartement au troisième étage d'un immeuble sis à..., rue..., n°... et composé de... (*Désignation.*)

2° Les meubles et objets mobiliers qui garnissent cet appartement décrits en un état dressé entre les parties aujourd'hui même et annexé aux présentes après avoir été certifié véritable par MM. Cotte et Lange et revêtu d'une mention d'annexe par le notaire soussigné.

Ainsi que le tout existe et se comporte, sans aucune exception ni réserve ; le preneur déclarant au surplus bien connaître les lieux et les objets loués pour les avoir visités dans l'intention d'en devenir locataire.

Le présent bail est fait aux charges et conditions suivantes, etc... (V. pour la suite : *Bail d'appartement et bail de meubles, formules 4 et 9*).

DONT ACTE. — Fait et passé, etc...

ENREGISTREMENT : Droit proportionnel à 0,20 % décimes en plus (n°ˢ 562 et 593).

FORM. 6. — Bail de boutique et dépendances (no 192).

Pardevant M⁰... A comparu :
M. Eugène Cotte, propriétaire, demeurant à... (*V. formule 1, § 1*).
Lequel a, par ces présentes, donné à loyer pour... années, etc. (*V. formule 1, § 2*).
A M. Adrien Lange, limonadier, demeurant à... (*V. formule 1, § 3*), ici présent et qui accepte.

DÉSIGNATION

Une boutique située au rez-de-chaussée d'une maison sise à..., rue..., n°. ., dont M. Cotte est propriétaire ; une arrière-boutique, deux pièces au premier étage, une cave sous la boutique.

Cour derrière la maison avec bâtiment en appentis à usage de cuisine; cabinet d'aisances.

Ainsi que le tout se comporte, et dont le preneur déclare avoir une connaissance parfaite pour l'avoir visité dans l'intention d'en devenir locataire.

CHARGES ET CONDITIONS

Le présent bail est fait aux charges et conditions suivantes que le preneur s'oblige à exécuter sans aucune diminution de loyer, savoir :

ART. 1er. — *Entretien*. — Il devra tenir les lieux loués garnis d'effets mobiliers et de marc"andises en quantité et de valeur suffisantes pour répondre des loyers ci-après fixés.

Il les entretiendra et les rendra à la fin du bail en bon état de réparations locatives et conformément à l'état des lieux, qui en sera dressé par l'architecte du bailleur, aux frais du preneur avant son entrée en jouissance.

ART. 2. — *Impôts*. — Il acquittera exactement ses contributions personnelle, mobilière et de patentes, et satisfera à toutes les charges ordinaires de ville et de police auxquelles les locataires sont ordinairement tenus, de manière qu'aucun recours ne puisse être exercé, à ce sujet, contre le bailleur ; de plus, le preneur remboursera au bailleur et par quart, avec chaque terme de loyer, les impositions des portes et fenêtres à sa charge et toutes autres taxes lui incombant à raison des lieux présentement loués.

ART. 3. — *Travaux*. — Il laissera, etc... (*V. formule 4, art. 3*).

ART. 4. — *Usage des lieux*. — Il ne pourra faire servir les lieux loués qu'à un établissement de café-restaurant pendant toute la durée du bail, sans pouvoir changer le nom de « Café de Paris », sous lequel cet établissement est connu, et la boutique devra toujours être tenue ouverte et achalandée, sans que le preneur puisse, sous aucun prétexte, cesser, même momentanément, de l'employer à la destination ci-devant indiquée.

ART. 5. — *Cession du bail*. — Il ne pourra céder son droit au présent bail ou sous-louer sans le consentement écrit du bailleur, si ce n'est toutefois à la personne qui lui succèdera dans son commerce et en restant garant et répondant solidaire du paiement des loyers et de l'exécution des conditions du bail (*V. formule 2, art. 6*).

La cession ne pourra être faite que par acte authentique auquel le bailleur sera appelé et il sera remis à celui-ci, sans frais pour lui, une grosse du dit acte.

ART. 6. — *Frais*. — Enfin, il paiera tous les frais et honoraires auxquels ces présentes donneront ouverture et le coût d'une grosse pour le bailleur.

De son côté, M. Cotte s'oblige à tenir les lieux loués clos et couverts selon l'usage.

Il s'engage en outre à interdire aux locataires des autres boutiques de sa maison, le droit de former et faire valoir dans ces boutiques aucun établissement de café restaurant, à peine de tous dépens et dommages-intérêts.

LOYER

En outre, le présent bail est fait moyennant un loyer annuel de..., que le preneur s'oblige, etc... (*V. formule 2*).

DONT ACTE. — Fait et passé, etc...

ENREGISTREMENT : Droit proportionnel à 0,20 %, décimes en plus (n° 562).

FORM. 7. — Bail de terrain avec obligation de construire. — Promesse de vente et promesse de cautionnement hypothécaire (n°s 86-93-134).

Pardevant Me... A comparu :

M. Eugène Cotte, propriétaire, demeurant à... (*V. formule 1, § 1*) ;

Lequel a, par ces présentes, donné à bail à loyer pour une durée de... années (*V. formule 1, § 2*),

A M. Adrien Lange, propriétaire, et à Mme Louise Morin, son épouse, demeurant ensemble à. .

Mariés, etc... (*Indiquer le régime*. — V. *formule 1, § 3*) ;

Preneurs conjoints et solidaires ici présents et qui acceptent, Mme Lange sous l'autorisation de son mari,

L'immeuble dont la désignation suit :

DÉSIGNATION

Un terrain, situé à..., rue... (*Désigner*.)

Ainsi, au surplus, que cet immeuble s'étend, se poursuit et comporte avec toutes ses aisances et dépendances, sans exception ni réserve.

CHARGES ET CONDITIONS

Le présent bail est fait avec les charges et sous les conditions suivantes que les preneurs s'obligent conjointement et solidairement entre eux à exécuter et accomplir, savoir :

(*Conditions ordinaires et autres spéciales*.)

OBLIGATION DE CONSTRUIRE

Comme condition essentielle des présentes, M. et Mme Lange seront tenus, ainsi qu'ils s'y obligent solidairement, de faire édifier à leurs frais, risques et périls, sur le terrain loué, les constructions dont il va être parlé, lesquelles seront commencées au plus tard le 1er avril 1911 et continuées sans interruption jusqu'à leur entier achèvement ; toutefois elles devront être achevées le 1er janvier 1912.

Ces constructions consisteront en une maison de rapport qui sera élevée en bordure sur la rue.....

(Établir ici les indications complètes sur les constructions à élever : façade, hauteur, étages, nature, etc....)

Les plans et devis descriptifs de cette maison devront être soumis à l'approbation du bailleur, les travaux s'exécuteront sous la surveillance facultative de celui-ci ou de son architecte dont les honoraires seront supportés par les preneurs.

La canalisation ainsi que les compteurs pour les eaux, le gaz ou l'électricité devront être établis aux frais des preneurs, c'est-à-dire en ce qui concerne les compteurs, ils ne pourront être pris en location ; les preneurs seront tenus de souscrire un abonnement aux eaux de la Ville et de faire à cet effet les travaux de canalisation nécessaires.

Les preneurs se soumettront aux nivellement et alignement qui leur seront imposés par l'administration municipale et feront leur affaire personnelle de toute réclamation à adresser à l'administration, en raison du préjudice qui pourrait résulter pour eux des retranchements qui leur seraient imposés, sans pouvoir exercer aucun recours ni réclamation contre le bailleur.

Lesdites constructions, une fois élevées, devront être entretenues en bon état jusqu'à la fin du bail.

Il est formellement convenu

1° *Interdiction de privilège et hypothèque.* — Que lesdites constructions étant affectées, par privilège à la garantie de l'exécution des présentes, ne pourront être grevées par les preneurs d'aucun privilège d'architecte ou d'entrepreneurs, ni d'aucune hypothèque conventionnelle, judiciaire, légale, ou autre privilège quelconque, si ce n'est pour sûreté des sommes que M. et Mme Lange pourront emprunter avec le cautionnement hypothécaire de M. Cotte.

Qu'elles ne pourront non plus être mises en antichrèse ou en nantissement, si ce n'est au profit des prêteurs des sommes empruntées comme il vient d'être dit.

A ce sujet, les preneurs ne pourront faire de traités et marchés pour la construction de leur maison qu'avec des entrepreneurs qui renonceront à prendre toutes inscriptions de privilège, et ce, à peine de résiliation du présent bail, en cas d'infraction à cette clause.

2° *Mitoyenneté.* — Que les preneurs ne pourront faire aucune fouille dudit terrain ni se servir des murs mitoyens avec les voisins sans, au préalable, avoir acquis et payé les droits de mitoyenneté. Ils devront justifier au bailleur de ces acquisitions et feront leur affaire personnelle de toutes surcharges à payer et de toutes réclamations qui pourraient être faites à raison des travaux ; le tout de manière que le bailleur ne soit jamais inquiété ni recherché à ce sujet.

3° *Servitudes.* — Qu'ils ne pourront consentir sur ledit immeuble aucune servitude, même temporaire.

4° *Assurance contre l'incendie.* — M. et Mme Lange s'obligent à faire assurer, aussitôt la couverture posée, les constructions qu'ils auront fait édifier sur le terrain loué, par une Compagnie notoirement solvable, ayant son siège en France, pour une somme suffisante, et ce, pour toute la durée du bail qui précède, afin de garantir au bailleur le paiement des loyers et l'exécution des charges et conditions du bail et de la promesse de vente.

Pour couvrir en cas de sinistre le bailleur des sommes dont il se trouvera créancier en principal, intérêts et accessoires, M. et Mme Lange lui cèdent et transportent à titre de garantie, avec toute préférence et antériorité à eux-mêmes et à tous autres cessionnaires, ce qui est accepté par le bailleur, toutes les indemnités à payer par ladite Compagnie d'assurances.

Le bailleur fera établir tous règlements de sinistre et touchera sur sa simple quittance toutes les sommes dues pour cette cause en capital et accessoires de la Compagnie d'assurances débitrice, le tout même hors la présence et sans le concours et le consentement des locataires, sauf à tenir compte à ces derniers de sommes touchées au delà de ce qui lui serait dû.

Ledit bailleur appliquera l'indemnité de sinistre touchée à l'extinction ou à la réduction de sa créance, à moins que M. et Mme Lange ne lui fassent connaître dans le mois du sinistre leur intention de rétablir immédiatement les bâtiments incendiés.

Tous pouvoirs sont donnés au porteur d'un extrait pour signifier le présent transport et tous autres que M. et Mme Lange s'obligent à réitérer à la demande du bailleur.

Le bailleur pourra, en cas d'inexécution de la présente clause, contracter l'assurance en son nom avec une Compagnie de son choix et le montant des charges annuelles de cette assurance sera acquitté par lui sauf répétition vis-à-vis des locataires.

Le bailleur devra, en exécution de la promesse de cautionnement hypothécaire qui va suivre, subroger tous prêteurs de M. et Mme Lange dans l'effet du transport d'assurances dont il s'agit, jusqu'à due concurrence.

LOYER

Outre les conditions qui précèdent, le présent bail est consenti et accepté moyennant un loyer annuel de douze cents francs que les preneurs s'obligent conjointement et solidairement entre eux à payer le 1er janvier de chaque année pour le paiement de la première année avoir lieu le 1er janvier 1912.

Il demeure expressément convenu :

1° Que le paiement des loyers aura lieu à..... ;

2° Qu'à défaut de paiement à son échéance d'un seul terme de loyer, etc....

3° Qu'en cas de faillite, liquidation judiciaire ou déconfiture des preneurs ou de leurs cessionnaires, ledit bail sera aussi résilié de plein droit si bon semble au bailleur qui aura à faire connaître son intention par acte extrajudiciaire, aux preneurs ou à leur syndic;

4° Et que dans le cas où les travaux à exécuter en vertu des présentes viendraient à être interrompus avant leur achèvement par le fait des preneurs, le présent bail serait également résilié par le fait de cette interruption (à moins qu'elle ne soit causée par un cas de force majeure), quinze jours après un simple procès-verbal de constat signifié aux preneurs, mais seulement si bon semble au bailleur qui pourra toujours, s'il le préfère, réclamer et poursuivre l'exécution du bail et les travaux.

Cette résiliation, dans les cas qui viennent d'être exprimés, aura lieu de plein droit sans qu'il soit besoin de la faire prononcer en justice et le bailleur sera réintégré dans la jouissance et possession pure et simple de l'immeuble loué, en vertu d'une simple ordonnance de référé, laquelle n'aura pas pour objet de prononcer la résiliation encourue de plein droit comme il vient d'être dit, mais seulement d'en assurer l'exécution. Le tout sans préjudice du droit appartenant au bailleur de poursuivre le recouvrement des loyers alors dus et à courir et de toutes autres indemnités.

Aux cas de résiliation ci-dessus prévus, les travaux de construction qui existeront alors sur le terrain présentement loué appartiendront, de convention expresse entre les parties, au bailleur, qui les conservera dans l'état où ils se trouveront sans avoir aucune indemnité à payer, à charge seulement de faire son affaire personnelle du paiement des sommes empruntées avec son cautionnement hypothécaire et grevant lesdites constructions s'il en est dû, comme aussi sans préjudice de tous dommages-intérêts.

Loyers d'avance

M. et Mme Lange ont à l'instant même payé en bonnes espèces et billets de la Banque de France, à la vue du notaire soussigné, à M. Cotte, qui le reconnaît et leur en consent quittance, la somme de 600 francs représentant six mois de loyers d'avance, imputable sur les six derniers mois de jouissance du présent bail.

En cas de résiliation du bail soit pour inexécution des conditions, soit pour non paiement des loyers, soit pour l'un des cas ci-dessus prévus, cette somme de 600 francs demeurera acquise au bailleur à titre d'indemnité, sans préjudice du droit de réclamer les loyers alors dus et du droit conféré au bailleur sous le titre précédent.

En cas de retard dans le paiement des loyers, le bailleur pourra appliquer cette somme à tous loyers en retard et les preneurs seront tenus de reconstituer immédiatement ces loyers d'avance à peine de résiliation immédiate du présent bail, si bon semble au bailleur.

En cas de réalisation de la promesse de vente ci-après consentie, ladite somme de 600 fr. s'imputera jusqu'à due concurrence sur le prix de la vente.

PROMESSE DE VENTE

Les preneurs ou leur cessionnaire du droit en totalité du présent bail, auront la faculté, pendant la durée du dit bail, de se rendre acquéreurs, et ce, à leur profit ou au profit de toute personne ou société qu'ils désigneraient, pour eux ou leurs commands, du terrain loué et le bailleur s'oblige et oblige ses héritiers et représentants (lesquels se trouveront liés dès aujourd'hui par l'effet de la présente clause, fussent-ils mineurs ou autrement incapables), à leur en faire la vente aux conditions et moyennant le prix ci-après.

Pour user de cette faculté, M. et Mme Lange, ou leur cessionnaire, devront faire connaître leur intention par écrit au bailleur au plus tard le 1er octobre 1913, et par le fait de l'expiration de ce délai, M. et Mme Lange ou leur cessionnaire se trouveront, de plein droit, déchus de la dite faculté et le bailleur se trouvera dégagé de toute obligation à cet égard sans avoir à faire aucune mise en demeure.

La vente devra être réalisée par acte authentique, devant notaire, huit jours après un simple avertissement des bénéficiaires du droit à la dite promesse de vente.

L'entrée en jouissance sera fixée au jour de la réalisation de la vente et le bail qui précède prendra fin le même jour.

Les preneurs resteront tenus solidairement avec l'acquéreur qu'ils se seront substitué, tant au paiement du prix qu'à l'exécution des charges et conditions de la vente.

Bien entendu, en cas de résiliation du bail ci-dessus, pour quelque cause que ce soit, et notamment dans les cas qui ont été prévus plus haut aux titres « Loyers et Loyers d'avance » la promesse de vente qui vient d'être consentie et celle du cautionnement hypothécaire qui va suivre seront considérées comme non faites ni avenues.

Charges et conditions.

La dite vente en cas de réalisation aura lieu à la charge par les acquéreurs...

(Insérer les conditions ordinaires de vente.)

Etablissement de propriété

(Etablir l'origine de propriété comme en matière de vente.)

Etat civil de M. Cotte.

M. Cotte déclare :
(Déclarations d'état civil comme pour une vente, si le bailleur est marié, il sera préférable de faire concourir la femme, à moins que le régime ne soit un empêchement.)

Prix

La dite vente en cas de réalisation aura lieu moyennant 40.000 fr. de prix principal qui sera payable comptant le jour même de la réalisation ou dans un délai de quatre mois, au choix de M. et Mme Lange, avec intérêts au taux de 5 o/o l'an à compter du jour de la réalisation de la vente.

CONDITIONS PARTICULIÈRES

Comme conditions essentielles des présentes, il demeure convenu ce qui suit :

I. — A la fin du bail, et si la réalisation de la vente n'a pas à cette époque été demandée, d'après ce qui a été dit plus haut, les constructions élevées par M. et Mme Lange ou leurs cessionnaires, seront conservées par le bailleur qui les fera vendre en même temps que le sol sur lequel elles seront édifiées, à la chambre des notaires de... ou à la barre du Tribunal civil de..., au choix du bailleur.

Il devra être procédé à deux tentatives d'adjudication à deux mois d'intervalle au moins.

La première sur une mise à prix égale au prix du terrain augmenté des sommes cautionnées hypothécairement en principal et accessoires.

La seconde, sur telle mise à prix abaissée que le bailleur jugera convenable.

Si ces deux tentatives sont infructueuses, les constructions resteront au bailleur sans indemnité.

Si le prix de l'adjudication excède le prix ci-dessus fixé, pour le terrain augmenté de toutes sommes dues au bailleur et de celles par lui cautionnées en capital et accessoires, le bailleur tiendra compte du surplus aux locataires.

II. — Dans le cas de vente du terrain et des constructions, pour un prix unique, par le bailleur et les preneurs au cours du bail ou sur poursuites judiciaires contre ces derniers, à quelque époque que ce soit, le prix principal, quel qu'il soit, sera applicable :

1° A concurrence de... au terrain présentement loué.

2° Et à concurrence du surplus aux constructions qui y seront édifiées.

Et par suite il sera la propriété du bailleur et des preneurs dans les proportions qui viennent d'être indiquées.

III. — Dans les cas ci-dessus prévus de vente à la chambre des notaires de..., de même qu'en cas de vente au Palais de Justice (soit sur licitation, soit sur poursuites judiciaires), des immeubles (terrain et constructions), si le prix de l'adjudication est insuffisant pour couvrir le montant en principal, intérêts et accessoires du prix du terrain et du montant des sommes empruntées sous le cautionnement hypothécaire de M. Cotte, ainsi qu'il sera ci-après expliqué, M. et Mme Lange seront tenus de verser à M. Cotte, dans un délai d'un mois de la vente, la somme nécessaire pour parfaire le paiement des dits prix et sommes.

PROMESSE DE CAUTIONNEMENT HYPOTHÉCAIRE

Pour faciliter à M. et Mme Lange l'édification des constructions qu'ils sont tenus d'élever sur le terrain loué, M. Cotte s'oblige, à première demande que lui en feront M. et Mme Lange par lettre recommandée, à cautionner hypothécairement et en premier rang (le terrain loué étant libre de toute hypothèque) les dits M. et Mme Lange sur le terrain dont il s'agit envers le sous-comptoir des entrepreneurs ou la Banque de l'entreprise ou toutes autres sociétés ou maisons de banque ou tout particulier, jusqu'à concurrence de... francs par mètre carré superficiel de terrain couvert de constructions élevées à toute la hauteur permise par les règlements et non compris les cours (*ou : jusqu'à concurrence d'une somme qui ne pourra être supérieure à...*).

Ce cautionnement purement hypothécaire sera consenti sous les conditions suivantes :

1o L'emprunt aura lieu sous forme d'ouverture de crédit en une ou plusieurs fois, sous les charges et conditions usitées en pareil cas, sauf les dérogations qui pourront résulter des présentes.

2o Aucune somme ne pourra être remise aux emprunteurs en réalisation du crédit avant justification par eux que la ville de... leur aura donné les alignements et les autorisations nécessaires pour construire et qu'ils auront payé le prix des mitoyennetés à acquérir pour l'édification de la maison.

3° La durée du crédit expirera au plus tard le jour où le présent bail prendra fin.

4° Le terrain et les constructions seront hypothéqués à la sûreté et garantie du remboursement de l'emprunt fait par les preneurs, mais le bailleur ne contractera aucune obligation personnelle sur ses autres biens meubles et immeubles à raison de cet emprunt et son cautionnement sera purement hypothécaire et limité au terrain présentement loué.

En outre, le bailleur aura, comme toute autre personne le cas échéant et notamment en cas de réalisation de la promesse de vente, tous droits de poursuivre, même sur le terrain et les constructions, le paiement de toute créance lui appartenant, contre les preneurs, sous cette réserve qu'elle sera toujours primée par toutes inscriptions garantissant régulièrement la créance du prêteur.

5⁰ Toutes les sommes que pourra recevoir le prêteur sur le prix de l'immeuble hypothéqué à son profit, seront prélevées et imputées d'abord sur le prix des constructions et subsidiairement sur le prix du terrain.

6⁰ Toutes les sommes qui pourront être versées à M. Cotte resteront entre ses mains pendant le cours du bail à titre de garantie et de nantissement de toutes les charges et conditions des présentes et du paiement de toutes les sommes dont M. et Mᵐᵉ Lange peuvent et pourront se trouver tenus envers le bailleur.

Ces sommes versées entre les mains de M. Cotte, sauf les loyers d'avance et la somme à verser à titre de garantie, comme il va être dit ci-après, produiront des intérêts au taux de 4 o/o par an, qui viendront en déduction du loyer ci-dessus stipulé.

En cas de la réalisation de la vente de l'immeuble loué, les sommes touchées par M. Cotte viendront de plein droit en déduction du prix de la vente, y compris les loyers d'avance ci-dessus versés.

Mais si la promesse de vente n'est pas réalisée, les dites sommes, ainsi que toutes autres qu'il aurait pu toucher à un titre quelconque, resteront définitivement acquises au bailleur, de convention expresse entre les parties à titre d'indemnité, sans préjudice de tous autres droits et de tous autres dommages et intérêts.

7⁰ Les fonds à toucher par les preneurs sur la réalisation du crédit devront être employés par eux en totalité à payer jusqu'à due concurrence le prix des constructions à édifier. Ces fonds ne pourront leur être remis par le prêteur qu'au fur et à mesure de l'avancement des travaux et conformément aux usages du comptoir des entrepreneurs.

8⁰ Le bailleur aura tout droit de contrôle nécessaire pour s'assurer de l'emploi des fonds prêtés aux preneurs et de l'exécution des conventions qui précèdent ; les preneurs seront obligés, même envers le bailleur, d'acquitter exactement à chaque échéance tous intérêts, commissions et accessoires et généralement à exécuter fidèlement toutes les conditions des emprunts.

9⁰ Dans le cas de poursuites par tous prêteurs contre M. et Mme Lange ou leurs cessionnaires pour défaut de paiement ou inexécution de l'acte de crédit, le bailleur pourra désintéresser les dits prêteurs ou les faire désintéresser par une personne désignée par lui au moyen d'un paiement par subrogation dont les frais seront à la charge de M. et Mme Lange.

Tous les frais des emprunts et des actes, qui en seront la conséquence, seront supportés par les preneurs.

DÉPÔT EN GARANTIE.

A titre de garantie de l'exécution des présentes par M. et Mme Lange, ceux-ci ont présentement versé au bailleur, qui le reconnaît, une somme de 5.000 francs.

Cette somme de 5.000 fr. sera imputable sur le prix en cas de réalisation de la promesse de vente ou acquise au bailleur, en cas de non réalisation comme il est dit ci-dessus.

SOLIDARITÉ.

En cas de décès de M. et Mme Lange, ou de l'un d'eux, il y aura solidarité et indivisibilité entre leurs héritiers ou représentants et entre ces derniers et le survivant d'eux suivant le cas, tant pour le paiement des loyers que pour l'entière exécution des conditions du bail, de la promesse de vente et de cautionnement hypothécaire et le coût de la signification à faire, en vertu de l'art. 877 du Code civil, sera à la charge des mêmes héritiers et représentants.

RÉQUISITION POUR L'ENREGISTREMENT.

Les parties requièrent l'enregistrement du présent bail pour trois années seulement et évaluent les charges extraordinaires du présent bail, pour la perception des droits, à la somme de... par an.

DOMICILE.

Pour l'exécution de leurs conventions les parties font élection de domicile, etc...

DONT ACTE. — Fait et passé etc...

ENREGISTREMENT : Bail 0,20 % (n° 562) y compris les charges notamment l'obligation de construire (n₀ 580); Promesse de vente 3 fr. (n° 583); Promesse de cautionnement hypothécaire 3 fr. (n° 575), décimes en plus.

FORM. 8. — Bail d'usine (n° 203).

Pardevant Mᵉ... A comparu :

M. Eugène Cotte, propriétaire, demeurant à... (V. *formule 1, § 1*).

Lequel a, par ces présentes, donné à loyer pour... années, etc... (V. *formule* 1, § 2)

A M. Adrien Lange, ingénieur, demeurant à... (V. *formule 1, § 3*) ici présent et qui accepte.

DÉSIGNATION

Un moulin à eau, dit moulin de... situé en la commune de... sur la rivière de... garni de... paires de meules montées à l'anglaise, et de tous ses tournants, virants, travaillants, bluteaux, vannes et ustensiles servant à son exploitation.

Ce moulin est composé... (*Faire ici la désignation des lieux dans lesquels il est exploité, ainsi que de toutes dépendances*).

Ainsi que le tout existe et se comporte et dont il n'est pas fait plus ample désignation, à la réquisition du preneur, qui déclare parfaitement connaître l'usine et ses dépendances présentement louées pour les avoir vues et visitées dans le but d'en devenir locataire.

CHARGES ET CONDITIONS

Ce bail est fait avec les charges et conditions suivantes, que le preneur s'oblige à exécuter à peine de tous dommages-intérêts.

ART 1er. — *Etat du moulin*. — Il prendra le moulin et ses accessoires dans l'état où ils se trouveront le jour de l'entrée en jouissance, et en ce qui concerne les meules, tournants, virants et travaillants d'après la prisée qui en sera faite par deux experts choisis par les parties, ou nommés d'office par le Juge de paix du canton de... ; ces experts, en cas de désaccord, s'en adjoindront un troisième pour les départager.

A la fin du bail, un nouvel état estimatif sera dressé par des experts nommés comme il vient d'être dit et, s'il y a plus value ou moins value, la différence devra être payée dans le mois qui suivra l'estimation, sans que, en aucun cas, le bailleur puisse être tenu de payer une plus value supérieure à... francs.

ART. 2. — *Entretien*. — Il habitera lui-même, avec sa famille, les lieux loués, qu'il devra garnir et tenir constamment garnis de meubles, objets mobiliers et matériel en quantité et de valeur suffisantes pour répondre du paiement du loyer et de l'exécution des charges et conditions du bail.

Il entretiendra le moulin de toutes réparations ainsi que la reillière, les vannes, chaussées et déversoirs, de manière qu'il n'y ait aucune perte ni inondation, et que le bailleur ne puisse être inquiété par qui que ce soit.

Il entretiendra la maison d'habitation et les autres bâtiments de toutes réparations locatives et les rendra à la fin du bail tels qu'il les aura reçus d'après l'état des lieux qui sera dressé avant l'entrée en jouissance du preneur aux frais de ce dernier.

ART. 3. — *Grosses réparations*. — Il souffrira pendant tout le temps qu'elles pourraient durer les grosses réparations qui deviendraient nécessaires pendant le cours du bail. (V. *formule 4, art. 2*).

ART. 4. — *Chômage*. — Il ne pourra exiger aucune diminution du loyer ci-après stipulé, ni aucune indemnité, dans le cas de chômage par suite de sécheresse, gelée, inondations, et autres évènements prévus et imprévus.

ART. 5. — *Curage*. — Il devra faire faucher et curer la rivière à... mètres en amont et à... mètres en aval du moulin, et rejeter la vase sur chacune des berges sans pouvoir l'étendre au-delà d'un mètre de chaque côté.

ART. 6. — *Impôts*. — Il acquittera et supportera les contributions foncières et autres de toute nature dont le moulin loué pourra être frappé pendant tout le cours du bail (V. *formule 2, art. 2*).

ART. 7. — *Cession de bail*. — Il ne pourra céder son droit au présent bail, ni sous-louer sans le consentement exprès et par écrit du bailleur (V. *formule 2, art. 6*).

ART. 8. — *Frais*. — Enfin, il devra payer les frais et honoraires des présentes, ainsi que ceux d'une grosse à délivrer au bailleur.

De son côté le bailleur s'oblige à maintenir les lieux loués dans l'état où ils se trouvent actuellement, de manière que le preneur en jouisse suivant leur destination sans aucun trouble et qu'ils soient constamment clos et couverts.

LOYER

En outre, le présent bail est fait moyennant... (*Pour la suite voir formule 2*).

DONT ACTE. — Fait et passé, etc...

ENREGISTREMENT : Droit proportionnel à 0,20 %, décimes en plus (n° 562).

FORM. 9. — Bail de meubles (n° 209).

Pardevant Me... A comparu :

M. Eugène Cotte, propriétaire, demeurant à (V. *formule 1, § 1*).

Lequel a, par ces présentes, donné à loyer pour une année qui prendra cours le...

A M. Adrien Lange, propriétaire, demeurant à..., résidant momentanément à... (V. *formule 1, § 3*).

A ce présent et acceptant.

DÉSIGNATION

Les meubles et objets mobiliers détaillés en un état estimatif dressé par les parties sur une feuille de papier au timbre de 1 fr. 20 certifié par elles et resté ci-annexé après mention.

Tous ces meubles et objets mobiliers seront livrés à M. Lange dans l'état, où ils sont aujourd'hui, le... et transportés par le bailleur, dans un appartement loué par le preneur, au... étage d'une maison sise à..., rue..., n°...

CHARGES ET CONDITIONS

Ce bail est fait avec les charges et sous les conditions suivantes que le preneur s'oblige à exécuter :

ART. 1. — *Destination et Détériorations*. — Il emploiera les objets loués à l'usage auquel ils sont destinés et les rendra à la fin du bail dans l'état où il les aura reçus sauf les détériorations naturelles produites par l'usage, il sera tenu de payer le prix porté en l'état ci-annexé pour tout ce qui serait perdu, cassé ou mis hors de service.

Il ne pourra transporter les objets loués dans un autre appartement, sans le consentement exprès et par écrit du bailleur.

ART. 2. — *Cession de bail*. — Il ne pourra également céder son droit au bail... (*V. formule 2, art. 6*).

ART. 3. — *Frais*. — Il paiera les frais et honoraires des présentes ainsi que le coût d'une grosse pour le bailleur et celui de la notification dont il sera parlé ci-après.

LOYER

En outre, ce bail est fait moyennant, pour toute sa durée, un prix de... que le preneur s'oblige à payer au bailleur, en sa demeure, en quatre termes égaux par trimestre et par avance, pour le premier terme être exigible le jour même de la livraison des meubles.

Loyer d'avance. — M. Cotte reconnaît avoir reçu à l'instant de M. Lange, en bonnes espèces de monnaie délivrées à la vue du notaire soussigné, la somme de... formant le montant d'un trimestre d'avance du loyer sus fixé, et imputable sur les trois derniers mois de jouissance du présent bail, en sorte que l'ordre ci-dessus établi pour les premiers paiements ne sera point interverti.

Caution. — A l'instant etc. (V. *formule 2*).

NOTIFICATION.

Ces présentes seront notifiées d'ici huit jours à M. Bart, industriel, demeurant à..., propriétaire de la maison dans laquelle les meubles loués seront transportés, afin qu'il ne puisse réclamer son droit de privilège sur ces meubles.

ÉLECTION DE DOMICILE

Pour l'exécution de leurs conventions, les parties élisent domicile : le bailleur en sa demeure et le preneur dans l'appartement où les meubles loués seront transportés.

DONT ACTE. — Fait et passé, etc...

ENREGISTREMENT: Droit proportionnel : 0,20 %, décimes en plus (n° 593).

FORM. 10. — Bail de fonds de commerce avec réserve d'acquérir (n° 204).

Pardevant M°... A comparu :

M. Eugène Cotte, négociant, demeurant à.. (V. *formule 1, § 1*).

Lequel a, par ces présentes, donné à loyer pour... années qui commenceront... (V. *formule 1, § 2*).

A M. Adrien Lange, employée commerce demeurant à... (V. *formule 1, § 3*), ici présent et acceptant.

DÉSIGNATION

Le fonds de commerce d'épicerie et mercerie lui appartenant et qu'il exploite à..., rue..., n°..., lequel a pour enseigne : « Épicerie principale » et comprend :

1° La clientèle et l'achalandage ; et 2° les agencements, matériel et objets mobiliers ser-

vant à son exploitation, désignés en un état dressé par les parties sur une feuille de timbre à
1 fr. 20, certifié par elles et resté ci-annexé après mention.

Ainsi que ces matériel et objets mobiliers existent actuellement, lesquels devront être
restitués à M. Cotte à l'expiration du présent bail ; ceux de ces objets qui ne se retrouveraient
pas en nature à cette époque, devront être remplacés par M. Lange, qui s'y oblige, par d'autres de même nature ou valeur.

*(Les marchandises ne pouvant être comprises dans le bail, il y a lieu d'en faire une cession
au preneur par acte distinct (n° 205).*

CHARGES ET CONDITIONS.

Le présent bail est fait aux charges et conditions suivantes que M. Lange s'oblige à exécuter sans aucune diminution du loyer ci-après fixé, ni aucune indemnité quelconque savoir :

ART. 1. — *Exécution du bail.* — Il devra exécuter et satisfaire fidèlement aux lieu et
place de M. Cotte, de manière que ce dernier ne soit jamais inquiété ni recherché à ce sujet,
à toutes les charges, clauses et conditions à lui imposées par le bail qui lui a été consenti par
M.... suivant acte reçu,... ; bail dont le preneur reconnaît avoir une parfaite connaissance.

ART. 2. — *Entretien.* — Il tiendra les lieux servant à l'exploitation du fonds de commerce
présentement loué constamment, garnis de meubles, effets mobiliers et marchandises en quantité et valeur suffisantes pour répondre du paiement du loyer et de l'exécution de toutes les
charges et conditions des présentes.

Il sera tenu de conserver au fonds loué sa destination et son genre de commerce, sans qu'il
puisse y adjoindre un autre commerce et sans pouvoir l'intéresser directement ou indirectement
et à quelque titreque ce soit, à l'exploitation d'un fonds de commerce de même nature que
celui présentement loué dans l'étendue d'un rayon de...

Il devra en jouir en bon commerçant de façon à lui conserver la clientèle et l'achalandage y attachés et même à les augmenter si possible; toute infraction à cette règle emporte-
rait résiliation immédiate du présent bail si bon semblait au bailleur, sans préjudice de tous
dommages-intérêts

ART. 3. — *Impôts et contributions.* — Il acquittera exactement, à compter du..., les
contributions de patente, mobilière et personnelle et autres auxquelles l'exploitation du fonds
peut ou pourra donner lieu, bien qu'au nom de M. Cotte ; il satisfera à toutes charges de ville
et de police inhérentes à cette exploitation, le tout de manière que M. Cotte ne soit en aucune
façon inquiété ni recherché à ce sujet.

ART. 4. — *Cession et sous-location.* — Il ne pourra céder ni sous louer en tout ou en partie, son droit au présent bail etc... (V. *formule 2, art. 6*).

ART. 5. — *Décès. Indivisibilité.* — En cas de décès de M. Lange, ses héritiers, représentants ou ayants cause seront tenus conjointement et solidairement sans division ni discussion au
paiement du loyer ci-après fixé et à l'exécution de toutes les charges du présent bail.

ART. 6. — *Frais.* — Il paiera les frais et droits des présentes et ceux auxquels elles donneront ouverture, notamment la délivrance d'une grosse pour M. Lange.

PRIX.

En outre le présent bail est consenti et accepté, moyennant :

1° La charge par M. Lange qui s'y oblige de satisfaire comme il a été indiqué ci-dessus aux
conditions imposées à M. Cotte par le bail du... précité et notamment d'acquitter exactement
et aux termes et de la manière convenus, le loyer annuel de... en résultant et à compter
du..., et de rembourser à M. Cotte, en deux paiements égaux, le... et le... la somme de... payée
d'avance par ce dernier pour les six derniers mois de jouissance de ce bail.

2° Et un loyer annuel de... à compter du... que M. Lange s'oblige à payer à M. Cotte, à...,
en sa demeure ou à tout autre endroit désigné par lui, en quatre termes égaux les..., pour
effectuer le premier paiement le...

Il est expressément convenu qu'à défaut de paiement d'un seul terme à son échéance de
l'un quelconque de ces deux loyers ou qu'en cas d'inexécution des conditions ci-dessus et de
celles résultant du bail consenti à M. Cotte et sus-relaté, le présent bail sera résilié de plein
droit, si bon semble au bailleur, un mois après un simple commandement resté infructueux et
sans préjudice aux droits du bailleur de réclamer tous dommages et intérêts.

CONVENTIONS PARTICULIÈRES.

· Comme convention intégrante des présentes, sans laquelle elles n'auraient point eu lieu,
M. Lange, se réserve la faculté d'acquérir et M. Cotte promet de lui vendre, le fonds de commerce faisant l'objet du bail qui précède, ensemble le matériel, en dépendant, et le droit
pour le temps qui en restera à courir au bail des lieux où il s'exploite.

M. Lange pourra faire cette acquisition, quand bon lui semblera, mais toutefois dans un
délai qui ne pourra excéder... années de ce jour et la réalisation devra en être constatée par
acte authentique.

Cette vente, si elle est réalisée, aura lieu savoir :

Pour le fonds de commerce proprement dit et le droit au bail moyennant un prix de... fixé à forfait, et pour le matériel pour le prix de l'estimation à fixer par experts, le tout payable comptant le jour de la réalisation.

Si le présent bail prend fin avant l'époque indiquée pour son expiration, par suite de résiliation, quelle qu'en soit la cause, la faculté d'acquérir réservée par M. Lange ne pourra plus être exercée à partir du jour de cette résiliation.

ÉLECTION DE DOMICILE.

Pour l'exécution des présentes, les parties font élection de domicile en leur demeure sus-indiquée.

DONT ACTE. — Fait et passé, etc...

ENREGISTREMENT : Droit proportionnel à 0,20 % (n° 597) et droit fixe : 3 francs, décimes en plus pour promesse de vente (n° 583).

III. — BAUX A FERME.

FORM. 11. — Bail d'un corps de ferme (n° 222).

Pardevant M°... A comparu :

M. Eugène Cotte, propriétaire, demeurant à... (V. *formule 1, § 1*).

Lequel a par ces présentes, fait bail à ferme pour 15 années consécutives qui prendront cours le 11 novembre 1911, pour faire la première récolte en 1912 et la dernière en 1926.

A M. Adrien Lange, cultivateur, et Mme Louise Morin, son épouse, demeurant ensemble à...

Mariés etc... (V. *formule 1, § 3*).

Preneurs conjoints et solidaires, à ce présents et qui acceptent, Mme Lange sous l'autorisation de son mari.

DÉSIGNATION.

La ferme dite du « Gros Caillou » située commune de Crennes, et par extension commune de Sai, canton d'Argentan (Orne), comprenant :

1^{ent}. Corps de ferme. — Un corps de ferme consistant en bâtiments d'habitation et d'exploitation, écurie, bouverie, bergerie, diverses granges, hangars, colombiers, toit à porcs, bûcher avec caves, poulailler et autres bâtiments formant les dépendances de la ferme.

Le tout avec cour, arrière-cour, jardins d'agrément et potager, cadastré section... sous les n°^s... tient d'un côté sud au chemin de Crennes à Sai ; du côté nord et d'un autre côté est au clos ci-après, de l'autre côté ouest par une ligne brisée à M. C. et couvre une superficie de... d'après les titres et de... d'après le cadastre.

2^{ent}. Un clos entouré de haies vives, derrière les bâtiments de la ferme, contenant en superficie environ...

3^{ent}. Et 170 hectares environ, tant en terres labourables qu'en prés, pâtures et bois, en... pièces, le tout situé dans l'étendue des territoires des communes de Crennes et de Sai.

Ainsi que tous ces biens se poursuivent et comportent avec leurs dépendances, sans aucune exception ni réserve et tels qu'ils sont désignés et détaillés dans un acte de vente passé devant M°... notaire à le... aux termes duquel M. Cotte a fait l'acquisition de M... de la ferme du « Gros Caillou » précédemment louée.

Duquel acte il a été donné communication aux preneurs qui le reconnaissent et déclarent au surplus, parfaitement connaître ces biens pour les avoir vus et visités.

La contenance ci-dessus indiquée n'est pas garantie, en conséquence la différence pouvant exister entre celle réelle et celle exprimée fera profit ou perte aux preneurs quelle qu'en soit l'importance.

CHARGES ET CONDITIONS.

Le présent bail est fait sous les charges et conditions ordinaires et de droit et notamment sous celles suivantes que M. et Mme Lange, preneurs, s'obligent conjointement et solidairement entre eux d'exécuter et accomplir pendant toute la durée du présent bail et ce, sans pouvoir prétendre à aucune indemnité ni à aucune diminution du fermage ci-après fixé, savoir :

ART. 1er. — *Habitation*. — Les preneurs seront tenus d'habiter par eux-mêmes, avec leur famille et leurs domestiques, la dite ferme qu'ils garniront de meubles, effets mobiliers, chevaux, bestiaux, attirail et matériel de culture en suffisantes quantité et valeur pour répondre constamment du paiement du fermage et de l'exécution des conditions du bail, notamment en ce qui concerne le bon état de culture et d'engrais.

ART. 2. — *Entretien*. — Ils entretiendront les bâtiments de la ferme et ses dépendances de toutes réparations locatives ; ils entretiendront spécialement en bon état de réparations locatives les planchers de tous les lieux, les auges, râteliers, portes et fenêtres des écuries et étables à vaches, tiendront les dites portes et fenêtres garnies de leurs serrures, gonds, pentures, loquets, verrous et vitres et devront rendre le tout en bon état à leur sortie.

Ils ne pourront, de convention expresse, entasser leurs récoltes sur les poutres des granges, et si, par suite de contravention à cette clause, ces poutres venaient à être brisées, les preneurs seront tenus de les remplacer par d'autres et de remettre les lieux en l'état où ils se trouvent actuellement.

Ils devront tirer chaque jour pour alimenter leurs chevaux et autres bestiaux de l'eau au puits qui se trouve dans la cour; ils ne pourront rien adosser contre les murs de la mare qui sera curée et nettoyée à leurs frais, chaque fois qu'il en sera besoin.

M. et Mme Lange devront aussi faire vider à leurs frais les fosses d'aisances.

Ils entretiendront le jardin en bon état de culture et d'engrais et remplaceront les arbres qui y sont et qui viendraient à mourir par d'autres de même nature et espèces.

Ils devront de même entretenir, à leurs frais et pendant toute la durée du bail, et rendre à l'expiration de leur jouissance la cour et le chemin qui donne accès à la ferme en parfait état de pavage et cailloutage; ils devront aussi mettre au pied des murs, des constructions ou bâtiments de la ferme, tant en dehors qu'en dedans de la dite ferme, de la craie bien tassée de façon que l'eau ne puisse séjourner contre le pied des dits murs.

Les preneurs laisseront faire toutes les réparations et constructions qui deviendraient nécessaires aux bâtiments de la ferme, sans pouvoir prétendre à aucune diminution de fermage ni aucune indemnité quand bien même le temps qu'elles nécessiteraient excéderait 40 jours.

Ils devront même, dans ce cas, faire à leurs frais, les charrois dont aurait besoin le bailleur pour l'approche des matériaux qui seraient employés à ces grosses réparations et le déblaiement des terres et immondices sans toutefois que les charrois puissent être exigés d'eux pendant le temps des semences, de la moisson et des arrachages de betteraves, ni à des distances supérieures à 12 kilomètres de la ferme.

NOTA. — *Dans les pays où c'est l'usage, on pourra ainsi compléter cette clause :*
De plus, M. et Mme Lange seront tenus, selon l'usage, de donner le bouillon aux ouvriers qui seront employés à ces travaux
On pourra même ajouter au besoin :
Toutefois, cette obligation ne pourra plus être exigée d'eux dès qu'ils auront cessé de nourrir à la ferme ou de faire nourrir leurs charretiers et autres ouvriers agricoles; mais ils devront alors, pour tenir lieu de cette charge, payer une indemnité journalière de 0 fr. 20 par homme.

ART. 3. — *Culture.* — Ils seront tenus de bien labourer, cultiver fumer et ensemencer les terres sans pouvoir les détériorer et ils devront les rendre à la fin du bail en bon état de culture et d'engrais, de condition expresse et formelle.

Ils ne seront tenus à aucun assolement régulier pendant la durée du présent bail et ils cultiveront les biens à leur guise à l'exception des prairies naturelles qu'ils devront conserver; mais à la fin du bail ils devront rendre les biens loués comme il sera dit plus loin.

ART. 4. — *Prés.* — Ils devront faucher ou faire pâturer les prés en temps et saisons convenables, les arroser de jus de fumier (purin), les purger de ronces et d'épines, les étaupiner de manière à les tenir constamment nets et en bon état de faulx.

ART. 5. — *Coupes de bois.* — Ils devront suivre l'usage pratiqué jusqu'à ce jour pour la coupe des bois de la dite ferme et la faire par égale portion chaque année, en se conformant aux ordonnances sur les eaux et forêts.

Cependant, à la fin du présent bail, un tiers des dits bois devra avoir au moins 3 ans de coupe, un autre tiers 2 années, et le dernier tiers une année seulement.

Ils ne devront laisser pacager aucun animal dans les bois sous peine de tous dommages-intérêts.

ART. 6. — *Arbres.* — Ils seront tenus de soigner et écheniller tous les arbres fruitiers plantés sur les terres de la ferme, de les tailler et émonder avec soin, de les entretenir en bon état et en même quantité en remplaçant ceux qui viendraient à périr par d'autres de même essence et nature, d'empailler et d'entourer d'épines les jeunes plantations pour les préserver de l'approche des bestiaux et de les fouir aux pieds.

Ils devront également élaguer les arbres à haute tige qui entourent les bâtiments de la ferme et qui se trouvent sur les biens loués.

Les fruits et les élagages de ces arbres, tant fruitiers qu'à haute tige, appartiendront aux preneurs qui profiteront également des corps des arbres fruitiers seulement qui viendraient à mourir, mais à la charge de les remplacer comme il est dit ci-dessus.

ART. 7. — *Récoltes.* — Ils engrangeront dans les bâtiments de la ferme tous les grains, foins, pailles et fourrages qui proviendront des récoltes, sans pouvoir engranger ailleurs.

Cependant en cas d'insuffisance des bâtiments, ils pourront déposer leurs récoltes en meules, mais seulement sur les terres de la ferme et à une distance d'au moins 100 mètres de toute construction.

ART. 8. — *Empiètement.* — Ils veilleront strictement à ce qu'il ne soit fait aucun empiètement sur les terres et bois de la ferme, et dans le cas où il en serait commis, ils devront faire les premières démarches pour les arrêter, puis aviser le bailleur qui leur confère tous pouvoirs nécessaires à l'effet de s'opposer aux dites usurpations ; le tout à peine d'être responsable du dommage que leur négligence pourrait occasionner.

ART. 9. — *Cas fortuits.* — Ils ne pourront prétendre à aucune résiliation du bail, ni à aucune indemnité ou diminution de fermage ci-après stipulé, ni même retarder le paiement de ce fermage pour cause de grêle, stérilité, sécheresse, incendie, feu du ciel, gelée, coulure, inondation et autres cas fortuits, de force majeure, ou encore par suite de dégats causés par le gibier, que les récoltes pourront subir pendant le cours du présent bail : tous ces cas prévus restant, de convention expresse, aux risques et périls des preneurs.

On peut ajouter ici, si on le désire :

Il est entendu que toutes les indemnités qui pourraient être allouées à M. et Mme Lange par qui que ce soit, à raison de ravages de guerre faits aux récoltes seraient attribuées à M. Cotte jusqu'à due concurrence de son fermage.

ART. 10. — *Cession de bail et sous-location.* — Les preneurs ne pourront céder ni transporter leurs droits au présent bail, en tout ou en partie, qu'à des personnes solvables et en restant garants solidaires de leurs cessionnaires pour l'exécution du présent bail, et, dans ce cas seulement, ils seront tenus de payer immédiatement au bailleur et par avance une année du fermage ci-après stipulé qui s'appliquera à la dernière année du présent bail ou de fournir une première hypothèque de 12.000 fr. à titre de garantie, sur des immeubles d'une valeur au moins double et libres de toutes dettes ou autres hypothèques.

ou : Il est entendu que M. et Mme Lange auront la faculté de céder leur droit au présent bail, mais seulement à une personne d'une solvabilité parfaitement établie et en position, par sa situation de fortune de prendre une exploitation de l'importance de celle dont s'agit, et encore à la condition que cette personne soit agréée par le bailleur, lequel ne pourra, après les justifications de la solvabilité du nouveau preneur, refuser son consentement que pour des motifs sérieux.

La cession sera faite sous toutes les charges, clauses et conditions stipulées au présent bail et moyennant le même fermage ; elle aura lieu par acte authentique, en présence du propriétaire, auquel une grosse de cet acte devra être remise aux frais des preneurs ou de leur cessionnaire.

Il est encore formellement convenu que la cession une fois faite dans ces conditions, M. et Mme Lange seront déchargés de toute responsabilité et de toute garantie vis-à-vis du propriétaire relativement à leur cessionnaire qui deviendra débiteur direct du dit propriétaire. Toutefois, si la cession est faite au profit de l'un des enfants de M. et Mme Lange, ceux-ci resteraient de convention expresse, responsables de ce cessionnaire ou sous-locataire.

ou : Les preneurs auront la faculté de sous-louer ou de céder leur droit au présent bail pour la totalité seulement et à des personnes présentant sous tous rapports toutes garanties qu'un propriétaire est en droit d'exiger et à la condition de rester garants et répondants solidaires de leurs sous-locataires ou cessionnaires pour l'entière exécution des présentes.

Après le décès de M. Lange, preneur, Mme veuve Lange et les héritiers de celui ci auront également la faculté de sous-louer ou de céder leurs droits au présent bail comme il est dit ci-devant, sans rester garants ni répondants solidaires de leurs sous-locataires ou cessionnaires pourvu que ceux-ci aient été expressément agréés par M. Cotte.

Enfin, il est expressément convenu que M. et Mme Lange pourront, à quelque époque que ce soit, céder leurs droits au présent bail à M. et Mme Henri Lange, leur fils et belle-fille, sans rester non plus garants de leurs cessionnaires, mais à la condition que ces derniers s'obligeront solidairement entre eux vis à vis du propriétaire au paiement du fermage et à l'exécution de toutes les conditions du bail.

Mais M. et Mme Lange ne pourront, de convention formelle, faire aucun échange de culture ou de jouissance de tout ou partie des biens loués avec qui que ce soit sans le consentement exprès du propriétaire et sous peine, en cas de contravention à cette clause, de tous dépens, dommages et intérêts envers celui-ci.

ART. 11. — *Fin de bail.* — Les preneurs seront tenus de faire à la fin du présent bail, un recollement des immeubles présentement affermés.

Ils rendront les dits biens, par mesures, désignation de cantons, nouveaux tenants et aboutissants.

Quant aux bâtiments de la ferme et aux arbres fruitiers ou autres existant sur les immeubles loués, ils devront les rendre conformes à l'etat des lieux qui sera dressé, aux frais des preneurs, dans les trois mois de leur entrée en jouissance.

ART. 12. — *Impôts.* — M. et Mme Lange paieront en sus et sans diminution du loyer, pendant toute la durée du bail et chaque année de mois en mois, toutes les impositions et contributions auxquelles les biens présentement affermés pourront être imposés et assujettis, ensemble les centimes additionnels, taxes de guerre et subvention de contributions, sous quelque dénomination que les unes et les autres soient établies, et encore que par la loi elles soient mises à la charge du propriétaire, M. Cotte devant toujours profiter de son fermage intégralement.

(Il peut être utile de compléter cette clause par l'alinéa suivant :

En ce qui concerne ces impôts, il est formellement entendu entre le bailleur et les preneurs, que si, par suite de lois nouvelles, la forme de l'impôt foncier et des autres contributions directes et principales était changée en un impôt sur le revenu, et pour le cas où ces contributions viendraient à être comprises dans un impôt global à la charge des propriétaires, M. et Mme Lange seraient obligés de tenir compte aux bailleurs d'une indemnité annuelle égale aux impôts qui grèveraient les immeubles loués, si aucun changement n'était survenu dans l'assiette de l'impôt; et cette indemnité serait équivalente au montant des impôts des dits immeubles acquittés pour l'année qui aura précédé l'établissement du nouvel impôt foncier et ce, à titre de supplément de fermage.

ART. 13. – *Assurance.* — Ils devront faire assurer leurs récoltes en granges ou en meules et leur mobilier et matériel de culture contre l'incendie, ainsi que les risques locatifs, et justifier de l'acquit de la prime chaque année à première réquisition du bailleur.

(*On peut ajouter, suivant les cas :* Les preneurs seront tenus de payer par moitié les primes de l'assurance contre l'incendie que M. Cotte a pu ou pourra contracter avec telle Compagnie qu'il jugera à propos.)

En cas de sinistre, l'indemnité à payer par la Compagnie au propriétaire sera employée à réparer les dommages et à reconstruire les bâtiments nécessaires et suffisants pour l'exploitation de la ferme, sans que jamais l'incendie puisse entraîner la résiliation des présentes.

ART. 14. — *Chemins.* — Ils seront tenus d'entretenir les chemins de la ferme en bon état de viabilité, et d'y conduire et étendre toutes les pierres qui seront enlevées des champs.

ART. 15 — *Décès.* — En cas de décès..... (*Expliquer ici si le bail sera continué par le survivant ou résilié*).

ART. 16. — *Faillite.* — Dans le cas de déconfiture ou de faillite des preneurs, le présent bail sera résilié de plein droit à partir du jour où l'état de faillite aura été déclaré si bon semble au bailleur et sans préjudice pour ce dernier. Par suite, les créanciers ne pourront, sous aucun prétexte et pour aucune cause, profiter dudit bail ni le céder à qui que ce soit pour le temps qui en resterait à courir, et les articles 1166 et 2102 du C. civ. devront être sans effet à leur égard en vertu de la présente clause.

De son côté le bailleur s'oblige à tenir les lieux loués, clos et couverts selon l'usage.

CONDITIONS RELATIVES A LA FIN DU BAIL

I. *Ensemencements de petites graines.* — Le fermier entrant pourra, au printemps de l'année... semer, sans aucune indemnité, sur... hectares, toutes espèces de petites graines (trèfles, minette, luzerne, sainfoin et autres dans les terres ensemencées en céréales de mars, par M. et Mme Lange, pour la dernière récolte, mais il ne lui sera pas permis de faire de hersages sur ces terres.

Etant entendu que si M. et Mme Lange se trouvaient obligés de faire retourner les terres où auraient été semées ces graines, il ne serait dû, pour ce fait, aucune indemnité au fermier entrant qui aurait seulement le droit de recommencer son ensemencement dans les mêmes pièces.

Les fermiers sortants ne pourront exercer leur droit à la vaine pâture sur les terres ainsi ensemencées.

II. *Assolements et jachères.* — Les preneurs qui, pendant le cours du bail, pourront cultiver comme ils l'entendront, devront, dans les trois dernières années de leur jouissance rétablir l'assolement triennal.

Sur le tiers des terres qu'il est d'usage de laisser en jachère à la fin de la jouissance (tiers qui devra être pris proportionnellement dans les terres de chaque classe), M. et Mme Lange pourront récolter, pendant la dernière année de leur bail,..... hectares de betteraves, carottes, pommes de terre et autres plantes sarclées, mais à la condition expresse de les avoir préalablement fumées en fumier de cour et de les laisser libres, pour l'ensemencement à faire en blé par le fermier entrant, savoir : un tiers le 5 octobre...., un tiers le 15 du même mois et le dernier tiers le 25 suivant.

Ils pourront encore récolter sur ce même tiers des trèfles rouges, violets et blancs, des minettes et sainfoins jusqu'à concurrence de ..... hectares. Ils ne devront pas laisser ces plantes porter graines et n'auront droit qu'à une coupe.

Enfin, dans ce tiers, ils pourront faire entrer..... hectares de luzerne sur les....., dont il sera parlé plus loin.

Le surplus devra rester à l'état de jachères mortes.

III. *Luzernes.* — Les preneurs seront tenus de laisser à la fin du bail ..... hectares de bonne luzerne de 2 à 3 ans. Sur ces ..... hectares, ... pourront entrer dans les comptes des jachères, ainsi qu'il est dit plus haut ; les ..... autres seront pris sur les terres des deux autres tiers.

M. et Mme Lange auront droit bien entendu, aux différentes coupes à faire pendant la dernière année sur ces ..... hectares. Mais pour les luzernes se trouvant sur la sole de jachères, ils ne pourront prendre que la première coupe, sans la laisser porter graines sur ..... hectares seulement ; les deuxième et troisième coupes de ces ..... hectares et toutes les coupes des ..... autres hectares devant être laissées au propriétaire ou au fermier entrant.

(NOTA — *Le dernier alinéa peut être modifié selon les conventions des parties.*)

IV. *Travaux de culture.* — Jusqu'au 1er juillet ....., date de l'entrée du nouveau fermier, M. et Mme Lange feront sur les terres de la ferme, sans aucune indemnité et comme compensation de l'avantage résultant pour eux de la faculté de prendre des récoltes sur la plus grande partie des terres ordinairement laissées en jachères mortes, tous les travaux de culture et charrois de fumier nécessaires.

Ce n'est qu'à cette époque que le fermier entrant prendra les terres restées jachères mortes ou déjà dépouillées.

Il entrera en possession de toutes les autres terres, qu'il pourra cultiver comme il entendra, sans attendre la date du 11 novembre ....., au fur et à mesure de l'enlèvement des récoltes, mais à la condition de laisser écouler un délai de dix jours entre cet enlèvement et la prise de possession, de façon à permettre aux fermiers sortants l'exercice de la vaine pâture.

L'obligation de ce délai de dix jours ne s'appliquera pas, bien entendu, aux terres ayant porté betteraves et autres plantes sarclées, comprises dans la sole des jachères, terres que le fermier entrant aura droit de prendre aux dates susindiquées des 5, 15 et 25 octobre .....

V. *Bâtiments.* — Les preneurs devront laisser au propriétaire ou au fermier leur succédant dès le 1er juillet ....., un logement et des bâtiments suffisants pour lui, sa famille, ses bœufs de travail, ses chevaux, pour ses instruments et équipages, et pour resserrer les grains, pailles et fourrages qui lui seront nécessaires.

Au cas où les deux fermiers entrant et sortant ne pourraient s'entendre pour la fixation de ces logement et bâtiments, il y sera procédé par experts. Étant stipulé toutefois que le logement principal appartiendra jusqu'au 15 janvier ..... au fermier sortant.

Celui-ci remettra au fermier entrant le surplus des bâtiments au fur et à mesure de ses besoins, notamment les bergeries et étables à vaches, dès qu'elles lui seront nécessaires, en vertu des stipulations ci-après faites, et le tout au plus tard le 15 janvier...., époque à laquelle il devra laisser le corps de logis et tous les bâtiments libres.

VI. *Dépôts sur les terres.* — Toutefois le fermier sortant aura la faculté de laisser en dépôt, à portée de chemins et sans indemnité, mais sur des terres en chaumes, les betteraves de sa récolte qui pourront être mises en silos, les pulpes et les pailles de la dernière récolte, mais seulement jusqu'au 24 juin ... .

VII. *Pailles, pulpes et fourrages des dernières années.* — A partir de la récolte de .... inclusivement (.. ans), toutes les pailles, sauf ce qui va être dit pour celles de la dernière récolte, devront être consommées dans la ferme et faire fumier à son profit, sans qu'il en puisse être distrait aucune partie.

M. et Mme Lange devront fournir au fermier entrant, à partir du 1er juillet ....., et au fur et à mesure de ses besoins, 50.000 bottes de paille de blé du poids de 5 kilogrammes 1/2 chacune.

Ces pailles seront prises jusqu'à concurrence de 15.000 bottes sur celles de l'avant-dernière récolte et pour les 35.000 bottes de surplus sur les pailles de la dernière récolte dont tout l'excédent appartiendra à M. et Mme Lange qui pourront disposer librement de tout ce qui resterait en nature de paille et n'aurait pas été transformé en fumier, après toutefois avoir mis le propriétaire ou le fermier entrant en demeure de les prendre en totalité ou en partie au choix de ces derniers pour leur estimation à dire d'experts.

Il en sera de même des luzernes et autres fourrages et de la menue paille qui devront être laissés au propriétaire ou au fermier entrant, si ceux-ci veulent les prendre pour des prix fixés par experts.

Si lors de leur départ, M. et Mme Lange, n'avaient pas consommé toutes les pulpes provenant de leur récolte de betteraves sur les terres de la ferme, ils seraient tenus de les laisser au propriétaire ou au fermier entrant, qui, de leur côté, seraient tenus de les prendre pour le montant de l'estimation faite par experts.

VIII. *Troupeaux et vaches.* — M. et Mme Lange auront la faculté et en même temps seront tenus, sauf ce qui va être dit, de conserver dans la ferme jusqu'au 25 octobre ..... la quantité de moutons ou de vaches nécessaire pour la bonne tenue en engrais de la ferme.

Il est toutefois entendu qu'ils pourront s'affranchir, mais seulement après le 15 août .... de l'obligation de conserver ces animaux jusqu'au 25 octobre suivant, à la condition expresse de prévenir, avant le premier dudit mois d'août, de leur intention à cet égard, le propriétaire ou le fermier entrant et de mettre ainsi ceux-ci à même de remplacer, par des bêtes leur appartenant, celles des fermiers sortants dès que celles-ci auraient été enlevées.

Les pacages faits, bien entendu dans les terres de la ferme, seront placés aux endroits indiqués par le fermier entrant.

La vaine pâture et les verts de betteraves appartiendront à celui du fermier sortant ou du fermier entrant qui sera propriétaire des troupeaux de moutons ou de vaches à l'époque où ils pourront être utilisés.

IX. *Contestations.* — Il est expressément convenu que toutes les contestations qui pourraient s'élever entre le propriétaire, M. et Mme Lange preneurs, ou les fermiers qui leur succéderont, à l'occasion ou à raison des clauses et conditions ci-dessus stipulées et de leur exécution, seront tranchées par deux experts nommés respectivement par les parties ou, à défaut d'accord, désignés par le Président du Tribunal civil de..., sur simple requête de la partie la plus diligente; lesquels experts, en cas de désaccord, pourront choisir un tiers expert pour les départager. Ce tiers expert, à défaut d'entente, sera également nommé par le même Président.

La décision des experts sera définitive et rendue sans appel en dernier ressort.

CONVENTIONS PARTICULIÈRES

I. *Sur la reprise des bâtiments.* — M. Cotte se réserve la faculté, mais sans qu'il y ait obligation par lui de reprendre les bâtiments appartenant actuellement aux preneurs et ceux qu'ils pourront faire construire par la suite avec le consentement exprès de M. Cotte, moyennant un prix à fixer par des experts, nommés comme il est dit ci-devant.

A cet effet, M. et Mme Lange devront mettre M. Cotte en demeure de se prononcer à ce sujet au plus tard le 1er septembre... ; et si celui-ci ne se prononce pas pour la reprise des bâtiments, les preneurs devront les enlever dans le plus bref délai et au plus tard lors de leur sortie définitive le... en remettant les lieux dans leur état primitif.

II. *Sur le droit de chasse.* — Le bailleur réserve pour lui, ses enfants et descendants, les parents et amis et pour toutes personnes qu'il voudrait en faire profiter, le droit de chasse sur les biens loués, pour exercer ce droit même dans les récoltes des preneurs, pourvu que ce ne soit pas des récoltes portant graines.

Mais il est entendu que M. et Mme Lange auront également le droit de chasse sur les terres à eux louées avec leurs parents et amis.

Toutefois, M. Lange, preneur, ne pourra faire l'ouverture de la chasse qu'après avoir pris le jour du propriétaire, sans cependant que cette ouverture puisse avoir lieu plus de quinze jours après l'ouverture officielle.

(*Ou :* le bailleur se réserve le droit de chasse sur les biens présentement loués. Il pourra user de ce droit avec les parents et amis dont il pourrait être accompagné sur toutes les terres de la ferme et même sur celles chargées de récoltes, à l'exception toutefois des récoltes portant graines.

Ou : les preneurs auront le droit de chasse sur les terres présentement louées concurremment avec le propriétaire, mais ils ne pourront faire l'ouverture qu'après s'être entendus avec celui-ci.

M. Cotte et ses ayants-cause pourront user de leur droit de chasse avec leurs parents et amis, même sur les terres chargées de récoltes, à l'exception toutefois des récoltes en blé, avoine et orge et sainfoin en graine).

III. *Sur les biens dont le bailleur deviendra propriétaire.* — M. et Mme Lange seront obligés, comme de fait ils s'obligent formellement par ces présentes, de prendre en location, aux mêmes conditions que celles contenues en ce bail, toutes les terres que M. Cotte pourra acquérir sur le terroir de... pendant le cours du présent bail, et ce moyennant un fermage annuel calculé en raison de ... francs l'hectare, plus les impôts, et payable de la même manière que celui ci-après indiqué.

Nota. — *Sous ce titre on peut insérer les conditions relatives aux réserves des bâtiments, ou autres faites par le bailleur, aux faisances qu'il peut exiger, au marnage des terres louées, aux travaux ou ameliorations que le propriétaire doit faire aux bâtiments de la ferme, etc... et en un mot toutes les conditions qui sortent de l'ordinaire.*

FERMAGE

En outre, le présent bail est consenti et accepté moyennant un fermage annuel de 12.000 francs.

Laquelle somme M. et Mme Lange s'obligent, conjointement et solidairement entre eux, à payer à M. Cotte, bailleur, ou pour lui à son fondé de pouvoir, porteur de la grosse des présentes, en deux termes égaux, le... et le..., de manière à faire le paiement du premier terme le... et celui du second le..., pour continuer ainsi de terme en terme et d'année en année jusqu'à l'expiration du présent bail.

Il est expressément convenu :

Que le fermage ne pourra valablement être payé qu'en bonnes espèces de monnaie ayant cours en France et non autrement et que les payements devront avoir lieu en la demeure de M. Cotte, bailleur, ou à tout autre endroit qu'il lui plaira d'indiquer à son choix exclusif.

Qu'a défaut de paiement de deux termes consécutifs du fermage ci-dessus stipulé et un mois après un simple commandement de payer resté infructueux pendant ce délai, le présent bail sera résilié de plein droit, si bon semble au bailleur, sans qu'il ait à faire remplir aucune formalité à ce sujet.

Et qu'en cas de décès des preneurs ou de l'un d'eux avant l'expiration du présent bail, il y aura solidarité et indivisibilité entre leurs héritiers et représentants, tant pour le paiement du fermage que pour l'exécution de toutes les charges et conditions ci-devant stipulées.

DÉCLARATION POUR L'ENREGISTREMENT

Les parties déclarent, pour la perception des droits d'enregistrement et sans tirer à conséquence, que les contributions foncières des biens loués s'élèvent pour la présente année (19..), à...

Et que les autres charges extraordinaires du présent bail s'élèvent à la somme de... par an.

Et les dites parties requièrent l'enregistrement des présentes pour les trois premières années seulement.

FRAIS

Les frais et droits des présentes. ainsi que tous ceux qui en seront la suite ou la conséquence, seront supportés et acquittés par M. et Mme Lange qui s'y obligent solidairement.

ÉLECTION DE DOMICILE

Pour l'exécution des présentes, les parties élisent domicile à..., etc.

DONT ACTE. — Fait et passé, etc...

ENREGISTREMENT : 0,20 % sur le prix cumulé des années augmenté des charges (n⁰ˢ 562 et 569).

FORM. 12. — Bail de ferme sans bâtiments avec affectation hypothécaire
(n⁰ˢ 224 et 86).

Pardevant M⁰... A comparu :
M. Eugène Cotte, propriétaire, demeurant à... (V. *formule 1, § 1*).
Lequel a, par ces présentes, donné à ferme pour six années et autant de récoltes consé - cutives qui commenceront par la récolte à faire en 1911 et finiront par celle à faire en l'année ..., en s'obligeant à faire jouir paisiblement et sans trouble pendant tout ce temps.
A M. Adrien Lange, cultivateur, et Mme Louise Morin, son épouse, demeurant ensemble à... (V. *formule 1, § 3.*)
Preneurs conjoints et solidaires, ici présents et qui acceptent, la femme avec l'autorisation de son mari.

DÉSIGNATION

La ferme de « Maison-Rouge », située commune de Crennes, canton et arrondissement d'Argentan (Orne) et consistant en 66 pieces de terre labourables, prés et bois, ci-après désignées contenant par évaluation 127 hectares 11 ares 15 centiares, savoir :
1⁰ Une pièce de terre labourable située au lieu dit la « Patte-d'Oie », tenant etc... et contenant ..., ci . . . . »
2⁰ Un pré, sis au lieu dit, etc... contenant . . . . »

Total. . . . . 127 h. 11 a. 15 c.

Tel et ainsi que ces immeubles existent, s'étendent. poursuivent et comportent, avec toutes leurs circonstances et dépendances, sans aucune exception ni réserve.
Au surplus. les preneurs déclarent parfaitement connaître les immeubles loués, comme en étant actuellement en possession en vertu d'un bail passé devant M⁰...., notaire à..., le...

CHARGES ET CONDITIONS

Le présent bail est fait, sous les charges et conditions ordinaires de droit, et notamment sous celles suivantes, que M et Mme Lange s'obligent conjointement et solidairement entre eux d'exécuter et accomplir pendant toute la durée du present bail et sans pouvoir prétendre à aucune indemnité ni a aucune diminution du fermage ci-après fixé :
ART. 1. — *Jouissance.* — De jouir par eux mêmes de la ferme présentement louée en bon père de famille; de labourer et ensemencer les terres par soles et saisons convenables, sans les désoller ni déraisonner ; de tenir les prés nets et en bonne nature de fauche ; de convertir chaque année en fumier, pour amender les terres, toutes les pailles provenant de la récolte et de rendre à la fin du bail les pailles et fumiers selon l'usage, et les terres en bon état de culture ;
ART. 2 — *Entretien.* — D'entretenir en bon état les fossés et sangsues actuellement existants sur les terres et prés de la ferme ; de faire même tous ceux nécessaires pour leur dessèchement et conservation, et de rendre le tout net et fraîchement curé à la fin du bail ;
De se conformer aux usages locaux relativement aux prairies artificielles, et de ne rien faire, à ce sujet, qui soit contraire à l'intérêt des terres ;
De se conformer aux lois, règlements et usages, tant pour les pâturages que pour les coupes à faire dans les bois et remises, notamment de suivre les aménagements établis et de conserver les réserves nécessaires et de ne pouvoir commencer aucune coupe de bois, sans en avoir, au moins quinze jours à l'avance, prévenu par écrit le bailleur.
Tous les arbres de lisières, bordures ou avenues, et ceux isolés existant sur la ferme, sont réservés au bailleur qui pourra les faire couper quand il le jugera a propos ; toutefois, les preneurs auront la tonte des ormes, peupliers et saules sans cependant que le bailleur puisse être empêché de faire abattre ces arbres, à la charge de les remplacer par d'autres de même essence. Les arbres morts seront également réservés au bailleur, et seront remplacés par les preneurs à leurs frais.
ART. 3. — *Impôts* — De payer en sus du fermage toutes les contributions foncières et autres charges de toute nature, centimes additionnels, taxe de guerre et autres charges quelconque, sous quelque dénomination et à quelque titre qu'elles soient établies, qui pourraient être imposées sur la ferme, et de justifier au bailleur, tous les trois mois de leur acquis, par la

remise des quittances des termes échus, dont il donnera décharge. Le bailleur et les preneurs renonçant respectivement a demander, soit une augmentation, soit une diminution de fermage, dans le cas où ces contributions viendraient à être augmentées ou diminuées.

ART. 4. — *Cas fortuits* — De ne pouvoir demander aucune indemnité à raison de grèves, débordement, sécheresse, invasion, grêle, ou pour tous autres cas prévus ou imprévus.

ART. 5. — *Cession et sous-location.* — De ne pouvoir céder ni transporter leurs droits au présent bail, en totalité ou en partie, ni sous louer ou échanger aucune portion des biens présentement affermés, sans le consentement exprès et par écrit du bailleur (*voir formule 11, art. 10*).

ART. 6. — *Chasse.* (V. *formule 11, conventions particulières II.*)

ART. 7. — *Chemins* (V. *form. 11, art. 14.*)

ART. 8. — *Fin de bail* (V. *form. 11, p. 73.*)

ART. 9 — *Frais* — Enfin de payer et acquitter tous les frais, droits et honoraires auxquels ces présentes donneront ouverture, et ceux de la grosse qui en sera délivrée au bailleur.

FERMAGE. — AFFECTATION HYPOTHÉCAIRE.

En outre, le présent bail est consenti et accepté moyennant un fermage annuel de... (calculé a raison de 70 fr. l'hectare de terre, prés et bois, composant la ferme louée et ci dessus désignée); mais ce fermage ne sera définitivement fixé que par une vérification contradictoire qui sera faite par expert, avant l'entrée en jouissance, aux frais des preneurs, et dont il sera dressé acte à la suite des présentes

Lequel fermage, soit de..., soit de la somme déterminée par l'expertise, M. et Mme Lange s'obligent conjointement et solidairement à payer à M. Cotte, bailleur, ou pour lui à son fondé de pouvoir, porteur de la grosse des présentes, en... termes égaux les... de manière à faire le paiement du premier terme le..., celui du second le..., pour continuer ainsi de terme en terme et d'année en année jusqu'à l'expiration du présent bail.

Il est expressément convenu :

Que le fermage ne pourra valablement être payé qu'en bonnes espèces de monnaie ayant cours et non autrement et que les paiements devront avoir lieu en la demeure de M. Cotte, bailleur, ou à tout autre endroit qu'il lui plaira d'indiquer, à son choix exclusif.

Qu'à défaut de paiement de deux termes consécutifs du fermage ci dessus stipulé et un mois après un simple commandement de payer, resté infructueux, le présent bail sera résilié de plein droit, si bon semble au bailleur, sans qu'il ait à remplir aucune formalité à ce sujet.

Et qu'en cas de décès des preneurs ou de l'un d'eux avant l'expiration du présent bail, il y aura solidarité et indivisibilité entre leurs héritiers et représentants tant pour le paiement du fermage que pour l'exécution de toutes les charges et conditions ci-devant stipulées.

Pour assurer le paiement des fermages et l'exécution des charges et conditions du présent bail, M. et Mme Lange affectent et hypothèquent spécialement mais seulement à concurrence d'une somme principale de .. (3 années de fermage) et de tous intérêts et accessoires de la dite somme les biens ci-après désignés, savoir : (*Désignation*).

Ainsi que ces biens se poursuivent et comportent sans aucune exception.

M. et Mme Cotte sont propriétaires de ces biens, etc.,...

M. et Mme Lange déclarent :

Qu'ils sont mariés en premières noces et soumis au régime de la communauté réduite aux acquêts, suivant leur contrat de mariage passé devant Mᵉ..., notaire à..., le...

Qu'ils ne remplissent et n'ont jamais rempli aucune fonction emportant hypothèque légale.

Et que les biens par eux hypothéqués ne sont grevés d'aucune action révocatoire, résolutoire, rescisoire ou en folle enchère, non plus que d'aucune hypothèque judiciaire, conventionnelle ou légale.

Il est expressément convenu que M. et Mme Lange pourront toujours affranchir leurs biens de l'hypothèque qu'ils viennent de consentir en payant à M. Cotte une année d'avance de leurs fermages, laquelle serait imputable sur la dernière année du présent bail.

Et, dans ce cas, l'inscription à prendre, en vertu des présentes, devra être rayée sur la représentation de la quittance de cette année d'avance et d'une mainlevée donnée par M. Cotte.

Toutes les difficultés qui pourraient s'élever entre les parties au sujet de l'exécution du présent bail seront jugées sans appel par deux arbitres que les parties choisiront à l'amiable, lesquels, en cas de désaccord, pourront s'en adjoindre un troisième.

ÉVALUATION ET RÉQUISITION POUR L'ENREGISTREMENT

(*Voir formule 2, p. 59.*)

DOMICILE

Pour l'exécution des présentes, les parties font élection de domicile en leurs demeures respectives sus indiquées.

DONT ACTE. — Fait et passé, etc.....

ENREGISTREMENT: Droit proportionnel à 0,20 %, décimes en plus sur le prix cumulé des années (n° 562), augmenté des charges (n° 569).

FORM. 13. — Bail de quelques pièces de terre (n° 223).

Par devant M⁰... A comparu :

M. Eugène Cotte, propriétaire, demeurant à... (V. *form. 1, § 1*).

Lequel a, par ces présentes, donné à ferme pour trois années consécutives qui commenceront à courir le... pour finir le...

A M. Adrien Lange, cultivateur, demeurant à...; à ce présent et acceptant (V. *form. 1, § 3*).

DÉSIGNATION

Les cinq pièces de terre ci-après désignées, situées sur le territoire de la commune de Crennes, canton et arrondissement d'Argentan (Orne), savoir :

1° 6 ares de terre en labour au lieu dit... tenant .... » »

2° 13 ares de terre, etc .... » »

Ensemble des contenances......................... » »

Ainsi que le tout se poursuit et comporte, sans aucune exception ni réserve, et tel que M. Lange, en jouit actuellement comme locataire verbal.

CHARGES ET CONDITIONS

Le présent bail est fait à la charge par le preneur, qui s'y oblige, sans pouvoir prétendre à aucune diminution du fermage ci-après fixé ni aucune indemnité, savoir :

ART. 1ᵉʳ. — *Exploitation*. — De bien labourer, fumer et ensemencer les terres, en temps et saisons convenables, et les rendre en bon état et par sol à la fin du bail.

ART. 2. — *Impôts*. — De payer en l'acquit du bailleur et en sus du fermage ci après stipulé, toutes les contributions, de quelque nature et sous quelque dénomination qu'elles soient établies, auxquelles les dits biens peuvent et pourront être imposés. Charge évaluée pour la perception des droits d'enregistrement à..., par année.

ART. 3 — *Cession du bail*. — De ne pouvoir céder ni transporter son droit au présent bail, en tout ou en partie, sans le consentement exprès et par écrit du bailleur, à peine de résiliation du bail, si bon semble à ce dernier.

ART. 4. — *Frais*. — Enfin d'acquitter tous les droits, frais et honoraires auxquels ces présentes pourront donner ouverture, ainsi que le coût de la grosse à délivrer au bailleur.

(V. *pour toute autre clause, formule 11*.)

FERMAGE

Ce bail est fait en outre moyennant... de fermage annuel que le preneur s'oblige à payer, à M. Cotte à... en sa demeure, en une seule fois le... en bonnes espèces de monnaie ayant cours pour effectuer le premier paiement le...

A défaut de paiement d'une année de fermage à son échéance, et un mois après un commandement de payer resté infructueux, le présent bail sera résilié de plein droit, si bon semble à M. Cotte, qui, dans ce cas, outre les fermages alors courus, aura droit à une indemnité dès maintenant fixée à... pour tous dommages-intérêts.

DOMICILE

Pour l'exécution des présentes les parties font élection de domicile, etc...

DONT ACTE. — Fait et passé, etc...

ENREGISTREMENT : Droit proportionnel à 0,20 %, décimes en plus sur le prix cumulé des années augmenté des charges (n°ˢ 562 et 569).

FORM. 14. — Bail de pâturage (n° 223).

Pardevant M⁰... A comparu :

M. Eugène Cotte, propriétaire, demeurant à... (V. *formule 1, § 1*).

Lequel a, par ces présentes, donné à ferme pour... années qui commenceront à courir le... pour finir le...

A M. Adrien Lange, cultivateur, demeurant à... à ce présent et qui accepte (V. *formule 1, § 3*).

DÉSIGNATION

Une prairie destinée au pâturage, sise territoire de... canton de... au lieu dit « les Fondrières », contenant 2 hectares 1 ares 60 centiares environ, cadastrée section C, n° 15, close de haies de tous côtés, bordée de fossés et limitée au nord par..., etc...

Sur cette prairie sont complantés 250 pieds d'arbres fruitiers (pommiers et poiriers), en plein rapport garnis d'entourages préservatifs solides et en bon état.

CHARGES ET CONDITIONS

Le présent bail est fait avec les charges et aux conditions suivantes que M. Lange s'oblige à exécuter.

Art. 1er. — *Entretien et jouissance*. — Le preneur jouira de la prairie en bon père de famille et aura le plus grand soin des arbres fruitiers, dont l'entourage préservatif devra être constamment solide et en bon état ; il arrachera les mauvaises herbes qui pourraient croître, de façon à ce que la prairie en soit toujours nette.

Il ne pourra couper les haies servant de clôture, mais il devra les ébrancher et les maintenir dans leur limite et largeur actuelles.

Il émondera, aux époques d'usage, les arbres de futaie ou de vallée existant dans les haies.

Il ne pourra faucher la prairie plus d'une fois par an après la fauche, il devra y entretenir un troupeau qui ne pourra être inférieur à... têtes de bétail, ni supérieur à...

La paisse ne pourra avoir lieu avant le premier avril ni après le 11 novembre ;

La barrière devra toujours être en bon état et fermer solidement.

Toutes les réparations nécessaires à cette barrière et aux entourages des arbres seront à la charge du preneur.

A la fin du bail le preneur rendra les fossés fraîchement curés et les entretiendra en bon état pendant sa jouissance.

Art. 2. — *Perte des arbres*. — Les arbres fruitiers qui viendraient à périr au cours du bail seront remplacés par le preneur, à ses frais, par des arbres de même nature.

Art. 3. — *Dégâts*. — Si quelques uns de ces arbres sont détruits ou endommagés par les bestiaux, le preneur sera aussi tenu de les remplacer et devra en outre payer au bailleur, à titre de dommages-intérêts... francs par chaque arbre ainsi détruit ou endommagé, quelle que soit d'ailleurs la valeur du sujet.

Art. 4. — *Impôts*. — Les impôts fonciers restent à la charge du bailleur, mais le preneur sera tenu de les payer en son acquit, sauf à les retenir sur son fermage.

Art 5. — *Frais*. — Les frais, droits et honoraires des présentes, y compris le coût d'une grosse pour le bailleur, seront acquittés par le preneur.

FERMAGE

Ce bail est fait, en outre, moyennant.. de fermage annuel que M. Lange s'oblige à payer à M Cotte, en deux termes égaux les 24 juin et 25 décembre pour le paiement du premier terme avoir lieu le...

Tous paiements seront faits en l'étude de Me... à... et devront avoir lieu en bonnes espèces de monnaie d'or et d argent et non autrement ; à défaut de paiement d'un seul terme de loyer à son écheance et un mois après un simple commandement resté infructueux énonçant l'intention du bailleur d'user du bénéfice de la présente clause, le bail sera résilié de plein droit, si bon lui semble, sans qu'il soit besoin de remplir aucune autre formalité.

Dans ce cas de résiliation et indépendamment de tous fermages acquis, le preneur sera tenu envers le bailleur d'une somme de dommages-intérêts dès maintenant fixée à...

DOMICILE

Pour l'exécution des présentes, etc...

Dont acte. — Fait et passé, etc...

Enregistrement : 0 ,20 % décimes en plus sur le prix cumulé des années, augmenté des charges (n°˙ 562 et 569)

FORM. 15. — Bail à moitié fruits (n° 301).

Pardevant Me... Ont comparu :

M. Eugène Cotte, propriétaire, demeurant à... (V. *formule 1*, § 1).

Lequel a, par ces présentes donné à ferme pour... années consécutives qui commenceront à courir le... pour finir le... (V. *formule 1*, § 2).

A M. Adrien Lange, cultivateur et à Mme Louise Morin, son épouse, demeurant ensemble à..., à ce présents et qui acceptent, la femme sous l'autorisation du mari. (V. *formule 1*, § 3).

DÉSIGNATION

Les pièces de terre labourables, prés et vignes ci-après désignés, situés commune de Crennes, canton et arrondissement d'Argentan (Orne), savoir :

(*Désigner les pièces avec indication de contenance.*)

Ainsi que ces divers biens parfaitement connus des preneurs, se poursuivent et comportent sans aucune exception ni réserve.

CHARGES CLAUSES ET CONDITIONS

Le présent bail est fait aux charges, clauses et conditions suivantes, que les preneurs s'obligent solidairement à exécuter et accomplir, sans pouvoir prétendre à aucune indemnité quelconque, savoir :

Art. 1er. — *Jouissance et exploitation*. — Les preneurs jouiront des biens loués en bon père de famille et ils feront à leurs frais tous les travaux de culture et d'exploitation : en conséquence, ils seront tenus de bien labourer, fumer et ensemencer les terres en temps et saisons convenables; de façonner, nettoyer, provigner les vignes et les garnir d'échalas ; de fumer les prés chaque fois que cela sera nécessaire et de les tenir à faux courante et en bonne nature de fauche ; renouveler et entretenir les rigoles ; le tout d'après la coutume suivie dans la localité.

Ils entretiendront et répareront les fossés et les rigoles faits pour l'écoulement des eaux, ainsi que toutes haies et clôtures existant sur les biens loués.

Ils seront tenus de faire tous les travaux de moisson, de récolte et de vendange. En conséquence, ils devront faucher, et lier les foins et fourrages, faucher et lier les blés, avoines et autres céréales et cueillir les fruits et raisins.

ART. 2. — *Défrichements*. — Ils ne pourront changer la nature des biens loués et conséquemment défricher aucune partie de vigne ou de pré sans le consentement du bailleur.

ART. 3. — *Arbres*. — Les jeunes arbres destinés à remplacer les arbres morts seront fournis par le bailleur; mais les preneurs seront tenus de faire tous les travaux nécessaires à ce remplacement, et ils profiteront des branchages des arbres fruitiers morts ; quant aux troncs de ces arbres, ils appartiendront au bailleur.

Les preneurs élagueront les arbres et les haies en état d'être élagués, et le produit de ces élaguages sera partagé par moitié entre le bailleur et les preneurs après toutefois, le prélèvement, sur la masse, du bois nécessaire pour les échalas des vignes.

La portion revenant au bailleur sera transportée par les preneurs, à..., dans les lieux que désignera le bailleur.

ART. 4. — *Semences*. — La moitié des semences nécessaires sera fournie par le bailleur qui supportera aussi la moitié des contributions de toute nature auxquelles les dits biens pourront être assujettis ; mais il ne sera tenu à aucuns autres frais ni dépenses quelconques ;

L'autre moitié des semences sera fournie par les preneurs, qui acquitteront également la moitié des contributions par douzième, et aux époques exigées par le percepteur.

ART. 5. — *Impôts*. — Les impôts et contributions de toute nature des biens loués, pendant la durée du bail seront acquittés par le bailleur et les preneurs, chacun par moitié.

ART. 6. — *Cas fortuits*. — Les preneurs ne pourront prétendre à aucune indemnité, pour cause de guerre, grêle, gelée, inondation, ou tous autres cas fortuits, prévus et imprévus.

ART. 7. — *Cession de bail*. — Les preneurs ne pourront pas céder leur droit au présent bail ni sous-louer en tout ou en partie, sans le consentement exprès et par écrit du bailleur.

ART. 8. — *Frais*. — Enfin ils acquitteront tous les frais, droits et honoraires auxquels ces présentes donneront ouverture, y compris le coût de la grosse à délivrer au bailleur.

PARTAGE DES FRUITS

Les fruits et récoltes seront partagés sur champ, par moitié, entre le bailleur et les preneurs.

La portion revenant au bailleur sera transportée par les preneurs, immédiatement après le lotissement, dans les lieux qu'il aura désignés.

Toutefois si le bailleur le préfère, les preneurs seront tenus d'engranger avec les leurs les gerbes composant son lot, et de battre et vanner en temps convenable les blés, seigles et autres grains, comme aussi de cribler les blés. Mais, dans ce cas, toutes les pailles appartiendront aux preneurs, qui devront toujours transporter à... les grains appartenant au bailleur.

DOMICILE

Pour l'exécution des présentes les parties font élection de domicile, etc...

ÉVALUATION POUR L'ENREGISTREMENT

Pour la perception des droits d'enregistrement les parties évaluent la portion à revenir annuellement au bailleur dans les différents produits des biens loués, à la somme totale de... et les charges augmentatives du fermage à...

DONT ACTE. — Fait et passé... etc...

Enregistrement : Droit proportionnel à 0,20 %, décimes en plus (n° 605) sur le prix cumulé des années augmenté des charges (n° 569).

FORM. 16. — Bail de vignobles ou à complant (n° 325).

Pardevant M°. . A comparu :

M. Eugène Cotte, propriétaire, demeurant à.., (V. *formule 1, § 1*).

Lequel a, par ces présentes, loué pour neuf années consécutives, qui commenceront le... et finiront à pareil jour de l'année...

A M. Adrien Lange, vigneron, demeurant à..., à ce présent et acceptant (V. *form. 1, §3*).

DÉSIGNATION

Les cinq pièces de vigne ci-après désignées, sises terroir de... canton de... (*département*), savoir :

1º Une pièce contenant... au lieu dit... close de murs de deux côtés et par une haie vive des deux autres côtés, tenant :. ...

2º Une autre pièce, etc...

Ainsi que ces biens se poursuivent et comportent, le preneur déclarant les connaître parfaitement.

CHARGES ET CONDITIONS

Le présent bail est fait avec les charges et aux conditions suivantes que le preneur s'oblige à exécuter, sans pouvoir prétendre à aucune indemnité ni diminution du fermage ci-après fixé, savoir :

ART. 1er. — *Garantie*. — Il prendra les biens loués dans l'état où ils se trouvent, sans garantie des contenances sus-indiquées, la différence pouvant exister en plus ou en moins, quelle qu'elle soit, devant tourner au profit ou à la perte du preneur.

ART. 2. — *Entretien*. — Il entretiendra en bon état les murs, haies et clôtures des biens loués et les rendra tels à la fin du présent bail ; il entretiendra tous les fossés, rigoles d'écoulement et drains

ART 3. - *Exploitation*. — Il exploitera les vignes à l'exemple d'un bon père de famille ; il les taillera et déchaussera suivant les meilleurs usages pratiqués dans la commune de...; les labours seront répétés aussi souvent que le temps le permettra ; la taille sera faite à un œil ou deux yeux selon le cas; il ne sera laissé aux souches qu'un nombre de coursons proportionné tant à leur force qu'à la nature du terrain ; il soufrera et sulfatera autant de fois que la température l'exigera, un dernier sulfatage devra être fait dans le courant du mois d'août.

Il devra remplacer les ceps manquants actuellement et ceux qui viendraient à mourir durant le cours du bail.

Il ne pourra changer la nature ni l'espèce du plant des vignes, sous peine de résiliation du présent bail, si bon semble au bailleur et de tous dommages-intérêts.

M. Cotte aura le droit de visiter les propriétés et de les faire visiter par des personnes compétentes, afin de s'assurer que le preneur se conforme pour leur culture aux usages suivis à... et aux conditions à lui imposées.

ART. 4. — *Cas fortuits* — Il supportera, sans recours ni diminution de fermage, tous cas fortuits, tels que gelée, coulures, inondations, grêle, alors même que la perte totale de la récolte en serait la conséquence, le bail lui étant consenti à ses risques et périls et le prix déterminé à forfait en prévision de ces cas.

Il prendra aussi les mesures préventives nécessaires contre le philloxéra et, en cas d'invasion, d'en supporter les conséquences de la même manière tout en préservant les parties non atteintes.

ART. 5. — *Cession de bail*. — Il ne pourra céder son droit au présent bail ni sous-affermer en tout ou en partie; un sous-affermage partiel, même non écrit, mais manifesté, pour si peu important qu'il fût, devant entraîner la résiliation du bail si bon semble au bailleur sans préjudice de tous dommages et intérêts.

ART 6. - *Prestations*. — Il devra fournir et livrer à M. Cotte, bailleur, en son domicile à.., dans le courant du mois de septembre de chaque année, un panier de... kilogrammes de raisins mûrs et marchands; cette charge est évaluée à..., par an, pour la perception des droits d'enregistrement.

ART. 7. — *Frais*. — Il paiera tous les frais, droits et honoraires auxquels ces présentes donneront ouverture y compris le coût d'une grosse pour le bailleur.

ART. 8. — *Décès*. — Conformément à l'article 6 de la loi du 18 juillet 1889, le présent bail ne sera pas résolu par la mort du bailleur, mais il le serait de plein droit par le décès du preneur; la jouissance des héritiers de ce dernier cesserait à l'expiration de l'année du bail en cours.

Néanmoins, si le décès du preneur avait lieu durant une des périodes comprises entre la fin de la rentrée d'une récolte et le premier novembre qui suivrait cette rentrée, le bail cesserait immédiatement si le bailleur l'exigeait. Ce dernier devrait alors payer aux héritiers du preneur, les travaux effectués sur les terres, pendant cette période. En outre, si le décès du preneur avait lieu avant qu'il ait été fait cinq récoltes, le bailleur devrait, en cas de résiliation, payer à forfait, aux héritiers du preneur, une somme de 500 francs à titre d'indemnité, en raison des gros travaux que ce dernier aurait pu faire sur la propriété et dont il ne pourrait être indemnisé à cause du peu de durée du bail.

FERMAGE

Ce bail est fait en outre moyennant 1.000 fr. de fermage annuel, que M. Lange, s'oblige à payer à M. Cotte, en sa demeure à..., ou pour lui au porteur de ses pouvoirs, en deux termes égaux, les jours de Noël et de Pâques de chaque année, pour le paiement du premier terme de la première année être effectué le...

A défaut de paiement d'un seul terme de fermage à son échéance, et 15 jours après un simple commandement demeuré sans effet, le présent bail sera résilié de plein droit, si bon semble au bailleur et sans qu'il ait a remplir aucune formalité judiciaire.

DOMICILE

Pour l'exécution des présentes, les parties font élection de domicile en leurs demeures respectives sus-indiquées.

DONT ACTE. — Fait et passé, etc...

ENREGISTREMENT : Droit proportionnel à 0,20 %, décimes en plus (n° 613), sur les années cumulées, augmentées des charges.

FORM. 17. — Bail à complant. — Obligation de planter. — Partage de la récolte
(n° 3*5).

Pardevant M°... A comparu :
M. Eugène Cotte, propriétaire, demeurant à... (V. *formule 1*, § *1*).
Lequel a, par ces présentes, donné à bail pour 9 années consécutives qui commenceront le... et finiront le...
A M. Adrien Lange, vigneron, demeurant à..., ici présent et qui accepte. (V. *formule 1*, § *3*.)

DÉSIGNATION

Une pièce de terre de la contenance de..., sise à..., tenant.....
Une autre pièce de terre, etc.....
Ainsi que ces biens se poursuivent et comportent, le preneur déclarant les connaître parfaitement.

CONDITIONS

Le présent bail est fait avec les charges et sous les conditions suivantes, que M. Lange s'oblige à exécuter, savoir.
ART 1er. — *Plantations et culture.* — M. Lange plantera en vigne, à ses frais, dans le délai de..., à raison de... hectares par année, les pièces de terre présentement louées.
Il soignera la culture de ces vignes et les garnira d'échalas conformément à l'usage.
(*Pour les autres conditions,* V. *formule 16.*)

PARTAGES DES RÉCOLTES

Chaque année sur le produit à provenir des vignes plantées, le preneur prélèvera à son profit, pour se remplir et indemniser des impôts mis à sa charge la quantité de... hectolitres de vin.
Le surplus, s'il y en a, sera partagé par moitié et la portion revenant à M. Cotte sera transportée, dans le mois qui suivra la vendange, dans ses caves situées à... ou dans tel autre lieu que le bailleur désignera dans un rayon de... des lieux loués ; le tout par les soins et aux frais du preneur.

DOMICILE

Pour l'exécution des présentes, les parties font élection de domicile dans leurs demeures respectives sus-indiquées.

ÉVALUATION ET RÉQUISITION POUR L'ENREGISTREMENT

Pour la perception des droits d'enregistrement, les parties évaluent : 1° à la somme annuelle de... en moyenne, la redevance en nature à fournir au bailleur ; 2° et à celle de.., les charges extraordinaires imposées au preneur.
L'enregistrement du bail est requis pour les trois premières années seulement.

DONT ACTE. — Fait et passé, etc...

ENREGISTREMENT Droit proportionnel à o fr. 20 o/o, décimes en plus (n° 613), sur les années cumulées, augmentées des charges.

FORM. 18. — Bail emphytéotique (n° 388).

Pardevant M° .. A comparu :
M. Eugène Cotte, propriétaire, demeurant à... (V. *formule 1*, § *1*).
Lequel a, par ces présentes, donné à bail emphytéotique pour 99 années qui commenceront à courir le...
A M. Adrien Lange, cultivateur, demeurant à... (V. *Formule 1*, § *3*) ici présent et qui accepte
Les immeubles ci après.

DÉSIGNATION

1ent. — Un terrain situé à... (*Le désigner.*)
2ent. — Six pièces de terre en labour, etc...

Ainsi que ces biens existent actuellement sans exception ni réserve, le preneur déclarant les connaître parfaitement pour les avoir vus et visités.

ORIGINE DE PROPRIÉTÉ

Ces immeubles appartiennent à M. Cotte, etc...

CHARGES ET CONDITIONS

Le présent bail est fait avec les charges et aux conditions suivantes, que M. Lange s'oblige à exécuter, sans pouvoir prétendre à aucune indemnité, ni diminution de la redevance ci-après indiquée, savoir :

ART. 1ᵉʳ. — *État*. — Il prendra les biens dans l'état où ils se trouvent actuellement, **sans** pouvoir, à aucune époque ni sous aucun prétexte, exiger du bailleur aucune espèce de réparation.

ART. 2. — *Servitudes*. — Il souffrira les servitudes passives, apparentes ou occultes qui peuvent grever ces biens sauf à s'en défendre, et a profiter de celles actives, s'il en existe, et à ses risques et périls, mais sans aucun recours contre le bailleur, et sans que la présente clause puisse donner à qui que ce soit plus de droits que ceux résultant de titres réguliers non prescrits ou de la loi.

ART. 3 — *Constructions*. — Il devra construire, à ses frais sur le terrain (art. 1ᵉʳ de la désignation des biens loués) une maison élevée sur cave, d'un rez-de-chaussée et d'un étage avec grenier au dessus; établir une cour derrière d'une superficie de..., avec puits. Ces constructions devront être faites en bons matériaux et conformes aux plans et détails qui en ont été arrêtés entre les parties et qui demeurent ci annexés, après avoir été certifiés véritables et revêtus de la mention d'annexe d'usage.

Les travaux et constructions seront exécutés sous la surveillance d'un architecte désigné par le bailleur, et dont les honoraires seront, cependant à la charge du preneur; ils devront être commencés le... et entièrement achevés dans le courant de..

Il laissera et abandonnera au bailleur, ou à ses représentants, les constructions qu'il est obligé d'élever, et toutes les augmentations qu'il aurait pu faire, sans pouvoir répéter, ni pour les unes ni pour les autres, aucune espèce d'indemnité ni compensation.

ART. 4. — *Entretien des bâtiments*. — Il entretiendra, après leur construction, tant les bâtiments ci dessus indiqués que tous les autres qu'il aurait jugé à propos d'y ajouter, de grosses et menues réparations de toute nature sans pouvoir en exiger aucune du bailleur, et devra rendre le tout en bon état de toutes réparations à la fin du présent bail.

ART. 5. — *Défrichement*. — Il défrichera et mettra dans le meilleur état de culture possible d'ici à... années la pièce de terre formant l'article... de la désignation; il l'entourera de pommiers et poiriers qui devront être de bonnes espèces et plantés à trois mètres des propriétés voisines et à 12 mètres les uns des autres.

ART. 6. — *Exploitation*. — Il garnira les lieux loués et les tiendra constamment garnis de meubles, chevaux, bestiaux et instruments aratoires, en quantité suffisante pour répondre du paiement de la redevance ci après.

Il cultivera, labourera, fumera et ensemencera les terres en temps et saisons convenables sans pouvoir les surcharger, ni détériorer; il les rendra à la fin du bail en bon état de culture et d'engrais et en laissera un tiers en jachères le 11 novembre qui précédera la dernière récolte.

ART. 7. — *Fossés*. — Il curera les fossés qui existent aujourd'hui et ceux qui seront creusés par la suite, et il leur maintiendra toujours les largeur et profondeur qu'ils doivent avoir d'après les règlements et les usages locaux.

ART. 8. — *Arbres*. — Il entretiendra, soignera et échenillera tous les arbres existants et ceux qu'il plantera, et il remplacera ceux qui viendraient à mourir par d'autres de même nature.

ART. 9. — *Impôts*. — Il acquittera à la décharge du bailleur, et sans répétition contre lui, toutes les contributions publiques, taxes et charges auxquelles les biens loués et les constructions à faire pourront être imposés sous quelque dénomination que ce soit, à partir du .....

ART. 10. — *Cas fortuits*. — Il ne pourra réclamer aucune diminution de la redevance ci-après pour cause de grêle, gelée, coulures, sécheresse, inondations, stérilité et autres cas prévus ou imprévus.

ART 11. — *Assurances*. — Il fera assurer contre l'incendie et autres risques tous les bâtiments qui font partie de la présente location, ainsi que toutes les récoltes. et maintiendra cette assurance pendant toute la durée du bail, le tout à ses frais, et il justifiera au bailleur, à première réquisition. de l'existence des polices d'assurances et de l'acquit des primes.

ART. 12. — *Frais*. — Et il paiera les frais et honoraires des présentes, y compris le coût de la grosse à délivrer au bailleur.

De son côté, le bailleur s'oblige à faire jouir le preneur des biens à lui loués, sans aucune espèce de trouble.

REDEVANCE

En outre des charges et conditions précitées, le présent bail est encore fait moyennant une redevance annuelle de deux mille francs que M. Lange s'oblige à payer et servir au bailleur en sa demeure à....., ou à son mandataire porteur de la grosse des présentes, en quatre termes égaux, les premiers des mois de janvier, avril, juillet et octobre de chaque année, pour effectuer le paiement du premier terme le.....

Il est expressément convenu :

Que le paiement de la redevance stipulée ne pourra être valablement effectué qu'en bonnes espèces de monnaies d'or ou d'argent au cours du jour et non autrement.

Qu'à défaut de paiement de deux termes consécutifs de ladite redevance, et un mois après un simple commandement demeuré sans effet, le présent bail sera résilié de plein droit, si bon semble au bailleur, et sans qu'il ait besoin de faire prononcer par justice cette résiliation.

Que le défaut d'exécution, dans les délais prescrits, de l'obligation de construire, imposée au preneur, emportera également de plein droit la résiliation du présent bail, si bon semble au bailleur, un mois après une mise en demeure resté sans effet ;

Et que, dans le cas de résiliation pour l'une des causes sus indiquées ou toute autre, le preneur sera tenu de laisser et abandonner au bailleur toutes les constructions et améliorations qu'il aura faites, sans pouvoir répéter aucune indemnité ni dommages intérêts.

Le preneur aura la faculté de céder et transporter ses droits au présent bail, mais en restant solidairement garant de son exécution.

Et il aura toujours la faculté de se dégager du service de la redevance ci-dessus stipulée et des autres charges du bail, en délaissant au bailleur ou à ses ayants cause les biens présentement loués, avec toutes les augmentations qu'il y aura faites, sans aucune indemnité ; mais ce délaissement ne pourra avoir lieu qu'après que le preneur aura satisfait aux conditions qui lui sont imposées, relativement aux constructions à faire, plantations et améliorations, et encore à la charge de payer immédiatement tout ce qui pourrait être dû de la redevance annuelle, jusqu'au jour du délaissement,

TRANSCRIPTION

Le preneur devra faire transcrire une expédition des présentes au bureau des hypothèques de....., et si, lors de cette formalité, il existe des inscriptions grevant les biens loués, M. Cotte sera tenu de lui en rapporter les certificats de radiation dans le mois de la dénonciation de l'état qui lui sera faite au domicile élu ci-après.

M. Cotte déclare qu'il est célibataire et n'a pas jusqu'à présent rempli de fonctions donnant lieu à hypothèque légale.

ÉVALUATION POUR L'ENREGISTREMENT

Les parties évaluent, pour la perception de l'enregistrement seulement, les charges de construire, imposées au preneur, à la somme de.....

DOMICILE.

Pour l'exécution des présentes, les parties font élection de domicile, etc.....

DONT ACTE. — Fait et passé, etc...

ENREGISTREMENT : Droit proportionnel à 0,20 % décimes en plus sur le montant cumulé des redevances (n° 641), y compris les charges (L. 25 juin 1902, art. 14), sans fractionnement

FORM. 19. — Bail à convenant ou à domaine congéable (n° 336).

Pardevant Me... A comparu :

M. Eugène Cotte, propriétaire, demeurant à... (V. *formule 1, § 1*).

Lequel a, par ces présentes, donné à ferme, à titre de domaine congéable pour dix-huit années qui commenceront le 11 novembre 1911 et finiront le 11 novembre 1929.

A M. Adrien Lange, cultivateur, demeurant à..., ici présent et qui accepte. (V. *formule 1, § 3*).

Les immeubles ci-après désignés :

DÉSIGNATION

(*Désigner très exactement les biens.*)

Tels que ces biens se comportent, sans exception ni réserve, et avec les garanties de troubles et de contenance.

VENTE. — JOUISSANCE.

En considération du présent bail, M. Cotte vend, sous la réserve du rachat ou congément, ci-après stipulé, à M. Lange qui accepte.

La superficie des biens loués, superficie qui comprend les bâtiments, murs, haies, arbres, bois taillis ou de futaie, plants, etc....., en un mot tout ce qui se trouve à la surface du sol, sans exception (*ou : excepté.....*).

Un état qui sera dressé avant l'entrée en jouissance, aux frais du preneur, contiendra exactement et en détail la description, l'importance et la situation des objets vendus.

Le preneur jouira des biens fonds en qualité de fermier pendant la durée du bail, et il disposera des bâtiments et superficie vendus comme de choses lui appartenant en propriété, à partir de ce jour et jusqu'à ce que le rachat dont il va être parlé soit effectué.

CHARGES ET CONDITIONS

Les présentes sont faites aux charges et conditions suivantes :

Art. 1er. — *Congé*. — Le bailleur se réserve, pour lui ou son cessionnaire, par suite d'un nouveau bail à l'expiration de celui actuel, de rentrer dans la propriété des bâtiments et superficie vendus, à la charge par lui de rembourser à M Lange la valeur de ces superficies, suivant l'estimation qui en sera faite alors par deux experts choisis par les parties

De son côté, M. Lange aura également le droit, lors de la cessation du bail, d'exercer le congédiement de tous les objets à lui vendus, et sur la notification faite à M Cotte, bailleur, celui-ci sera tenu de reprendre les bâtiments et superficie et d'en payer la valeur à dire d'experts.

Art. 2. — *(Insérer successivement les clauses susceptibles d'être appliquées. — V. formule n° 11.)*

Art. ... — *Cession de bail*. — Il ne pourra sous-louer ou céder son droit au présent bail, sans le consentement du bailleur.

Art ... — *Impôts*. — Il paiera, en sus du fermage, les impôts grevant ou pouvant grever les biens loués.

Art. ... — *Frais*. — Et il acquittera les frais et honoraires des présentes et ceux de la grosse à délivrer au bailleur.

PRIX

En outre, le présent bail est fait et consenti savoir :

1° Pour le prix de la superficie vendue, moyennant la somme de 20.000 fr. que M. Lange a payé comptant à M Cotte, qui le reconnaît et lui en donne quittance.

2° Et pour la jouissance du fonds, moyennant un fermage annuel de 5.000 fr. payable en... termes, les...

(*Ou :* moyennant un fermage annuel de... hectolitres de blé, ... hectolitres d'avoine, ect. et ... francs en numéraire, le tout payable et livrable en la demeure du preneur, savoir....)

A défaut de paiement, ou de livraison, d'un seul terme de fermage, etc.. (V. *formule 16*, p. 81).

ÉLECTION DE DOMICILE

Pour l'exécution des présentes, les parties élisent domicile en leurs demeures respectives.

ÉVALUATION ET RÉQUISITION POUR L'ENREGISTREMENT

Pour la perception des droits d'enregistrement, les parties évaluent les charges extraordinaires du bail à... par an, dans laquelle somme l'impôt foncier est compris pour... et elles requièrent l'enregistrement du bail pour les trois premières années seulement.

Dont acte. — Fait et passé, etc...

Enregistrement : Droit proportionnel à 7 % sans décimes sur le prix de la superficie vendue et à 0,20 % décimes en plus sur le prix du fermage (n° 608).

FORM. 20. — Bail de bois (n₀ 243).

Pardevant M⁰... A comparu :

M. Eugène Cotte, propriétaire, demeurant à... (V. *formule 1, § 1*).

Lequel a, par ces présentes, fait bail pour neuf années consécutives, qui commenceront par l'exploitation de l'ordinaire de 1911 pour finir par l'exploitation de l'ordinaire de 1919.

A M. Adrien Lange, marchand de bois, demeurant a... (V. *formule 1, § 3*) à ce présent et acceptant :

DÉSIGNATION

Vingt hectares de bois, situés sur la commune de..., canton de... (*département*), faisant partie du bois appelé .., tenant... et figurant dans un plan dressé sur papier au timbre de..., par M..., géomètre à... Ce plan, qui détermine l'étendue et la limite de chacune des... coupes à faire pendant la durée du bail, est demeuré ci annexé après avoir été certifié véritable par les parties et revêtu de la mention d'annexe d'usage.

CHARGES ET CONDITIONS

Le présent bail est fait aux charges et conditions suivantes que M. Lange s'oblige à exécuter sans pouvoir prétendre à aucune indemnité ni diminution de fermage, savoir :

ART. 1ᵉʳ — *Réserves.* — Il réservera au profit du bailleur les arbres anciens et modernes qui se trouvent dans les bois affermés et que celui-ci pourra faire abattre et disposer comme bon lui semblera lors de l'exploitation des taillis.

Il laissera la quantité de ..... baliveaux de l'âge du taillis par chaque hectare de bois en coupe au choix du bailleur.

Les arbres ainsi réservés seront marqués par les parties avant le commencement de chaque exploitation.

ART. 2. — *État.* — Il prendra les bois affermés dans leur état actuel sans pouvoir exercer aucune répétition contre M. Cotte, à raison notamment de la différence qui pourrait subsister entre la contenance réelle et celle indiquée au plan ci-annexé; le plus ou le moins devant tourner au profit ou à la perte du preneur.

ART. 3. — *Ordre et durée des coupes.* — Il se conformera, pour l'ordre des coupes, à l'aménagement établi dans le plan ci-annexé, sans pouvoir, en aucun temps et sous aucun prétexte, les anticiper ou retarder et ne pourra en faire aucune, d'ailleurs, sans en avoir donné avis au bailleur.

Il s'arrangera, de plus, pour que la première coupe du taillis soit entièrement terminée avant le..., la deuxième le... et ainsi de suite jusqu'à l'expiration du présent bail.

ART. 4. — *Mode d'exploitation.* — Il procédera à l'abattage des bois à la cognée, à fleur de terre, sans émisser ni éclater, de façon que la chute des arbres ait lieu dans la vente sans endommager les arbres réservés.

Il ravalera les souches au moment de la coupe, il nettoiera la coupe en faisant déraciner à la pioche les épines, houx ronces, bruyères et autres arbustes nuisibles, excepté les épines formant haies ; nettoyage qui devra être effectué au plus tard dans les deux mois qui suivront l'abattage.

Il fera abattre, avant le... de chaque année, tous les taillis qui auront été écorcés, et terminera la traite et la vidange de chaque coupe avant le 15 novembre.

Il fera la traite des bois par les routes et chemins indiqués sur le plan ci-annexé.

Il ne pourra établir de fourneaux et de loges que dans les lieux qui seront désignés par le bailleur et ne déposera le bois à brûler que dans les endroits aussi désignés par celui-ci.

ART. 5 — *Chemins et fossés.* — Il devra tenir les chemins de vidange toujours parfaitement libres, de manière que les voitures puissent circuler en tout temps et rétablir tous les dommages que ces chemins auraient pu éprouver par le transport des bois.

Il devra curer et entretenir en bon état les fossés qui entourent partie des bois loués; ces fossés auront toujours 1 m. 60 de profondeur et 1 m. 25 de largeur.

ART. 6. — *Chasse.* — Il ne pourra chasser ni laisser chasser dans les bois présentement loués, que du consentement par écrit du bailleur.

ART. 7. — *Délits.* — Il ne permettra à qui que ce soit de ramasser des feuilles et semences et de couper et arracher les herbes.

Il veillera à ce que les voituriers ou autres personnes à sa solde ne fassent paître leurs chevaux ou bestiaux dans les bois et n'y conduisent des chevaux ou des bêtes à cornes non muselés.

Enfin il demeurera garant et responsable de tous les délits qui pourraient être commis dans le bois s'il n'en fait connaître les auteurs.

ART. 8. — *Lois et règlements.* — Il satisfera aux lois, règlements et ordonnances sur les forêts, comme le bailleur pourrait en être lui-même tenu, le tout de manière que celui-ci ne soit point inquiété ni recherché à ce sujet.

ART. 9. — *Fournitures au bailleur.* — Il fournira au bailleur, chaque année, sans diminution du fermage ci-après..... stères de bois et ... fagots, dont le transport incombera au bailleur; cette charge est évaluée, pour la perception du droit d'enregistrement seulement, à la somme de... par an.

ART. 10. — *Frais.* — Enfin il acquittera tous les frais et honoraires auxquels ces présentes pourront donner ouverture, y compris la grosse à délivrer au bailleur

FERMAGE

En outre, le présent bail est fait moyennant 3.000 francs de fermage annuel que M. Lange s'oblige à payer au bailleur en sa demeure a. ., ou, pour lui, à son mandataire ou porteur de la grosse des présentes. en deux termes semestriels égaux de 1.500 francs chacun, pour le premier terme être exigible le...

Pour faciliter au bailleur la disposition des fermages, M. Lange a souscrit à l'instant, à son ordre et en représentation des termes de fermages précités, 18 billets de chacun 1.500 fr. payables comme eux et de la même manière, aux échéances correspondantes.

Ces billets ne feront qu'une seule et même chose avec ces présentes, et leur acquit libèrera valablement le preneur

En recevant ces billets, M. Cotte entend conserver tous les droits, privilèges et actions qu'il peut avoir en sa qualité de bailleur, pour le paiement des fermages sans aucune novation ni dérogation.

A défaut de paiement à son échéance d'un seul terme de fermage et quinze jours après

un simple commandement resté sans effet, le présent bail sera résilié de plein droit si bon
semble au bailleur et sans qu'il ait à remplir aucune formalité judiciaire.

ÉLECTION DE DOMICILE

Pour l'exécution des présentes, les parties élisent domicile...
DONT ACTE. — Fait et passé, etc...

ENREGISTREMENT : Droit proportionnel à 0,20 %, décimes en plus (n° 616).

FORM. 21. — Bail de chasse (n° 246).

Pardevant M°... A comparu :
M Eugène Cotte, propriétaire, demeurant à... (V. *formule 1, § 1*).
Lequel a, par ces présentes, loué pour... années consécutives qui commenceront à courir
le 1er septembre 1911 et finiront le...
A M. Adrien Lange, propriétaire, demeurant à... (V. *formule 1, § 3*), à ce présent et
qui accepte.

DÉSIGNATION

Le droit de chasse, pour lui, sa famille et ses amis, sur les terres labourables, prés, bois,
vignes et autres biens, dont il est propriétaire sur la commune de... et de... (*département*) et
dont il n'est pas donné une plus ample désignation à la réquisition de M. Lange, qui a déclare les connaître.

CHARGES ET CONDITIONS

Le présent bail est fait avec les charges et aux conditions suivantes, que M. Lang
s'oblige à exécuter, savoir :
ART. 1er. — *Exploitation de la chasse.* — Il ne pourra chasser en dehors des bois en
temps prohibé, et, en temps permis, qu'après l'entier enlèvement des récoltes.
Il ne pourra exercer son droit de chasse dans les bois avec des chiens courants, depuis
le 15 mars jusqu'au 15 septembre de chaque année, dans la crainte que ces animaux ne cau-
sent quelques dégâts.
Il devra détruire tous les animaux malfaisants ou nuisibles qui pourraient se trouver dans
les bois dont la chasse lui est louée ; il devra notamment faire fureter au moins une fois par
mois, afin de ne pas laisser trop accroître le nombre des lapins.
Il lui est interdit de chasser le faisan autrement qu'en présence et de concert avec
M. Cotte, qui se réserve expressément le droit exclusif de chasser ce gibier.
Il ne pourra chasser au rabat, en battue ou a la traque, soit en plaine, soit dans les vignes
et bois pendant la dernière année de jouissance du présent bail.
ART. 2. — *Dégâts.* — Il sera tenu de payer toutes les indemnités qui pourraient être
réclamées soit par les fermiers, soit par les propriétaires des terres qui entourent les bois de...
pour raison des dégâts qui seraient commis par le gibier ou par la chasse, quelles que soient
la nature et l'importance des indemnités.
ART. 3. — *Cession de bail.* — Il ne pourra céder son droit au présent bail, ni sous-louer
à qui que ce soit, sans le consentement exprès et par écrit du bailleur, comme aussi de n'accorder aucune permission de chasse, à des personnes ayant leur demeure dans le canton de...
dans lequel sont situés les biens dont la chasse est présentement louée.
ART. 4. — *Lois et règlements.* — Il devra se conformer aux prescriptions de toutes les
lois et de tous les règlements relatifs à la police de la chasse et spécialement à la loi du
3 mai 1844.
ART 5 — *Frais.* — Enfin, il acquittera tous les frais et honoraires auxquels ces pré-
sen es donneront ouverture, y compris une grosse pour le bailleur.
De son côté, M. Cotte, s'interdit le droit de chasse pour lui-même, sa famille et ses amis,
ainsi que pour son garde, sauf a l'égard de la chasse au faisan réservée par l'article 1er ci-
dessus; il renonce a pouvoir défricher ou couper aucune des remises ou garennes existantes
en plaine, comme pouvant favoriser la retraite et la conservation du gibier.
Il est observé que suivant acte passé devant M°... notaire à..., le.... par lequel M. Cotte
a affermé les biens dont la chasse est présentement louée a M . pour... années qui ont commencé le... il a interdit au fermier tout droit de chasse sur les biens à lui affermés, et s'est
au contraire réservé ce droit exclusif, pour lui et les personnes auxquelles il lui plairait de le
conférer.
(*Ou bien :* il est accordé au fermier le droit de chasse sur les biens affermés, à la charge
d'en user par lui-même avec sa famille ou ses amis, mais sans pouvoir le céder à qui que ce
oit, ni accorder aucune permission de chasse, et M Cotte s'est expressément réservé le
droit de chasse sur ces mêmes biens pour l'exercer par lui même ou par les personnes auxquelles il lui plairait de le conférer. En conséquence M. Lange devra souffrir l'exercice du
droit accordé au fermier sans pouvoir réclamer aucune indemnité contre le bailleur).

FERMAGE

En outre, le présent bail est fait moyennant 1.200 fr. de fermage annuel, que M. Lange s'oblige à payer à M. Cotte, en sa demeure à..., en deux termes égaux de 6 mois en 6 mois, et par avance pour la première année être exigible : moitié le 1er septembre 1911 et moitié le 1er mars 1912.

A défaut de paiement d'un seul terme à son échéance, le présent bail sera résilié de plein droit si bon semble à M. Cotte, quinze jours après un commandement resté infructueux, sans qu'il soit besoin de remplir aucune autre formalité et sans préjudice du droit du bailleur à tous dommages intérêts.

ÉLECTION DE DOMICILE

Pour l'exécution des présentes, les parties font élection de domicile, etc...

DONT ACTE. — Fait et passé, etc...

ENREGISTREMENT : Droit proportionnel à 0,20 o/o, décimes en plus (n° 630).

FORM. 22. — Bail de pêche (n° 257).

Pardevant Me..... A comparu :

M. Eugène Cotte, propriétaire, demeurant à..... (V. *formule 1, § 1*).

Lequel a, par ces présentes fait bail pour..... années consécutives, qui commenceront à courir le 1er janvier 1912.

A M. Adrien Lange, marchand de poisson, demeurant à....., à ce présent et acceptant (V. *formule 1, § 3*).

DÉSIGNATION

Le droit entier et exclusif de pêche sur l'étang des Rosées dépendant de la terre des Moulinaux, appartenant à M. Cotte, et située commune de Crennes, canton d'Argentan (Orne).

Lequel étang, contenant environ..... hectares..... ares n'est pas plus amplement désigné, à la réquisition du preneur, qui déclare le connaître parfaitement.

CHARGES ET CONDITIONS

Le présent bail est fait sous les charges et conditions suivantes, que le preneur s'oblige à supporter et exécuter, savoir :

ART. 1er. — *Garantie.* — Il ne pourra prétendre à aucune indemnité ni diminution de fermage, pour défaut de la mesure ci-dessus exprimée, dont le plus ou le moins fera le profit ou la perte du preneur, quelque grande que soit la différence.

ART. 2. — *Entretien.* — Il entretiendra les chaussées vannes et écluses en bon état pendant toute la durée du bail et les rendra, à la fin de la jouissance, exemptes de toutes réparations.

ART 3. — *Curage.* — Il satisfera à toutes les réquisitions de l'autorité, relativement au curage de l'étang.

ART. 4. — *Dommages.* — Il répondra à ses risques et périls, et de manière que le bailleur ne soit point inquiété ni recherché à ce sujet, à toutes demandes en dommages-intérêts qui pourraient être formées par les voisins et propriétaires de fonds inférieurs, pour crue extraordinaire, inondation, débordement et généralement pour tout accident causé par les eaux.

ART. 5. — *Pêche.* — Il ne pourra pêcher entièrement plus d'une fois par année et dans le courant du mois de mars, ni jeter l'épervier dans les mois d'avril, mai et juin.

Il devra rejeter dans l'étang lors de la pêche, tous les poissons qui ne pèseraient pas au moins...... ; ces poissons devant être conservés pour repeupler.

ART. 6. — *Cession du bail.* — Il devra jouir par lui-même du droit du présent bail ; il ne pourra le céder, en tout ou partie, sans le consentement par écrit du bailleur.

ART. 7. — *Frais.* — Enfin, il acquittera tous les frais et honoraires des présentes, y compris le coût d'une grosse pour le bailleur.

FERMAGE.

En outre, ce bail moyennant 600 francs de fermage annuel, que M. Lange s'oblige à payer à M. Cotte, en sa demeure, à....., en deux termes égaux, les 1er avril et 1er octobre de chaque année.

Pour la perception du droit d'enregistrement seulement, les parties évaluent à..... par année, les charges imposées au preneur.

ÉLECTION DE DOMICILE

Pour l'exécution des présentes, les parties font élection de domicile, etc.....

DONT ACTE. — Fait et passé, etc.....

ENREGISTREMENT : Droit proportionnel à 0,20 o/o décimes en plus (n° 630).

IV. — BAUX DIVERS

FORM. 23. — Bail à vie (n° 75).

Pardevant M⁰... A comparu :

M. Eugène Cotte, propriétaire, demeurant à... (V. *formule 1, § 1*).

Lequel a, par ces présentes, fait bail pour le temps, sous les conditions et moyennant le prix ci-après indiqués :

A M. Adrien Lange, cultivateur, né à....., le....., demeurant à..., à ce présent et qui accepte. (V. *formule 1, § 3*).

DÉSIGNATION

Deux pièces de terre en labour sises, etc... (*Désigner les biens loués*).

Ainsi que ces immeubles se poursuivent et comportent.

DURÉE DU BAIL

Le présent bail prendra cours le 15 octobre 1911.

Il est fait pour la durée de la vie du preneur.

Cependant, si au décès de M. Lange, les immeubles affermés sont ensemencés en totalité ou en partie, la jouissance concédée ne cessera que le 15 octobre de l'année agricole, au cours de laquelle le preneur décèdera, et dans ce cas, bien entendu, le fermage courra jusqu'à la même époque.

Si les terres louées ne sont pas ensemencées au décès de M. Lange, le bailleur ou ses représentants en reprendront immédiatement la jouissance, sans préjudice de leur droit, au prorata de fermages alors acquis, et ils ne seront pas tenus au remboursement de la valeur des labours, des travaux alors exécutés ou des amendements faits en préparation des prochaines semailles.

CHARGES ET CONDITIONS

Le bail est fait avec les charges et aux conditions suivantes que le preneur s'oblige à supporter et à exécuter savoir :

(*Voir pour les conditions les formules de baux à ferme.*)

FERMAGE

Le présent bail a lieu moyennant un fermage annuel de 200 fr. pour les cinq premières années et de 500 fr. pour chacune des années suivantes, que M. Lange s'oblige à payer au bailleur, en sa demeure susindiquée, ou pour lui au porteur de la grosse des présentes et de ses pouvoirs en une seule fois le 25 décembre qui suivra chaque récolte et pour la première fois à la Noël de 1912.

Il est expressément convenu :

Que le paiement de ce qui sera dû pour la dernière année de jouissance sera exigible trois mois après le décès du preneur.

Qu'en cas d'inexécution des conditions ou à défaut de paiement d'une seule année de fermage à son échéance, le présent bail sera résilié si bon semble au bailleur, deux mois après un commandement ou autre acte de mise en demeure resté infructueux, sans qu'il soit besoin de remplir aucune autre formalité judiciaire et sans préjudice du droit de M. Cotte à tous dommages intérêts.

TRANSCRIPTION. — ENREGISTREMENT

Le preneur fera transcrire une expédition des présentes au bureau des hypothèques de...

Pour la perception des droits d'enregistrement seulement, les charges extraordinaires du présent bail sont évaluées à une somme annuelle de...

ÉLECTION DE DOMICILE

Pour l'exécution de leurs conventions, les parties élisent domicile, etc...

DONT ACTE. — Fait et passé, etc...

ENREGISTREMENT : Droit proportionnel à 4 %, décimes en plus sur le capital formé de 10 fois le prix et les charges annuels (n° 633).

FORM. 24. — Bail à durée illimitée (n° 76).

Pardevant M⁰... A comparu :

M. Eugène Cotte, propriétaire, demeurant à... (V. *formule 1 § 1*),

Lequel a, par ces présentes, fait bail pour le temps, sous les conditions et moyennant le prix ci-après indiqués.

A M. Adrien Lange, cultivateur demeurant à... (V. *formule 1 § 3*) ici présent et qui accepte.

Des immeubles ci-après désignés (*établir la désignation et l'origine de propriété*.)

DURÉE DU BAIL

Le présent bail prendra cours le ...,

Il cessera à l'expiration de douze années de jouissance, si bon semble au preneur qui devra informer le bailleur de sa résolution à cet égard... mois à l'av..nce.

Mais si le preneur ne donne pas cet avertissement, le présent bail ne cessera qu'à l'extinction de la descendance directe mâle et légitime de M. Lange, ou au décès de ce dernier, s'il ne laisse pas de postérité mâle et légitime.

Toutefois le preneur ou ses représentants pourront toujours, en prévenant le propriétaire au moins... à l'avance faire cesser leur jouissance, pourvu que la remise de l'immeuble ait lieu dans tous les cas, à la fin d'une année de bail.

CONDITIONS

(*Pour le surplus voir formules de baux à ferme et à loyer.*)

Enregistrement : Droit proportionnel à 4 % décimes en plus sur 20 fois le prix et les charges annuels (n° 639).

FORM. 25. — Bail à nourriture de personnes (n° 381).

Pardevant M°..... A comparu :

M Eugène Cotte, propriétaire, et Mme Jeanne Bertin, son épouse, qu'il autorise, demeurant ensemble à...

D'une part.

Et Madame Louise Duchemin, rentière, demeurant à..... veuve de M. Ernest Trouin.

D'autre part

Lesquels ont arrêté les conventions suivantes :

M. et Mme Cotte s'engagent solidairement pour une durée de cinq années à compter du premier janvier prochain (1912) à recevoir chez eux dans leur maison Mme veuve Trouin, à la nourrir à leur table, la loger, vêtir, chauffer, éclairer et soigner en santé comme en maladie, de blanchir et raccommoder son linge et ses vêtements, en un mot de lui fournir tout ce qui est nécessaire à l'existence et lui faire donner par un médecin tous les soins que sa position pourra réclamer en lui faisant administrer tous les médicaments prescrits.

Comme prix de cet engagement, Mme Trouin s'oblige à payer pendant la même durée aux époux Cotte et en leur demeure, une somme annuelle de... en quatre termes égaux et par avance, de 3 mois en 3 mois pour le premier être exigible le premier janvier prochain.

Chacune des parties aura la faculté de faire casser l'effet du présent bail avant le temps fixé pour son expiration, à la charge par celle des parties qui usera de cette faculté, de payer à l'autre le jour même de la résiliation une somme de... à titre de dommages intérêts.

Dans ce cas, la redevance ci-dessus stipulée sera payable jusqu'à ce que le bail cesse de recevoir son exécution ; de sorte que ce qui se trouvera ne pas être dû, du trimestre alors en cours, payé par avance, sera restituable à Mme Trouin.

(*Ou :* Le présent bail pourra être résilié sur la demande amiable de l'une ou de l'autre des parties, mais seulement à l'expiration d'un trimestre et en prévenant un mois d'avance.)

A défaut par Mme Trouin de payer un seul terme de la redevance susindiquée à son époque d'échéance, le présent bail sera résolu de plein droit si bon semble à M. et Mme Cotte, huit jours après un commandement resté infructueux ; néanmoins Mme Trouin devra payer aux époux Cotte les arrérages courus jusqu'à la résiliation effective du bail, et en outre la somme de... ci-dessus fixée, à titre de dommages-intérêts.

Les frais, droits et honoraires des présentes seront supportés par Mme Trouin, qui s'oblige à en faire l'acquit.

Dont acte. — Fait et passé, etc...

Enregistrement : Droit proportionnel à 0,20 %, décimes en plus, sur le prix cumulé de toutes les années (n° 619).

FORM. 26. — Bail d'animaux (n° 258).

Pardevant M°... A comparu :

M. Eugène Cotte, marchand de chevaux, demeurant à...

Lequel a, par ces présentes, donné à loyer pour deux années à partir de ce jour

A M. Adrien Lange, journalier, demeurant à... ici présent et qui accepte.

DÉSIGNATION

Deux chevaux de trait : le premier sous poil..., âgé de..., de la taille de un mètre .....
centimètres et le second...., etc.

Et ce, pour s'en servir aux labours et charrois de toutes sortes.

CHARGES ET CONDITIONS

Le présent bail est fait avec les charges et aux conditions suivantes que le preneur s'oblige à exécuter à peine de tous dommages-intérêts.

ART. 1er. — *Entretien*. — Il aura le plus grand soin des chevaux loués, les nourrira et les logera convenablement ; en cas de maladie, il leur donnera tous les soins nécessaires ; le coût des visites du vétérinaire et les dépenses de médicaments seront supportés par le bailleur.

ART. 2. — *Travaux*. — Il ne pourra leur faire traîner des charges excédant pour chacun d'eux le poids de mille kilogrammes, ni leur faire parcourir un trajet de plus de trente kilomètres par jour sur les grandes routes et de vingt kilomètres dans les routes de traverse.

ART. 3 — *Cession de bail*. — Il ne pourra ni céder, ni sous-louer son droit au présent bail sans le consentement du bailleur.

ART. 4. — *Fin de bail*. — A la fin du bail, les chevaux seront rendus au bailleur ; le preneur demeurera responsable des pertes résultant de son fait et remboursera à M. Cotte le prix des animaux pour le cas où ils viendraient à périr par sa faute ou celle des personnes auxquelles il en aurait confié la conduite.

ART. 5. — *Frais*. — Enfin il devra payer les frais des présentes et le coût de la grosse à délivrer au bailleur.

LOYER

En outre, le présent bail est fait moyennant un loyer annuel de... que le preneur s'oblige à payer au bailleur en son domicile susindiqué, en deux termes égaux, les 1er janvier et 1er juillet pour effectuer le paiement du premier terme le 1er juillet prochain.

CONDITION PARTICULIÈRE

Dans le cas où l'un des chevaux loués viendrait à périr par mort naturelle, le preneur sera tenu de faire constater le fait par deux témoins et un vétérinaire de la commune qui en dresseront procès-verbal ; dans la huitaine de la signification de cet acte, M. Cotte sera tenu de fournir au preneur un autre cheval de même taille et valeur. En cas de refus de la part du bailleur, le présent bail se trouvera résilié et le preneur se trouvera déchargé de toutes ses obligations vis-à-vis du bailleur, et notamment du paiement de tout ce dont il pourrait se trouver débiteur envers lui à raison de la présente location.

ÉLECTION DE DOMICILE

Pour l'exécution de leurs conventions, les parties élisent domicile, etc...

DONT ACTE. — Fait et passé, etc...

ENREGISTREMENT : Droit proportionnel à 0,20 %, décimes en plus, sur le prix cumulé de toutes les années (n° 629).

FORM. 27. — Bail de navire ou affrètement (n° 216).

Par devant M°... A comparu :

M. Jean Dunois, armateur, demeurant à...

Lequel a, par ces présentes, loué et frété à M. Louis Amy, négociant, demeurant à..., à ce présent et acceptant.

Le navire « Le Calvados », capitaine Lebon, pour charger en plein et porter une cargaison de beurre et œufs à destination de...., lui accordant... jours à compter du ..... présent mois pour opérer le chargement et... jours seulement pour le déchargement dans le port de... à partir du jour où il aura mouillé devant cette ville.

Cet affrètement a lieu moyennant... de fret par tonneau, que M. Amy s'engage à payer en deux fractions égales : l'une aussitôt le déchargement du tiers de la charge et l'autre après que le navire aura été entièrement déchargé.

En outre, il a été fait sous les conditions suivantes que le preneur s'oblige à exécuter :

De décharger en plein, à ses frais exclusifs, le navire présentement loué dans les délais ci-dessus fixés à peine de.,. francs de dommages intérêts par chaque jour de retard.

De donner la préférence à M. Dunois pour le fret du retour dans le cas où l'affréteur déchargerait de suite à...

Et de payer les frais, droits et honoraires des présentes, y compris le coût d'une grosse pour M. Dunois.

Pour l'exécution de leurs conventions les parties ont élu domicile savoir, etc...

DONT ACTE. — Fait et passé, etc..

ENREGISTREMENT : Droit proportionnel à 0,20 %, décimes en plus (n° 598).

FORM. 28. — Bail par un co-indivisaire (n° 357).

Pardevant M°... Ont comparu :

M. Eugène Cotte, entrepreneur, demeurant à..., rue..., n°...

Et M. Maurice Danois, propriétaire, demeurant à..., rue..., n°...

Agissant en qualité de tuteur datif de Louis Cotte, son neveu, encore mineur, comme étant né à..., le...

Lesquels ont d'abord exposé ce qui suit :

I. — M. Alfred Cotte, entrepreneur, demeurant à..., rue..., n°..., est décédé en son domicile le..., veuf de Mme Louise Bertin, laissant comme héritiers, pour moitié chacun, ses deux enfants : M. Eugène Cotte, comparant, et le mineur Louis Cotte, ainsi que le constate l'intitulé de l'inventaire dressé après son décès par le notaire soussigné, suivant procès-verbal en date du...

II. — Sur référé introduit dans un procès-verbal dressé par M. le Juge de paix du..., le..., et constatant la levée des scellés apposés au domicile de feu M. Cotte, M. le Président du Tribunal civil de... a rendu le lendemain une ordonnance autorisant les comparants à faire procéder sans attribution de qualités à la vente aux enchères du fonds d'entreprise exploité par ledit M. Cotte, *de cujus*, à..., rue..., n°...

III. — Le cahier des charges, pour parvenir à cette vente, a été dressé par le notaire soussigné le..., à la requête des comparants; il a été stipulé dans cet acte que l'acquéreur du fonds pourrait exiger qu'il lui soit passé bail des lieux servant à son exploitation, faisant partie de la maison sise à..., rue..., n°..., appartenant indivisément aux enfants Cotte, et ce pour une durée maximum de neuf ans, moyennant un loyer annuel fixé à..., payable par trimestre aux époques d'usage.

IV. — Aux termes d'un procès-verbal dressé par le notaire soussigné le..., à la requête des comparants et en présence de M..., subrogé tuteur du mineur Cotte, le fonds d'entreprise dont il s'agit a été adjugé à M. Eugène Cotte, comparant, acquéreur à titre de licitation.

BAIL

Ceci expliqué, M. Eugène Cotte ayant exprimé son intention de profiter de la faculté accordée à l'acquéreur du fonds d'entreprise par la clause du cahier des charges ci-dessus rappelée.

M. Danois, ès qualité, a loué audit M. Cotte qui accepte pour une durée de 3, 6 ou 9 années, à partir, par effet rétroactif du..., et avec faculté pour ledit preneur seul de faire cesser la location à l'expiration des première et deuxième périodes en prévenant son copropriétaire 6 mois d'avance et par écrit.

La moitié indivise appartenant au mineur Cotte dans les locaux faisant partie de l'immeuble sis à..., rue..., n°..., savoir : (*Désignation*.)

Le mineur Cotte aura droit à la moitié du loyer prévu par le cahier des charges, soit... que M. Eugène Cotte s'oblige à payer entre les mains de M. Danois, tuteur, ou de tout autre ayant droit, par quart et trimestriellement aux époques d'usage, c'est-à-dire les 1er janvier, avril, juillet et octobre de chaque année, pour faire le paiement du premier terme le...

M. Eugène Cotte a versé entre les mains de M. Danois ès qualité, qui le reconnaît et lui en consent quittance, la somme de... représentant 6 mois de loyer d'avance imputables sur les six derniers mois de jouissance.

Le preneur jouira des lieux dont il s'agit en bon père de famille et ne pourra en changer la destination actuelle ; toutefois il est autorisé à faire tous travaux d'amélioration qui lui paraîtront utiles, de quelque nature qu'ils soient, à charge de laisser le tout en bon état lors de l'expiration de la location sans aucune indemnité.

Les frais du présent acte, y compris le coût de la grosse à délivrer au bailleur, seront supportés par M. Eugène Cotte.

L'enregistrement est requis pour la première période triennale seulement.

DONT ACTE. — Fait et passé, etc...

ENREGISTREMENT : Droit proportionnel de 0,20 o/o, décimes en plus (n° 562).

FORM. 29. — Bail de mines ou carrières (n° 351).

Pardevant M°..... A comparu :

M. R.., propriétaire, demeurant à...

Autorisé spécialement à l'effet des présentes par décret de M. le Président de la République française, rendu en Conseil d'Etat le..., et dont une ampliation est demeurée ci-annexée après mention.

Lequel a amodié

A M. M. M. B. et F..., exploitants de mines, demeurant l'un et l'autre à....

La concession de mines de houille dite « des Combes », située sur la commune de... et faisant partie du bassin houiller de..., telle que cette concession est déterminée par les plans administratifs et l'ordonnance de concession et ainsi que ladite concession, **bien connue des preneurs**, s'étend et comporte.

Cette amodiation est faite pour une durée de... ayant pris cours le....

Elle a lieu sous les conditions suivantes :

CHARGES ET CONDITIONS

1° Les amodiataires exploiteront la concession en bons pères de famille, conformément aux lois et règlements sur les mines ; ils devront le faire d'une façon continue et constante et dans la mesure que permettront les conditions techniques et économiques de la mine, à défaut de quoi M. R... aurait le droit de demander la résiliation pure et simple de la présente amodiation.

2° Ils prennent la concession amodiée dans son état actuel et ils ne pourront faire au bailleur aucune réclamation en cas de difficulté ou même d'impossibilité partielle ou absolue d'exploiter tout ou partie des charbons pouvant encore exister dans la dite concession ; soit par suite de l'affluence des eaux, soit pour toute autre cause, l'amodiateur entendant qu'il ne puisse y avoir contre lui des recours d'aucune manière en aucun temps, par les amodiataires ou leurs ayants cause, de même que par tous autres intéressés, la location ayant lieu à forfait aux risques et périls des exploitants.

Ils s'entendront avec les propriétaires de la surface pour l'occupation des terrains nécessaires à leur exploitation et en paieront la location.

3° Les amodiataires porteront leurs travaux de recherche et d'exploitation sur tels points de la concession qui leur paraîtront convenables sans qu'il y ait obligation pour eux d'explorer les parties inondées (*si les preneurs sont peu fortunés*)... ils ne pourront toutefois porter leurs travaux au delà de... (*fixer une limite*), cette exploitation pouvant entraîner des responsabilités dépassant de beaucoup leurs ressources actuelles.

4° Les dommages qui pourraient résulter de l'exploitation des amodiataires pour les terrains et les constructions se trouvant dans le périmètre de la concession amodiée ou l'avoisinant seront à la charge des preneurs, sans recours d'aucune sorte contre le concessionnaire.

La responsabilité des dommages résultant des travaux faits par les amodiataires continuera après la cessation de leurs travaux, à moins que d'autres exploitants ne viennent entreprendre de nouveaux travaux, cas dans lequel il y aurait lieu de faire fixer la part incombant à chacun.

5° Les amodiataires devront tenir à jour les plans d'extraction et registres prescrits par les règlements sur les mines.

6° Les amodiataires seront tenus de toutes les charges et de tous les frais de leur exploitation quels qu'ils soient.

Ils supporteront, sans aucune réduction ni retenue sur la rétribution ci-après convenue :

a) Tous impôts fixes et proportionnels mis ou à mettre sur la concession amodiée et sur l'exploitation ;

b) Les redevances qui pourront être dues à des propriétaires du tréfonds dans l'étendue de ladite concession, calculées sur la valeur de la houille extraite.

7° Les amodiataires ne pourront sous-louer ou céder leur droit au présent bail sans le consentement exprès et par écrit du bailleur.

REDEVANCE

Outre les charges et conditions qui précèdent, les amodiataires paieront à M. R... une redevance d'un franc par tonne de houille extraite quelles que soient la profondeur et la puissance des couches, les méthodes employées et la valeur des charbons.

Il sera fait sur les quantités extraites pour le calcul de la redevance une déduction de deux pour cent pour non valeur.

La redevance sera payée par quart tous les trimestres ; pour le premier paiement s'effectuer le...

Pour vérifier les quantités de houille extraites, M. R.., bailleur, aura nécessairement le droit de visiter les travaux souterrains toutes les fois qu'il le jugera utile et également de prendre connaissance des livres, plans et registres d'extraction qui seront mis à sa disposition toutes les fois qu'il en fera la demande ; et pourra contrôler l'importance et l'origine de l'exploitation et même de déléguer à ces effets telles personnes qu'il avisera.

A défaut de paiement d'un terme de redevances et huit jours après une sommation de payer, demeurée infructueuse, M. R... aura le droit de demander la résiliation pure et simple de l'amodiation, sans indemnité.

DÉPÔT POUR GARANTIE

Les amodiataires, pour sûreté des redevances dont ils seront débiteurs, ainsi que de l'exécution des charges et conditions de l'amodiation et pour garantir M. R.. de toutes réclamations qui pourraient lui être faites pour la réparation des dommages causés par l'exploitation, s'engagent à déposer, avant le commencement de leurs travaux, au Crédit lyonnais, agence de... une somme de... en espèces ou en valeurs de bourse, dont ils auront naturellement le droit de percevoir les intérêts ou arrérages.

Ils ne pourront retirer cette somme ou les titres déposés qu'un an après la cessation de leur exploitation, et si à cette époque, il n'est produit aucune réclamation de dommages dont le règlement soit resté en suspens. Les amodiataires s'engagent à régler immédiatement les dommages de surface occasionnés par l'exploitation.

Dans le cas où ils tarderaient à faire ce règlement... (*fixer un délai*), M. R... pourrait faire cesser l'exploitation sur simple requête ou exiger de nouvelles garanties.

Et si la somme de... déposée en garantie avait été diminuée par suite du paiement d'indemnité, ledit M. R... aurait le droit de demander la résiliation du bail un mois après une mise en demeure de compléter le dépôt restée sans effet.

DOMMAGES ANTÉRIEURS

M. R... et les preneurs, afin d'éviter toutes difficultés relativement aux réclamations qui pourraient avoir lieu pour des dommages provenant des travaux antérieurs, dont ni les uns ni les autres ne peuvent être responsables, feront constater avant le commencement de l'exploitation l'état des travaux intérieurs et celui des immeubles se trouvant dans le périmètre de la concession.

FRAIS

Les frais de cette constatation seront supportés par les amodiataires.

ÉLECTION DE DOMICILE

Pour l'exécution des présentes, les parties font élection de domicile en l'étude de Mᵉ..., notaire soussigné.

PERCEPTION DE L'ENREGISTREMENT

Pour la perception de l'enregistrement, sans autre conséquence, les parties déclarent que, pendant toute la durée de l'amodiation, le montant des redevances que M. R... pourra recevoir s'élèveront à... et que les charges imposées aux preneurs représentent une valeur de...

DONT ACTE. — Fait et passé, etc...

Lecture des articles 12 et 13 de la loi du 23 août 1871

ENREGISTREMENT : Droit proportionnel de 2 o/o, décimes en plus (nᵒ 618)

V. — BAUX PAR ADJUDICATION

FORM. 30. — Bail par adjudication (nᵒ 355).

L'an mil neuf cent..., le..., à..., en la salle de la mairie,
Pardevant Mᵒ... A comparu :
M. Eugène Cotte, propriétaire, demeurant à...
Lequel a dit qu'étant dans l'intention de louer diverses pièces de terres labourables, prés et vignes, situés sur le territoire de..., dont il est propriétaire, il a fait annoncer par affiches apposées dans la commune de... et les communes voisines, qu'il serait procédé à cette location par adjudication en .... lots, par le ministère du notaire soussigné, cejourd'hui, heure et endroit présents.

En conséquence il a requis Mᵒ... d'établir la désignation des immeubles à louer, ainsi que les charges et conditions de l'adjudication, ce qui a eu lieu de la manière suivante :

DÉSIGNATION ET COMPOSITION DES LOTS
Premier lot.

Le premier lot comprend :
1º 75 ares 20 centiares de terre en labour, au lieudit le Canada, tenant, etc....
(*Établir la désignation de chacun des immeubles composant chaque lot.*)

DURÉE DU BAIL

Les biens ci-dessus désignés seront affermés pour neuf années consécutives qui commenceront à courir le... et finiront le...

CHARGES ET CONDITIONS

ART. 1ᵉʳ. — *Mode des enchères.* — L'adjudication de chaque lot sera prononcée à l'extinction des feux, au plus offrant et dernier enchérisseur. Les enchères ne pourront être moindres de...

ART. 2. — *Garantie.* — Les immeubles mis en location seront adjugés sans **garantie de mesure** ; en conséquence, la différence qui pourrait exister entre la contenance réelle et celle susindiquée fera profit ou perte aux adjudicataires, quelle qu'en soit l'importance, sans pouvoir donner lieu à aucune augmentation ou diminution de fermage.

ART. 3. — (*Indiquer ici les conditions ordinaires des baux à ferme en donnant à la rédaction la forme que commande le cahier de charges. — V. Formules 1 et s.*)

Ajouter ensuite les clauses ci-après :

ART. … — *Paiement des fermages.* — Chaque adjudicataire paiera son fermage au bailleur à…, ou pour lui au porteur de la grosse et de ses pouvoirs en bonnes espèces d'or ou d'argent ou non autrement en deux termes égaux les…, pour le premier terme exigible le…, et le second le…, et continuer ainsi d'année en année, jusqu'à la fin du présent bail.

A défaut de paiement d'un seul terme de fermage de la part de l'un des adjudicataires, le bail sera résilié de plein droit à son égard, un mois après un simple commandement resté sans effet, et le preneur évincé ne pourra faire aucune réclamation pour les labours et ensemencements qu'il aurait fait et qui seront acquis au bailleur à titre de dommages-intérêts.

ART. … — *Caution.* — Tout adjudicataire qui en sera requis par le bailleur, sera tenu de lui fournir dans les 24 heures de l'adjudication soit une caution suffisante qui s'obligera solidairement avec lui, soit une affectation hypothécaire sur des immeubles d'une valeur suffisante et libres de toutes charges, sauf à l'adjudicataire auquel cette demande sera faite, à s'affranchir de cette condition en payant immédiatement au bailleur une année d'avance de son fermage, imputable sur la dernière année de jouissance.

ART. … — *Frais.* — Les adjudicataires paieront en sus et sans diminution de leurs fermages, entre les mains du notaire soussigné, dans les huit jours de l'adjudication, les frais d'affiches et de publication, les déboursés de timbre et d'enregistrement, les honoraires de Mᵉ… et le coût d'une grosse pour le bailleur, le tout fixé à… centimes par franc du montant cumulé de leurs fermages pendant toute la durée du bail en y ajoutant les charges comme en matière d'enregistrement.

(*Ou :* Chaque adjudicataire versera, au moment de l'adjudication, entre les mains de Mᵉ…, notaire soussigné : 1º Sa part proportionnelle dans les frais d'affiches, de publication, de timbre, de grosse et d'enregistrement ; 2º et… centimes par franc du prix cumulé de toutes les années du bail, en ce qui le concerne, pour honoraires de Mᵉ…, afférents au présent procès-verbal.)

Ces charges et conditions ainsi établies, M. Cotte a requis le notaire soussigné d'en donner lecture, puis de procéder à la réception des enchères et à l'adjudication, s'il y a lieu et il a signé après lecture faite.

(*Signature.*)

Déférant à cette réquisition, Mᵉ… a donné lecture du cahier des charges qui précède et a procédé à la mise aux enchères et à l'adjudication ainsi qu'il suit :

Premier lot.

Le premier lot ayant été mis en adjudication au prix de…, diverses enchères ont été portées dont la dernière par M. Adrien Lange, cultivateur, demeurant à… a élevé ce prix à la somme de…

Deux nouvelles bougies successivement allumées se sont éteintes sans nouvelle enchère,

En conséquence, du consentement de M. Cotte, le premier lot a été adjugé à M. Lange. ici présent, qui a accepté, moyennant un prix annuel de… outre les charges.

Et M. Lange a signé après lecture.

(*Signature.*)

Deuxième lot.

Le deuxième lot, etc… (*Procéder comme ci-dessus.*)

(*Si des personnes doivent se porter caution, il y aurait lieu de les faire intervenir avant de procéder à la clôture du procès-verbal, V. Formule 2.*)

De tout ce que dessus, il a été dressé le présent procès-verbal.

Et M. Cotte a signé avec le notaire après lecture.

ENREGISTREMENT : Droit proportionnel à 0,20 o/o décimes en plus (nº 562) calculé sur le prix de chaque adjudication.

FORM. 31. — Bail par licitation sans admission d'étrangers (nº 357).

L'an mil neuf cent…, le…

Pardevant Mᵉ…, notaire à…, et en son étude.

Ont comparu :

1º M. Eugène Cotte, négociant demeurant à…

2º M. Louis Cotte, cultivateur, demeurant à…

3º M. Henri Cotte, charron, demeurant à…

4º Mᵐᵉ Ernestine Cotte, sans profession assistée et autorisée de M René Bertin, représentant de commerce, avec lequel elle demeure à…

M. et Mme Bertin, mariés, etc...

Lesquels ont expliqué ce qui suit :

Les comparants sont propriétaires indivis d'une maison de rapport sise à... ci-après désignée et dépendant de la succession de M. Alfred Cotte, leur père, ancien négociant, décédé en son domicile à... le... duquel ils sont seuls héritiers chacun pour 1/4 ainsi qu'il est constaté par l'intitulé de l'inventaire après ce décès, dressé par M^e... notaire à... suivant procès-verbal en date du...

N'ayant pas, quant à présent, l'intention de faire cesser l'indivision existante et voulant, d'autre part, éviter les difficultés d'une administration en commun, ils ont résolu de liciter entre eux, sans admission d'étrangers, mais au plus offrant et dernier enchérisseur, la jouissance de l'immeuble dont s'agit.

En conséquence, ils ont requis M^e... d'établir, de la manière suivante, le cahier des charges clauses et conditions sous lesquelles aura lieu cette licitation.

DÉSIGNATION DE L'IMMEUBLE

Une maison sise, etc... (*la désigner.*)

DURÉE DU BAIL

Le bail sera de neuf années consécutives qui commenceront le... et finiront le...

CHARGES ET CONDITIONS

L'adjudication aura lieu sous les conditions et charges ci-après :

ART. 1er. — *Etat.* — L'adjudicataire prendra la maison etc... (*Etablir les conditions ordinaires des baux à loyer en adoptant pour la rédaction la forme des cahiers de charges*).

Puis ajouter :

ART. ... — *Paiement du loyer.* — L'adjudicataire paiera à chacun de ses co-propriétaires, le quart lui revenant dans le loyer annuel, en sa demeure à... et en bonnes espèces de monnaie d'or et d'argent et non autrement, en quatre termes égaux les... de chaque année pour effectuer le paiement du premier terme le...

A défaut de paiement d'un seul terme à son échéance et un mois après un commandement de payer resté sans effet, le bail sera résilié de plein droit, si bon semble aux co-propriétaires ou à l'un d'eux, sans qu'il soit besoin de remplir aucune formalité judiciaire.

ART. ... — *Frais.* — L'adjudicataire paiera les frais droits et honoraires des présentes et de l'adjudication y compris le coût d'une grosse pour chacun de ses co-propriétaires.

ART. ... — *Mode des enchères.* — L'adjudication aura lieu aux enchères au plus offrant et dernier enchérisseur sur la mise à prix de... ; les enchères ne pourront être moindres de...

ÉVALUATIONS DES CHARGES

Pour la perception des droits d'enregistrement les charges extraordinaires imposées au locataire sont évaluées à une somme annuelle de... non compris l'impôt foncier qui, pour l'année courante, s'élève à... d'après un extrait du rôle délivré par M. le Percepteur de...

Ce cahier de charges ainsi établi, les comparants ont requis le notaire soussigné de recevoir les enchères, puis ils ont signé après lecture.

(Signatures.)

ADJUDICATION

Déférant à la réquisition qui précède, M^e... a déclaré les enchères ouvertes au prix de... et après plusieurs enchères successivement mises par chacune des parties, l'immeuble mis en location a été, du consentement de ses frères et sœur, adjugé à M. Eugène Cotte qui accepte, moyennant un prix annuel de. , dont le quart pour chacun est de...

De tout ce que dessus, il a été dressé le présent procès-verbal, les jour, mois et an sus indiqués.

Et après lecture, les comparants ont signé avec le notaire.

(Signatures.)

ENREGISTREMENT : Droit de 0,20 o/o décimes en plus sur le prix de l'adjudication augmenté des charges, déduction faite de la part revenant à l'adjudicataire dans le prix et de sa quote part dans les charges.

FORM. 32. — Bail administratif (n° 366).

L'an mil neuf cent... le... en l'Hôtel de Ville de...

Pardevant M^e... a comparu :

M. Henri Thomas, propriétaire, maire de la ville de... où il demeure, rue... n°...

Agissant en sa qualité de maire, au nom de la Ville de... et en vertu des pouvoirs qui lui ont été délégués dans la délibération ci-après énoncée.

Lequel a d'abord exposé ce qui suit :

Dans une délibération en date du... le conseil municipal de la ville de..., a décidé la mise en adjudication aux enchères publiques, à l'extinction des feux, de la location en deux lots des biens ci-après :

DÉSIGNATION

Premier lot. — Les droits de places à percevoir pendant... années à compter du... dans la halle et sur les marchés de la ville.

Deuxième lot. — Un immeuble sis en la ville de... rue... no..., affecté à un théâtre, pour... années à dater du...

CHARGES ET CONDITIONS

Par la délibération précitée, le conseil municipal :

A fixé les mises à prix des biens adjugés en location : pour le premier lot à... et pour le second lot à...

Et a déterminé les charges et conditions de la location dans les termes ci-après rapportés : (*Rapporter textuellement les conditions insérées dans la délibération.*)

L'adjudication a été fixée par les soins du comparant, cejourd'hui, heure et endroits présents. et annoncée par la voie de placards et au moyen d'insertions faites dans divers journaux et notamment dans « Le Courrier » feuille d'annonces judiciaires et légales de l'arrondissement, ainsi que le constate un exemplaire de ce journal n°... du... portant la signature de l'imprimeur légalisée par le maire.

L'expédition de la délibération du conseil municipal ci-dessus énoncée et l'exemplaire précité du journal « Le Courrier » sont demeurés ci-annexés après mention.

Ceci exposé, M. Thomas, ès qualités, a requis Me... de donner lecture aux personnes réunies de tout ce qui précède, puis de procéder à l'adjudication dont il s'agit.

Puis il a signé après lecture.

(Signature.)

ADJUDICATION

Déférant à la réquisition ci-dessus, Me.... a donné lecture du cahier des charges qui précède, puis a procédé à l'adjudication ainsi qu'il suit :

Premier lot.

Le premier lot a été soumis aux enchères sur la mise à prix de .....

Diverses enchères ont été portées, dont la dernière par M. Pierre Acard, propriétaire, demeurant à..., a élevé le prix à .... francs.

Deux bougies ayant été allumées successivement et s'étant éteintes sans nouvelle enchère, M. Acard, à ce présent, et acceptant, a été proclamé adjudicataire du premier lot, moyennant un prix annuel de .... en sus des charges.

Après lecture, M. Acard, adjudicataire a signé.

(Signature.)

Deuxième lot.

Le deuxième lot, etc... (*comme ci-dessus.*)

De tout ce qui précède, il a été dressé le présent procès-verbal.

Et M. Thomas a signé avec le notaire après lecture.

(Signature.)

ENREGISTREMENT : Droit proportionnel 0,20 % décimes en plus (n° 644)

FORM. 33. — Bail par adjudication de places sur marchés. — Cahier de charges.

ADJUDICATION

1º De la fourniture, de la pose et de la location des tentes abris ;

2º De la perception des droits de place et de balayage ;

Sur six marchés découverts,

En la Chambre des Notaires de Paris, sise place du Châtelet n° 2, par le ministère de Me ...., notaire à Paris, rue ...., n° ....., le ....., heure de midi.

I. — Cahier des charges, clauses et conditions de l'entreprise.

§ 1er. — *Conditions spéciales.*

ARTICLE PREMIER. — *Objet de l'adjudication.* — L'entreprise a pour objet :

1º La fourniture, la pose et la location des tentes-abris;

2º La perception des droits de place et de balayage dus à la Ville de Paris,

Sur les marchés suivants, sis à Paris : Alésia, Joinville, Allemagne, Charonne, la Salpêtrière et Tolbiac.

ART. 2. — *Division et durée de la concession.* — La présente concession est divisée en deux lots comprenant :

1er Lot. — Marché d'Alésia. — Marché de Joinville. — Marché d'Allemagne.

2e Lot. — Marché de Charonne. — Marché de la Salpêtrière. — Marché de Tolbiac.

Elle commencera à courir : le .... pour le premier lot et le .... pour le second lot. Elle prendra fin à la date du ....

ART. 3. — *Fourniture et location des tentes-abris.* — La Ville de Paris mettra a la dispo-

sition des concessionnaires les tentes-abris actuellement en usage sur les divers marchés ci-dessus, lesquelles lui appartiennent et resteront sa propriété.

Néanmoins l'évaluation de ce matériel, qui sera faite à dire d'experts au début de la concession, servira de base au compte à établir à la fin de cette concession, époque à laquelle une nouvelle évaluation sera faite dans la même forme, et la différence entre ces deux évaluations fixera la somme dont la Ville de Paris se trouvera créancière ou débitrice envers les concessionnaires.

Les nouvelles tentes destinées, soit à remplacer les anciennes tentes hors d'usage, soit à couvrir les places supplémentaires, devront être d'un modèle semblable à celui employé sur le même marché.

Les concessionnaires devront marquer la délimitation des places sur les marchés conformément aux plans officiels, en posant d'avance les douilles des supports des tentes. Ce travail sera exécuté aux frais des concessionnaires sous la direction et la surveillance des agents de l'Administration.

Le marché actuel de Tolbiac sera transféré sur un emplacement nouveau, place Jeanne-d'Arc, à dater du jour où commencera la concession : l'adjudicataire devra assurer le service de ce nouveau marché avec un matériel qu'il fournira et qui devra être semblable à celui des deux autres marchés compris dans son lot, l'ancien matériel ne pouvant être employé sur le nouvel emplacement. La fourniture et la pose des douilles seront faites par lui et à ses frais, conformément aux dispositions du paragraphe précédent.

Toutefois, les concessionnaires auront la faculté de substituer au modèle de tentes en usage dans leur lot tel autre système qu'ils jugeront convenable, à la condition que le nouveau modèle aura été au préalable agréé par l'Administration et que la Ville de Paris sera garantie de tout recours quelconque.

En fin de concession, comme dans le cas d'application de la déchéance prévue à l'article 16 ci-après, toutes les tentes-abris en usage devront être remises en bon état à la Ville de Paris dans les conditions spécifiées dans le 1er alinéa du présent article.

ART. 4. — *Entretien.* — Pendant toute la durée de l'entreprise, le matériel susdésigné devra être entretenu, réparé, renouvelé et même augmenté, s'il y a lieu, aux frais des concessionnaires.

L'adjudicataire devra maintenir en parfait état de propreté tout son matériel et notamment tout le matériel loué aux détaillants et pratiquer toutes les mesures que l'Administration reconnaîtrait nécessaires pour assurer la salubrité des comestibles vendus dans les marchés.

Les indemnités qu'il pourrait y avoir lieu d'accorder aux détaillants pour marchandises avariées, par suite du mauvais état ou du montage défectueux des tentes-abris, seront payées par les concessionnaires.

Les douilles enfoncées dans le sol devront y être solidement scellées et ne présenter jamais à la surface ni creux ni saillie.

Lorsque le diamètre de l'orifice apparent de ces douilles dépassera 45 millimètres, celles-ci seront, aussitôt après la fermeture des marchés, recouvertes d'opercules fermant à clef, et ces opercules, comme les douilles, ne devront jamais présenter à la surface ni creux ni saillie.

Les toiles employées par les concessionnaires devront toujours être absolument imperméables et de première qualité; la teinte devra en être agréée par l'Administration.

ART. 5. — *Remisage et assurance du matériel.* — Les concessionnaires devront louer à leurs frais les locaux nécessaires au remisage des tentes-abris et ils seront tenus de justifier du paiement par avance des loyers; ils acquitteront les contributions et taxes y afférentes.

Le propriétaire des dits locaux devra, en outre, être avisé par les concessionnaires que les tentes sont la propriété de la Ville de Paris.

Les agents de l'Administration auront droit d'entrée dans ces remises.

Les concessionnaires devront faire assurer à leurs frais les susdites tentes à une Compagnie d'assurances à primes fixes agréée par l'Administration pour une somme au moins égale au montant de l'évaluation prévue à l'art. 3 et justifier tous les ans du paiement par avance des primes dues. Une copie de la police d'assurances sera adressée au Préfet de la Seine.

Dans le cas où un sinistre viendrait à se produire, le montant de l'indemnité serait versé à la Caisse municipale par la Compagnie d'assurances, sans le concours de l'adjudicataire, sauf reversement ultérieur à celui-ci quand il aura fait constater que les dégâts causés par l'incendie ont été réparés.

L'assurance ne sera pas résiliée faute de paiement d'une prime, la compagnie d'assurances ayant la faculté de présenter la quittance à l'Administration, pour le cas où le concessionnaire n'en aurait pas payé le montant, sauf recours ultérieur de l'Administration contre le concessionnaire.

Cette dernière clause devra être insérée dans la police d'assurance contractée par le concessionnaire.

ART. 6. — *Installation des tentes.* — *Personnel.* — Les concessionnaires devront faire effectuer, à leurs frais, avant l'ouverture des marchés, la pose des tentes-abris sur toutes les places composant l'effectif des dits marchés et leur enlèvement aussitôt après la clôture. Dans l'exécution de ce double travail, ils seront tenus de se conformer aux réglements faits ou à faire sur la police, ainsi qu'à toutes les indications qui leur seront données par les agents de l'Administration.

Les concessionnaires devront, en outre, assurer sur les marchés compris dans leur lot, le service de la cloche destinée à annoncer la distribution des places et la clôture des ventes.

Les employés et ouvriers des concessionnaires devront porter d'une manière ostensible une plaque conforme au modèle déterminé par l'Administration ; les concessionnaires devront congédier ceux de ces agents dont le renvoi serait demandé par l'Administration.

Les ouvriers étrangers ne pourront entrer pour plus d'un dixième dans la composition du personnel chargé du montage et du démontage des tentes abris.

L'adjudicataire devra assurer à ses ouvriers et employés un jour de repos par semaine. Il leur paiera un salaire au moins égal au salaire minimum des ouvriers de la Ville de Paris, calculé à raison de 5 francs par jour ou o fr. 50 l'heure. Si l'Administration constate une différence entre le salaire dû d'après la disposition qui précède et le salaire effectivement payé aux ouvriers, elle indemnisera directement les ouvriers lésés au moyen d'une retenue sur le cautionnement de l'adjudicataire.

Art. 7. — *Responsabilités*. — Les concessionnaires seront responsables envers la Ville de Paris des dommages causés par la faute ou la négligence de leurs agents, aux trottoirs, aux arbres, aux candélabres, aux bancs, aux fontaines, etc., qui se trouvent sur l'emplacement ou aux abords des marchés ; ils seront tenus à la réfection du sol et des trottoirs aux endroits où ils auront placé ou déplacé les douilles qui devront supporter les abris.

Art. 8. — *Infraction aux travaux d'installation*. — Toutes les fois qu'un marché n'aura pas été couvert à l'heure de son ouverture, ou qu'il aura été mal monté, ou qu'il n'aura pas été démonté et les abris enlevés aussitôt après la clôture, les concessionnaires seront passibles d'une amende qui ne pourra excéder cent francs ; chacune de ces amendes sera fixée par arrêté du Préfet de la Seine et le montant devra en être versé à la Caisse municipale dans les huit jours de la notification du dit arrêté. L'Administration se réserve, en outre, expressément, le droit de faire exécuter d'office, aux frais des concessionnaires, après une mise en demeure en la forme administrative restée infructueuse pendant quinze jours, tous travaux quelconques à leur charge qu'ils négligeraient d'effectuer, sans préjudice des mesures à prendre en vertu des pouvoirs de police et de l'application de la clause relative à la réadjudication, à la mise en régie, ou à la déchéance inscrite à l'article 16 ci-après.

Art. 9. — *Usage des tentes-abris*. — L'usage des tentes-abris sera obligatoire pour les détaillants admis sur les marchés qui font l'objet de la présente adjudication, et les détaillants devront, pour le paiement du droit de place, en acquitter le prix sous la condition inscrite au chap. 1er, § III, 1º de l'arrêté préfectoral du 4 juillet 1902, ainsi conçue : « La permission pourra être retirée à tout détaillant qui n'aura pas acquitté d'avance le loyer de sa place et les contributions diverses y afférentes, notamment la location des tentes-abris sur les marchés découverts » ; étant bien entendu que le droit d'abri ne sera dû qu'au jour le jour et pour les places réellement occupées en fait.

L'emploi des toiles de fond sera facultatif pour les marchands, mais ils ne pourront en employer d'autres que celles fournies par les concessionnaires.

Les marchands devront s'adresser directement aux concessionnaires pour la location des tables ; ils auront toutefois la faculté de se servir de tables leur appartenant qu'ils apporteraient eux-mêmes de leur domicile.

Art. 10. — *Tarifs des tentes-abris*. — Le maximum des droits à percevoir sur les détaillants par le concessionnaire est fixé ainsi qu'il suit :

MARCHÉS	Droit obligatoire — Tente Abri	DROIT FACULTATIF		
		Toile de fond	Toile de côté ou de passage	Tables
		PAR JOUR DE TENUE		
Premier Lot.				
Marché d'Alésia	0,30	0,10	0,10	0,20
Marché de Joinville............	0,30	0,10	0,10	0,20
Marché d'Allemagne	0,40	0,10	0,10	0,20
Deuxième Lot.				
Marché de Charonne..........	0,40	0,10	0,10	0,20
Marché de la Salpêtrière.......	0,40	0,10	0,10	0,20
Marché de Tolbiac	0,30	0,10	0,10	0,20

Il est formellement interdit aux concessionnaires de percevoir sous aucun prétexte que ce soit des droits de location plus élevés ou des rétributions accessoires, non autorisés expressément.

ART. 11. — *Perception des droits de location.* — Les concessionnaires feront percevoir les droits de location aux jours et dans les conditions fixés par l'Administration.

ART. 12. — *Tarifs des droits de place et de balayage.* — Les droits à percevoir pour le compte de la Ville, le nombre des places et des jours de tenue s'établissent pour chaque marché ainsi qu'il suit :

MARCHÉS	NOMBRE de JOURS DE TENUE		Effectif des places	Nombre de places occupées au	Tarif par place et par jour	Droit de balayage par semaine
	Nombre	JOURS				
1er Lot.						
Alésia	2	Mercredi, samedi......	165	164	0,40	0,10
Joinville	3	Mardi, jeudi, dimanche.	230	228	0,40	0,10
Allemagne...	3	Mardi, jeudi, dimanche.	92	70	0,40	0,10
2e Lot.						
Charonne....	2	Mercredi, samedi......	160	159	0,40	0,10
La Salpêtrière	2	Mardi, vendredi.......	100	85	0,40	0,10
Tolbiac......	2	Jeudi, dimanche.......	54	54	0,40	0,10

Il est formellement interdit aux concessionnaires de percevoir, sous aucun prétexte, des prix supérieurs à ceux du présent tarif.

ART. 13. — *Quittances.* — Les concessionnaires délivreront aux parties versantes des quittances sur lesquelles seront énumérés les différents droits perçus.

Elles seront conformes au modèle approuvé par l'Administration et ne devront porter aucune annonce.

ART. 14. — *Perception des droits de place et de balayage.* — Les concessionnaires percevront les droits de place et de balayage en même temps que les droits de tentes, aux jours et heures et dans les conditions fixées par l'Administration.

ART. 15. — *Retrait de la place en cas de non-paiement par les titulaires.* — Pendant la durée de la présente concession, les adjudicataires pourront, pour sauvegarder leurs perceptions, réclamer, contre tout marchand en retard, l'application de l'arrêté préfectoral du ....., ainsi qu'il est dit à l'article 9 ci-dessus.

ART. 16. — *Déchéance ou retrait de la concession.* — Dans le cas où, après une mise en demeure restée infructueuse pendant 15 jours, les concessionnaires n'auraient pas exécuté tout ou partie des obligations qui leur sont imposées par le présent cahier des charges, dans le cas où ils percevraient des rétributions non autorisés ou plus élevées que celles fixées par les articles 10 et 12 ci-dessus, comme aussi dans le cas où ils laisseraient péricliter l'entreprise ou n'effectueraient pas exactement les versements stipulés à l'article 17 ci-après, l'Administration pourra décider à son gré, soit la mise en régie de cette entreprise, soit sa mise en adjudication, c'est-à-dire, sa réadjudication, aux risques et périls des concessionnaires, soit même leur déchéance pure et simple.

Dans le cas où la déchéance serait prononcée, les cautionnements versés par les concessionnaires en exécution de l'article 20 ci-après, seront acquis à la Ville de Paris, sans préjudice de toute demande ou action en dommages-intérêts.

En cas de faillite, de liquidation judiciaire ou décès du concessionnaire, la concession sera résiliée de plein droit. Toutefois l'Administration se réserve de laisser continuer la concession dans les conditions de l'adjudication, soit en faveur du concessionnaire, soit en faveur de ses créanciers ou héritiers, soit en faveur de tout autre postulant présenté par ceux-ci, soit enfin en faveur du liquidé.

Les concessionnaires devront tenir pour valables toutes les notifications qui leur seront faites par voies administratives.

ART. 17. — *Redevance.* — L'adjudication sera prononcée pour chacun des lots au profit de celui des concurrents qui aura offert la redevance annuelle la plus élevée, suivant le mode d'adjudication ci-après indiqué.

Cette redevance comprendra les sommes dues pour la concession des tentes-abris et pour la perception des droits de place et de balayage perçus pour le compte de la Ville de Paris.

Ladite redevance sera payable à la caisse municipale par semaine et d'avance, pour le premier versement avoir lieu :

Pour le 1er lot : Marché d'Alésia.................................... ⎫
     —   de Joinville............................ ⎬ le...
     —   d'Allemagne... .... ⎭
Pour le 2e lot : Marché de Charonne........................... ⎫
     —   de la Salpêtrière...................... ⎬ le...
     —   de Tolbiac........................... ⎭

ART. 18. — *Droit de cession.* — *Réserves de l'Administration.* — La concession ne pourra être cédée, en totalité ou en partie, sans le consentement formel et par écrit du Préfet de la Seine.

L'Administration se réserve expressément le droit :

1º D'augmenter ou de diminuer le nombre des places des marchés qui font l'objet de la présente concession.

2º De changer selon les besoins publics les emplacements, dispositions, jours et heures de tenue desdits marchés, voire même de supprimer un ou plusieurs marchés, sans que les con-cessionnaires aient, en aucun cas, le droit de réclamer de ces divers chefs aucune indemnité quelconque à la Ville de Paris, en dehors des réductions prévues à l'article 19 ci-après, con-cernant la perception des droits de place et de balayage.

Dans le cas de création de nouvelles places, les concessionnaires seront tenus de les abriter immédiatement et de pourvoir à la perception des droits de place et de balayage.

ART. 19. — *Modification de la redevance.* — Dans le cas de suppression de marché, soit temporaire, soit définitive, comme aussi dans le cas de modification dans le nombre des places ou des jours de tenue, la redevance sera diminuée ou augmentée d'une somme comprenant pour chaque place :

1º Le produit brut des droits de place et de balayage ;

2º Le produit de l'abri obligatoire, déduction faite de 0 fr. 30 par place et par jour de tenue.

Le calcul sera établi :

1º Pour les places supprimées, d'après le nombre de celles réellement louées au jour où la décision administrative sera appliquée, les places vacantes ne donnant lieu à aucune réduc-tion ;

2º Pour les places créées, seulement sur celles pourvues de titulaires ; le décompte sera arrêté à la fin de chaque trimestre ou de chaque mois, au gré de l'Administration.

ART. 20. — *Condition d'admissibilité.* — *Cautionnements.* — Nul ne sera admis à con-courir :

1º S'il n'est de nationalité française et s'il n'a la jouissance de ses droits civils et politi-ques ;

2º Si quarante huit heures au moins avant l'adjudication il n'a déposé à la Préfecture de la Seine — Direction des Affaires municipales, bureau de l'Approvisionnement — un extrait de son casier judiciaire n'ayant pas plus de trois mois de date, sur le vu duquel la liste d'admis-sibilité sera arrêtée par l'Administration et notifiée avant l'adjudication à Mᵉ... notaire.

3º S'il n'a fait, à l'étude de Mᵉ... qui en délivrera récépissé, le dépôt d'un cautionnement de :

.... francs pour le 1er lot.
.... francs pour le 2e lot.

Ces cautionnements seront constitués, soit en numéraire, improductif d'intérêts, soit en titres au porteur de l'Etat ou de la Ville de Paris.

Les cautionnements versés par les concurrents qui n'auront pas été déclarés adjudica-taires, seront restitués immédiatement.

Les cautionnements versés par les adjudicataires seront déposés à la Caisse municipale et convertis en titres au porteur de l'Etat ou de la Ville de Paris s'ils ont été faits en numéraire.

Les titres seront comptés au cours moyen de la veille de l'adjudication ou au pair si le cours est supérieur.

Les coupons seront remis aux concessionnaires et, en cas de sortie aux tirages, les titres amortis seront remplacés par des titres de même nature

Dans le cas où, pendant le cours de l'entreprise, des prélèvements auraient dû être opérés par l'Administration sur le cautionnement par l'effet des garanties auxquelles il est affecté par le présent cahier des charges, l'adjudicataire devra le compléter dans un délai de quinze jours.

Les cautionnements versés par les adjudicataires leur seront rendus à l'expiration de leur entreprise sur un certificat constatant qu'ils se sont acquittés de toutes les obligations que leur impose le présent cahier des charges, sauf l'effet des réserves exprimées en l'article 16.

§ 2. — *Conditions ordinaires.*

ART. 21. — *Mode des enchères et obligations des enchérisseurs.* — L'adjudication aura lieu aux enchères et à l'extinction des feux, à la Chambre des Notaires de Paris.

Les enchères ne seront reçues que de la part d'avoués à Paris ou de notaires du ressort de la Chambre.

Elles seront de 100 francs au moins de redevance annuelle.

Les avoués ou les notaires enchérisseurs ne pourront pas enchérir pour des personnes notoirement insolvables.

L'adjudication de chaque lot sera faite au plus offrant et dernier enchérisseur.

Elle ne pourra être prononcée qu'à l'extinction des feux dont les deux derniers auront brûlé et se seront éteints sans nouvelle enchère.

Les enchères seront portées de vive voix; on ne constatera que la dernière.

Il y aura adjudication, même sur une seule enchère.

L'avoué ou le notaire dernier enchérisseur sera tenu de faire connaître son mandant et de faire accepter l'adjudication par celui-ci, ou de rapporter son pouvoir pour être annexé à la minute de la déclaration, le tout, soit à l'instant de l'adjudication et par le procès-verbal même soit par acte passé en suite de ce procès-verbal le lendemain avant midi : et, faute de satisfaire à ces conditions, l'adjudication demeurera pour le compte personnel de l'avoué ou du notaire enchérisseur.

ART. 22. — *Déclaration de command.* — L'adjudicataire déclaré par l'avoué ou le notaire dernier enchérisseur, à l'instant de l'adjudication, et par le procès-verbal même, jouira de la faculté de déclarer command jusqu'au lendemain avant midi, mais ce command devra avoir rempli les formalités exigées des autres concurrents, c'est-à-dire être porté sur la liste d'admissibilité et avoir effectué le dépôt préalable du cautionnement ; dans le cas où il userait de cette faculté, il restera solidairement obligé avec le command qu'il se sera substitué, au paiement du prix et à l'exécution de toutes les clauses et conditions de l'enchère.

Dans le cas où la déclaration de command serait faite devant un autre notaire que M^e... adjudicataire déclaré devra, dans les huit jours de l'adjudication, déposer à ses frais une expédition de la déclaration de command au rang des minutes du dit M^e... par acte à la suite du procès-verbal d'adjudication.

ART. 23. — *Solidarité des adjudicataires.* — Si, en exécution des articles précédents, il est déclaré pour un même lot plusieurs adjudicataires ou commands, il y aura dans tous les cas, solidarité entre eux, et les droits et actions, tant personnels que réels, de la Ville de Paris, seront indivisibles à cet égard.

ART. 24. — *Frais.* — Les adjudicataires devront verser, en sus de leurs prix, soit le jour même de l'adjudication, soit le lendemain avant midi, entre les mains et sur la quittance du notaire chargé de l'adjudication :

1º Les droits de timbre et d'enregistrement du cahier des charges et de ses annexes, le timbre du procès-verbal d'adjudication et d'une première expédition du tout, ainsi que d'une grosse qui sera remise à la Ville de Paris et conservée par elle, même après l'expiration de la concession et l'exécution de toutes les charges, le tout au marc le franc de leurs prix.

2º Le montant des frais d'impression du cahier des charges, d'annonces, d'affiches et autres déboursés de ce genre, sur le simple état qui en sera fourni et dont la quotité sera déclarée avant l'adjudication ;

3º Les droits d'enregistrement auxquels l'adjudication donnera ouverture ;

4º L'honoraire proportionnel à raison de 0 fr. 45 o/o sur la totalité des redevances dues pour chaque lot pendant toute la durée de la concession, et ce pour tous honoraires du procès-verbal d'enchères, de la publicité donnée à l'adjudication et du procès-verbal d'adjudication, y compris le coût de la première expédition ;

5' Et le coût de l'expédition ou de l'extrait qui sera délivré à chacun d'eux.

ART. 25. — *Élection de domicile.* — La Ville de Paris et les adjudicataires demeureront soumis, pour tous les effets de l'adjudication, à la juridiction des tribunaux de Paris, et à défaut d'élection de domicile spécial en cette ville, par les adjudicataires, elle sera de droit chez l'avoué ou chez le notaire enchérisseur de chacun d'eux.

ART. 26. — *Mises à prix.* — Sous les charges et conditions ci-dessus stipulées, les mises à prix sont fixées :

Pour le 1er lot, à ..... francs par an ;
Pour le 2e lot, à ..... francs par an.

Délibéré par le Conseil Municipal dans sa séance du.....

Approuvé :

Paris, le...

Le Préfet de...
(*Signature.*)

II. — Adjudication.

(*Pour l'adjudication V. Formule 32.*)

FORM. 34. — Bail de biens d'un hospice (nº 372).

I. — Cahier des charges.

Cahier des charges dressé par :

1º M. Henri Thomas, propriétaire, maire de la ville de..., et comme tel président né de la commission administrative de l'hospice civil et militaire de...

2º M...; 3º M...; 4º M...; en leur qualité de membres de la même commission.

Pour parvenir au bail par adjudication des biens ci-après appartenant à cet hospice, savoir :

DÉSIGNATION

Une ferme, etc... (*A désigner.*)

DURÉE DU BAIL. — CHARGES ET CONDITIONS

(*Voir la formule 32.*)
Fait et rédigé à... en la salle des délibérations de la commission administrative de l'hospice de...

II. — Adjudication.

L'an mil neuf cent..., le..., à..., en la salle des délibérations de la commission administrative de l'hospice de...
Et pardevant Me... A comparu :
M. Joseph Lemoine, propriétaire, demeurant à...
Agissant en qualité de membre de la commission administrative de l'hospice de... et en vertu de la délégation contenue dans une délibération de cette commission en date du..., dont une expédition est restée ci annexée après mention.
Lequel a dit ce qui suit :
Pour parvenir au bail par adjudication en un seul lot et pour neuf années de la ferme de..., située commune de..., appartenant à l'hospice de..., la commission administrative a a arrêté dans sa séance du... le cahier des charges et conditions sous lesquelles cette adjudication aura lieu.
Cette adjudication a été annoncée à ces jour et heure et dans le lieu ci-dessus indiqué, tant par des affiches apposées dans le lieu de la situation des biens et dans les villes et communes voisines que par une insertion dans le journal..., feuille du..., no..., dont un exemplaire porte la signature de l'imprimeur légalisée par M. le Maire de... et la mention d'enregistrement suivante : « Enregistré, etc... »
Et le comparant a remis au notaire soussigné le cahier des charges et l'exemplaire du journal susénoncé pour demeurer annexé aux présentes après mention.
Puis il a requis Me... de donner lecture du cahier des charges et des présentes et de procéder ensuite à l'adjudication.
Me... a donné cette lecture, après quoi il a procédé à l'adjudication de la manière suivante :
(*Pour la suite voir formu'e 32.*)

VI. — BAUX A CHEPTEL

FORM. 35. — Cheptel simple ou ordinaire (no 262).

Pardevant Me... A comparu :
M. Eugène Cotte, propriétaire, demeurant à...
Lequel a, par ces présentes, donné à cheptel simple pour... années consécutives qui ont commencé à courir le...
A M. Adrien Lange, cultivateur, demeurant à..., ici présent et qui accepte.

DÉSIGNATION

Un fonds de bétail, composé ainsi qu'il suit :
1o Quinze vaches laitières, dont huit sous poil...., de l'âge d'environ.... ans, et sept sous poil..., d'environ... ans, estimées, les premières à raison de... par tête et les autres à raison de... aussi par tête... »   »
2o Trois génisses de l'âge de..., l'une sous poil..., et les deux autres sous poil..., estimées ensemble... »   »
3o Cent moutons dont... béliers et... brebis de race... et marqués des lettres E. C., estimés à raison de... par tête pour les béliers, et de... pour les brebis, à la somme de... »   »
Valeur totale du fonds de bétail............. »   »

(*Ou :* Un fonds de bétail de la valeur de..., tel qu'il est désigné en un état estimatif dressé par les parties, certifié véritable par elles et resté ci-annexé après mention.)
Duquel fonds de bétail, ainsi composé, M. Lange se reconnaît en possession.

CHARGES ET CONDITIONS

Le présent bail est fait aux charges et conditions suivantes que chacune des part'es, en ce qui la concerne, s'oblige à exécuter, savoir :

Art. 1er. — *Entretien.* — Le preneur sera tenu de nourrir tous les bestiaux, de les garder, soigner et héberger convenablement et de veiller à leur conservation, le tout à ses frais.

Il ne pourra faire aucune tonte sans en prévenir le bailleur.

Art. 2 — *Affectation des produits.* — Il profitera seul du laitage, du fumier et du travail des animaux, mais les laines et le croît seront partagés par moitié entre lui et M. Cotte.

Dans le courant de chaque année, et quand bon lui semblera, chacune des parties pourra exiger le partage des croits. A cet effet, il sera procédé à la prisée du cheptel, comme il est dit ci-après art. 4; les croits serviront d'abord à remplacer ce que le fonds du bétail aura perdu par cas fortuit et le surplus, s'il y en a, sera partagé par moitié.

Art. 3. — *Aliénations et perte de bétail.* — Le preneur ne pourra disposer d'aucune bête, soit du fonds, soit du croît, sans le consentement du bailleur qui ne pourra lui-même en disposer sans le consentement du preneur.

Si, par la faute ou la négligence du preneur, l'un ou plusieurs des chefs du cheptel périssent ou se perdent, il sera tenu de les remplacer à ses frais ; si la perte arrive par cas fortuit et sans la faute du preneur, il sera toujours tenu de rendre compte des peaux des bêtes mortes.

Art. 4. — *Fin de bail.* — A l'expiration du présent bail ou en cas de résolution, il sera fait une nouvelle estimation du cheptel par deux experts choisis par les partiés et à leur défaut nommés d'office par le Juge de paix du canton de..., avec faculté de s'adjoindre un tiers expert pour les départager en cas de désaccord.

Le bailleur prélèvera sur les bases de cette estimation, des bêtes de chaque espèce, à son choix, jusqu'à concurrence de..., estimation donnée au fonds du cheptel ; l'excédent sera partagé par moitié entre les parties.

S'il n'existe pas assez de bêtes pour remplir la première estimation, le bailleur prendra ce qui en restera et le preneur devra lui payer, dans le délai de... la moitié de la perte.

Art. 5. — *Notification.* — Les présentes seront notifiées dans le délai de..., à M. Henri Thomas, propriétaire de la ferme de .., louée à M. Lange et dans laquelle sont hébergés les bestiaux présentement donnés à cheptel, afin de conserver les droits de M. Cotte sur le fonds et le croît du cheptel, à l'encontre du privilège de M. Thomas.

Art. 6. — *Frais.* — Tous les frais des présentes, y compris la notification précitée et le coût de la grosse pour le bailleur seront à la charge du preneur.

ÉVALUATION POUR L'ENREGISTREMENT

Les parties évaluent, mais pour la perception de l'enregistrement seulement, la portion revenant à M. Cotte dans le produit du cheptel, à la somme de... par année.

ÉLECTION DE DOMICILE

Pour l'exécution des présentes, les parties font élection de domicile, etc...

Dont acte. — Fait et passé, etc...

Enregistrement : Droit proportionnel : 0,20 %, décimes en plus (n° 601).

FORM. 36. — Cheptel à moitié (n° 285).

Pardevant Me... Ont comparu :

M. Eugène Cotte, propriétaire, demeurant à...

M. Adrien Lange, cultivateur, demeurant à..., dans la ferme de « l'Ecrou », appartenant à M. Thomas et située commune de...

Lesquels sont convenus de réunir, pour former un cheptel à moitié, les différents bestiaux appartenant par égale portion à chacun d'eux et désigné en un état estimatif certifié véritable et resté ci-annexé après mention.

M. Lange se reconnaît actuellement en possession de ces bestiaux.

Ce cheptel est ainsi convenu pour 3 années à dater du.....

CHARGES ET CONDITIONS

Il est fait aux charges et conditions suivantes que chacune des parties, en ce qui la concerne, s'oblige à exécuter, savoir :

Art. 1er. — *Entretien.* — M. Lange sera seul chargé de nourrir, héberger et soigner à ses frais tous les bestiaux, et en raison de cette charge il profitera seul du laitage, du fumier et du travail des animaux.

M. Cotte devra être prévenu de l'époque de la tonte qui ne pourra être faite qu'en sa présence, ou lui dûment appelé.

La laine et le croît seront partagés par égales portions entre les parties.

(*Ou si les mises sont inégales :* La laine et le croît appartiendront à M. Cotte pour... et à M. Lange pour le surplus.)

Art. 2. — *Aliénation et perte.* — Aucune des parties ne pourra disposer, pendant la durée du cheptel, d'aucune bête du troupeau, soit du fonds, soit du croît sans le consentement par écrit de l'autre partie, à peine de tous dommages-intérêts et même de résiliation des présentes si bon lui semble.

M. Lange sera tenu de remplacer à ses frais, les bêtes qui viendraient à périr ou se perdre par sa faute ou par sa négligence ; si la perte arrive par cas fortuit, il sera toujours tenu de rendre compte des peaux des bêtes mortes.

ART. 3. — *Fin de bail.* — Lors de l'expiration du présent bail, il sera procédé, par des experts choisis par les parties, ou nommés d'office par le juge de paix du canton, à l'estimation du fonds du cheptel. Chacune des parties prendra des bêtes de chaque espèce jusqu'à concurrence de sa mise et, du surplus s'il en existe, il sera formé deux lots égaux qui seront tirés au sort entre les parties.

(*Ou bien en cas de mises inégales :* Le fonds du cheptel sera d'abord prélevé et divisé en trois lots, dont deux reviendront à M. Cotte et l'autre à M. Lange.)

S'il n'existe pas assez de bêtes pour remplir le fonds du cheptel, la perte sera supportée par les parties dans la proportion de leurs mises respectives.

ART. 4. — *Notification.* — Pour que le propriétaire de la ferme qu'exploite M. Lange ne puisse exercer son privilège sur le fonds du bétail formant l'apport de M. Cotte, les présentes lui seront notifiées à la requête de ce dernier dans le plus bref délai possible avec déclaration de l'objet de cette notification.

ART. 5. — *Frais.* — Les frais des présentes, y compris le coût de la notification et d'une grosse pour M. Cotte, seront supportés par M. Lange.

ÉVALUATION POUR L'ENREGISTREMENT

Pour servir de base à la perception de l'enregistrement, les parties évaluent à la somme de... le produit annuel qui pourra revenir à M. Cotte.

DOMICILE

Pour l'exécution de leurs conventions, les parties font élection de domicile, etc. ..

DONT ACTE. — Fait et passé, etc...

ENREGISTREMENT. — Droit proportionnel : 0,20 %, décimes en plus (n° 601).

FORM. 37. — Cheptel donné au fermier, ou cheptel de fer (n° 288).

Pardevant M⁰. . A comparu :

M. Eugène Cotte, propriétaire, demeurant à.....

Lequel a, par ces présentes, donné bail à ferme pour..., années consécutives qui commenceront à courir le.....

A M. Adrien Lange, cultivateur, demeurant à..., à ce présent et acceptant.

DÉSIGNATION

La ferme de..., etc. (*Désigner.*)

A l'exploitation de laquelle ferme est attaché un fonds de bétail composé de..., dont il sera dressé un état estimatif, par experts, lors de l'entrée en jouissance du preneur, qui le recevra comme cheptel de fer.

CHARGES ET CONDITIONS

Le présent bail est fait aux charges et conditions suivantes, que le preneur s'oblige à exécuter, savoir :

ART. 1ᵉʳ. — (*Insérer les conditions ordinaires de baux à ferme, formules 11 et 12.*)

ART. ... — *Cheptel.* — Le preneur sera tenu de bien nourrir, héberger et soigner les bestiaux sans en pouvoir aucunement disposer par vente ou autrement, il les emploiera aux travaux et pour l'exploitation de la ferme.

Les herbages et pâturages seront destinés exclusivement à la nourriture des animaux.

Le preneur profitera seul du laitage, des laines du croît et autres produits du cheptel ; toutefois les fumiers devront être employés exclusivement à l'amendement des terres et prés de la ferme et ne pourront, en aucun cas, être vendus.

Il supportera la perte même totale et par cas fortuit du fonds de cheptel.

Par suite, à la fin du bail, le preneur remettra au bailleur un fonds de cheptel de même nature et de pareille valeur que celui reçu par lui lors de l'entrée en jouissance.

FERMAGE

Le présent bail a lieu en outre moyennant, etc...

(V. *pour le surplus la formule 11*).

FORM. 38. — Cheptel donné au colon partiaire (n° 293).

Pardevant M°... A comparu :

M. Eugène Cotte, propriétaire, demeurant à...

Lequel a, par ces présentes, donné à ferme à moitié fruit pour ... années entières et consécutives qui commenceront à courir par la récolte de l'année....

A M. Adrien Lange, cultivateur, demeurant à..., à ce présent et acceptant.

DÉSIGNATION

Un domaine connu sous le nom de.... (*Désignation.*)

A l'exploitation duquel domaine sont attachés différents bestiaux détaillés en un état estimatif que les parties ont représenté et qui est demeuré ci-annexé, après avoir été certifié véritable et revêtu d'une mention de son annexe.

Ainsi que le domaine et le cheptel, parfaitement connus du preneur, se trouvent exister, sans aucune exception ni réserve.

CHARGES ET CONDITIONS

Ce bail est fait aux charges et sous les conditions suivantes que le preneur s'oblige à exécuter et accomplir sans pouvoir prétendre à aucune indemnité.

ART. 1ᵉʳ. ..... — (*Suivent toutes clauses relatives à l'exploitation d'une ferme. — V. formule 11.*)

ART. ... — *Cheptel.* — Le preneur sera tenu de bien nourrir, héberger et soigner, à ses frais, les bestiaux composant le cheptel ; les herbages et pâturages seront exclusivement destinés à la nourriture de ces animaux.

Le preneur profitera seul du laitage. Les laines et le croît seront partagés par moitié entre lui et le bailleur ; le preneur fera la tonte des laines à ses frais et après avoir prévenu le bailleur.

Le bailleur aura la faculté de prendre la totalité des laines en payant au preneur, pour la moitié qui lui en reviendra, seulement les quatre cinquièmes de la valeur, d'après le prix moyen à l'époque du partage.

Les laines auxquelles le bailleur aura droit pour sa moitié ou pour la totalité, seront portées immédiatement par le preneur, à ses frais, à..... dans les lieux que le bailleur aura désignés à cet effet.

Le partage des croîts sera fait dans le courant de chaque année lorsque les parties le jugeront à propos ; à cet effet, il sera procédé par experts à l'estimation du cheptel : les croîts serviront d'abord à remplacer les pertes qui seraient survenues sur le fonds du bétail et le surplus sera partagé par moitié entre le bailleur et le preneur.

Le preneur sera tenu de remplacer, à ses frais, les chefs de cheptel qui auront péri ou qui auront été perdus par sa faute.

Il sera fait par expert, à la fin du bail, une nouvelle estimation du troupeau. Le bailleur prélèvera, d'après cette estimation, des bêtes de chaque espèce, à son choix, jusqu'à concurrence de la valeur donnée au fonds du cheptel par l'état ci-annexé. L'excédant formant le croît, sera partagé par moitié.

S'il ne se trouve pas à la fin du bail, assez de bêtes, pour remplir le fonds du cheptel, la perte sera supportée pour moitié par chacune des parties, et le preneur paiera immédiatement au bailleur la somme qu'il devra pour sa moitié.

(V. *pour le complément de l'acte, formule 15 bail à moitié fruit.*)

FORM. 39. — Bail de vaches (n° 297).

Pardevant M°..... A comparu :

M. Eugène Cotte, propriétaire, demeurant à...

Lequel a, par ces présentes, donné bail à loyer pour ... années qui commenceront à courir le.....

A M. Adrien Lange, cultivateur, demeurant à..., à ce présent et acceptant.

DÉSIGNATION

Cinq vaches : une première sous poil... âgée d'environ..... ; une deuxième, etc....

CHARGES ET CONDITIONS

Ce bail est fait aux charges et sous les conditions suivantes :

ART. 1ᵉʳ. — *Exploitation.* — Le preneur aura le plus grand soin des animaux loués, il les logera et nourrira convenablement ; en cas de maladie, il leur fera donner tous les soins nécessaires ; les honoraires du vétérinaire et les frais de médicaments seront supportés par le bailleur.

Il sera tenu de conduire les vaches au taureau chaque fois qu'il sera nécessaire ; les frais de la saillie seront à sa charge.

Les veaux appartiendront au bailleur ; il les retirera à l'âge de.....

Tout le laitage appartiendra au preneur, sauf l'obligation de nourrir les veaux jusqu'à ce qu'ils soient retirés par le bailleur.

ART. 2. — *Cession du bail.* — Le preneur ne pourra ni céder, ni sous-louer son droit au présent bail sans le consentement du bailleur.

ART. 3. — *Fin de bail.* — A la fin du présent bail, les vaches seront rendues au bailleur : le preneur demeurera responsable des pertes survenues par sa faute ; quant à celles résultant des cas fortuits, elles seront supportées par le bailleur.

ART. 4. — *Frais.* — Tous les frais des présentes, etc.....

ÉVALUATION POUR L'ENREGISTREMENT

Pour la perception du droit d'enregistrement, les parties évaluent à une somme annuelle de....., le profit que le preneur retirera du présent bail

DOMICILE.

Pour l'exécution de leurs conventions, les parties, etc.

DONT ACTE. — Fait et passé, etc...

ENREGISTREMENT : Droit proportionnel à 0,20 o/o, décimes en plus (N° 604.)

VII. — TRANSPORT. — RÉTROCESSION. — RÉSILIATION. — SOUS-LOCATION CONGÉ.

FORM. 40. — Transport de bail (n° 181).

Pardevant M⁰... Ont comparu :

M. Adrien Lange, négociant, demeurant à.....

Et M. Henri Thomas, cultivateur, demeurant à.....

Lesquels, préalablement au transport de bail ci-après, ont exposé ce qui suit :

Aux termes d'un acte passé devant M⁰....., notaire à....., le....., M. Lange a loué de M. Eugène Cotte, propriétaire, demeurant à ...., pour..... années à compter du....., les biens ci-après désignés, savoir :

(*Désignation des biens telle qu'elle est faite au Bail.*)

Ce bail a eu lieu moyennant un loyer annuel de...., payables, etc...., et en outre aux charges et sous les conditions suivantes littéralement rapportées.

(*Rapporter les charges et conditions du bail ; cette reproduction littérale n'est pas absolument indispensable, on pourrait y suppléer par l'insertion de cette clause :* Ce bail a eu lieu moyennant, etc... et sous diverses charges et conditions, dont M. Thomas déclare avoir pris connaissance sur l'expédition qui lui en a été remise par M. Lange.)

Ces faits exposés, M. Lange a, par ces présentes, cédé et transporté, sans autre garantie que celle de l'existence du droit ci-dessus énoncé,

A Monsieur Thomas qui accepte :

Tous ses droits, pour le temps qui en reste à courir à compter du..., au bail qui lui a été consenti par M. Cotte, aux termes de l'acte du... énoncé en l'exposé qui précède

Cette cession est faite à la charge par M. Thomas qui s'y oblige :

1° D'exécuter toutes les charges et conditions de ce bail et de prendre les biens objet de la cession dans l'état où ils se trouveront lors de l'entrée en jouissance ;

2° Et de payer exactement au lieu et place de M. Lange, à compter du... et jusqu'à l'expiration du bail, à M. Cotte sus-nommé, en sa demeure à..., le loyer annuel de..., aux époques et de la manière ci-dessus énoncées, pour faire le paiement du premier terme le...

M. Lange reconnaît que M. Thomas lui a présentement remboursé la somme de... qu'il avait payée à M. Cotte, pour six mois d'avance de loyers, imputables sur les six derniers mois de jouissance.

Par suite des obligations ainsi contractées par le cessionnaire, M. Lange subroge M. Thomas, dans tous les droits résultant en sa faveur du bail sus-énoncé, et notamment dans l'effet des obligations qui y ont été contractées par M. Cotte.

Pour le cas où M. Thomas ne satisferait pas aux obligations qui lui sont imposées, notamment à l'égard du paiement des loyers, il est expressément convenu que M. Lange aura le droit (sans préjudice du droit de poursuite appartenant au propriétaire) de poursuivre le paiement des termes de loyers échus, directement contre M. Thomas, en vertu d'une grosse des présentes qu'il est autorisé à se faire délivrer et que la présente cession sera résiliée de plein droit, le cas échéant et si bon semble au cédant, un mois après un simple commandement de payer resté infructueux, et les loyers payés d'avance ci-dessus, remboursés à M. Lange, lui resteront alors acquis à titre d'indemnité.

INTERVENTION DU BAILLEUR. — Aux présentes est intervenu M. Cotte, ci-dessus prénommé, qualifié et domicilié.

Lequel, après avoir pris communication du transport de bail qui précède, tant par lui-même que par la lecture que lui en a donnée le notaire soussigné, a déclaré l'avoir pour agréable, l'approuver, consentir à son exécution et se le tenir pour signifié sous la condition cependant que M. Lange restera garant et répondant solidaire de M. Thomas, tant pour le paiement des loyers que pour l'exécution de toutes les charges et conditions portées au bail ; voulant que le consentement par lui donné n'apporte aucune novation ni dérogation à ses droits.

Puis il a été convenu entre toutes les parties, qu'avant l'entrée en jouissance de M. Thomas (*ou* : que dans un délai de...) il serait fait avec ce dernier et le cédant, en présence du propriétaire, un recollement de l'état des lieux qui a été dressé le... et conformément auquel le cessionnaire s'est obligé de les rendre à la fin du bail.

M. Lange a remis à l'instant à M. Thomas qui le reconnaît une expédition du bail cédé et le double de l'état des lieux précité et enregistré à...

(*Au cas où une affectation hypothécaire serait donnée par un tiers pour la garantie des loyers insérer les clauses suivantes* :

Aux présentes est encore intervenu : M. Emile Legras, propriétaire, demeurant à...

Lequel, après avoir pris communication par la lecture que lui en a faite le notaire soussigné, de l'acte de transport de bail qui précède,

A déclaré hypothéquer à la garantie du paiement des loyers et de l'exécution de toutes les charges imposées à M. Thomas par le présent acte, les immeubles dont suivent la désignation et l'origine de propriété.

(*Désignation et origine de propriété.*)

(*Insérer ensuite les déclarations de M. Legras relativement à son état civil et la situation hypothécaire des immeubles affectés.*)

FRAIS

Les frais des présentes y compris ceux de la grosse à délivrer à M. Lange (*et* : de l'inscription à prendre sur les immeubles de M. Legras) seront supportés par M. Thomas, cessionnaire.

DOMICILE

Pour l'exécution des présentes, les parties font élection de domicile en leurs demeures respectives (et spécialement pour la validité de l'inscription à...).

RÉQUISITION POUR L'ENREGISTREMENT

Les parties requièrent l'enregistrement du présent acte pour les trois premières années seulement et elles évaluent à... francs par an, les charges extraordinaires du bail cédé.

DONT ACTE. — Fait et passé, etc...

ENREGISTREMENT : Droit proportionnel à 0,20 o/o, décimes en plus (n° 653).

FORM. 41. — Rétrocession de droit au bail, consentie par le cessionnaire au profit du locataire primitf (n° 181).

Pardevant Mᵉ..., Ont comparu :

M. Henri Thomas, négociant, demeurant à...

Et M. Adrien Lange, propriétaire, demeurant à...

Lesquels, pour arriver à la convention ci-après, ont exposé ce qui suit :

I. — Suivant acte passé devant Mᵉ..., notaire à..., le..., M. Eugène Cotte, propriétaire, demeurant à..., a fait bail à M. Lange, l'un des comparants, pour 9 années consécutives qui ont commencé à courir le..., pour finir le..., d'une maison sise à... (*Désignation.*)

Ce bail a été fait.

1° Moyennant un loyer annuel de... payable en quatre termes égaux, les..., et pour la première fois le...

2° Sous les charges et conditions de droit, et en outre sous les conditions suivantes : (*Indiquer ici sommairement les charges du bail.*)

II. — Aux termes d'un acte passé devant Mᵉ..., notaire à..., le..., M. Lange a cédé et transporté le bail précité à M. Thomas, l'un des comparants à partir du... et à charge par ce dernier :

1° D'exécuter toutes les conditions du bail, à partir du jour de son entrée en jouissance.

2° De payer au lieu et place de M. Lange le loyer dû au bailleur, aux époques et de la manière prévues au bail à partir du... et pour la première fois le...

M. Cotte, propriétaire de l'immeuble, est intervenu à ce transport et a déclaré l'avoir pour agréable et consentir à son exécution en se réservant toutefois ses droits et actions contre M. Lange, pour le paiement des loyers et l'entière exécution des conditions du bail.

Ces faits exposés, M. Thomas a rétrocédé et transporté sous la simple garantie de ses faits personnels.

A M. Lange qui accepte :

Le bail dont il s'agit à partir du...

Cette rétrocession est consentie et acceptée sans indemnité de part ni d'autre, mais à la charge par M. Lange, qui s'y oblige :

1° D'exécuter toutes les conditions du bail à partir du jour de sa rentrée en jouissance.

2° De payer exactement les loyers dus au bailleur, d'après les stipulations du bail, c'est-à-dire qu'il versera son premier trimestre le...

M. Lange reconnaît que M. Thomas lui a restitué l'expédition du bail ainsi que le double de l'état des lieux fait avec le propriétaire en date du... et portant la mention suivante : Enregistré...

INTERVENTION DU PROPRIÉTAIRE. — Aux présentes est intervenu : M. Cotte, ci-dessus prénommé, qualifié et domicilié.

Lequel, ayant pris communication de la rétrocession qui précède et ce, par lui-même et par la lecture que lui en a donnée le notaire soussigné, a déclaré l'avoir pour agréable et accepter M. Lange pour locataire à la place de M. Thomas.

Au moyen des présentes, ce dernier se trouve déchargé, tant vis-à-vis de M. Cotte que de M. Lange à partir du... de toutes les obligations qui résultaient pour lui des contrats pré-allégués, mais à la charge par lui :

1° De rendre les lieux loués le... conformes à l'état susvisé ;

2° D'y laisser, ainsi qu'il en est d'ailleurs tenu par le bail et le transport de bail consenti à son profit les décors, embellissements, armoires et autres travaux qu'il a pu y faire, sans pouvoir répéter aucune indemnité contre le bailleur ni contre M. Lange ;

3° De payer les frais et honoraires des présentes ;

Pour l'exécution des présentes, les parties font élection de domicile en leurs demeures respectives et sus indiquées.

DONT ACTE. — Fait et passé, etc...

ENREGISTREMENT : Droit proportionnel à 0,20 %, décimes en sus (n° 661).

FORM. 42. — Décharge de responsabilité par un propriétaire au profit du cédant à l'égard du cessionnaire du bail (n° 185).

Pardevant M°... Ont comparu :

1ont. — M. Eugène Cotte, propriétaire, demeurant à...

D'une part.

2ont. — M. Adrien Lange, négociant, demeurant à...

D'autre part.

Lesquels ont exposé ce qui suit :

EXPOSÉ

I. — Suivant acte reçu par M°..., notaire à..., le..., M. Cotte, comparant, a loué à M. Lange, aussi comparant, lequel a accepté, une maison sise à..., etc...

Ce bail a été fait pour une durée de... années, ayant commencé à courir le... et devant prendre fin le...

Il a eu lieu moyennant un loyer annuel de... payable...

Et a été consenti et accepté sous diverses conditions, notamment à la charge par M. Lange, qui s'y est obligé, de ne commettre à l'immeuble loué aucune dégradation et de le rendre à l'expiration du bail en bon état de réparations locatives ou conformes à l'état des lieux que le preneur pourrait faire dresser à ses frais dans le mois à compter de l'époque d'entrée en jouissance.

Le preneur s'est réservé la faculté de céder son droit audit bail, en restant garant et responsable envers le propriétaire tant du paiement des loyers que de l'exécution des conditions du bail par le cessionnaire.

II. — Aux termes d'un acte reçu par M°..., notaire à..., le..., M. Lange a cédé à M. Henri Thomas, cultivateur, demeurant à..., lequel a accepté, tous ses droits au bail sus énoncé pour le temps en restant à courir, à compter du 1er janvier 1911.

Cette cession a eu lieu à la charge par le cessionnaire qui s'y s'est obligé, notamment : 1° d'acquiter, à compter du 1er janvier 1911, les loyers du bail sus énoncé; 2° de satisfaire au lieu et place du cédant, à partir de la même époque, à l'exécution de toutes les conditions du dit bail, le tout de la façon dont M. Lange y était tenu et de manière que celui-ci ne soit jamais inquiété ni recherché à ce sujet.

DÉCHARGE A M. LANGE

Ces faits exposés :

M. Cotte, comparant, déclare accepter, à ses risques et périls, M. Thomas, comme locataire direct de la maison sus indiquée pour le temps restant à courir sur le bail sus énoncé, à compter du 1er janvier 1911, et décharger M. Lange de toutes les obligations prises par lui aux termes de ce bail.

En conséquence :

M. Cotte accepte M. Thomas comme débiteur direct des loyers à courir sur ce bail à compter du 1er janvier 1911, et renonce à exercer aucun recours, ou action quelconque contre M. Lange, au cas de non-paiement, et encore au cas d'inexécution des conditions du bail, par M. Thomas ou tous autres cessionnaires.

Et M. Cotte s'oblige à indemniser, le cas échéant, M. Lange, des sommes que celui-ci serait contraint de débourser comme conséquence de toute action que lui intenterait M. Thomas ou tous autres cessionnaires, pour cause d'inexécution des obligations incombant à M. Cotte, en qualité de propriétaire de l'immeuble.

M. Lange met et subroge M. Cotte qui accepte, dans tous ses droits et actions contre M. Thomas, résultant de l'acte de cession de bail sus énoncé titre II de l'exposé; mais cette subrogation est ainsi consentie sans aucune garantie de la part de M. Lange, de sorte que M. Cotte ne pourra jamais exercer aucun recours contre lui à cet égard.

A l'appui de cette subrogation, M. Cotte reconnaît que remise vient de lui être faite par M. Lange de la grosse de l'acte de cession de bail précité.

Dont décharge.

INDEMNITÉ

M. Cotte a ainsi consenti à décharger M. Lange de toute responsabilité à l'égard de M. Thomas, moyennant le paiement à titre d'indemnité, savoir :

1º D'une somme de... fixée à forfait.

2º Et en outre, de celle de..., à laquelle les parties ont fixé, d'un commun accord et aussi à forfait, le coût des travaux et réparations pouvant incomber à M. Lange en sa qualité de locataire.

Lesquelles sommes, M. Cotte reconnaît avoir reçues en espèces de monnaie ayant cours, comptées et délivrées à la vue du notaire soussigné, de M. Lange, à qui il en consent quittance.

Dont quittance.

Au moyen de ce paiement, M. Lange est également déchargé de l'exécution de tous travaux et réparations qui auraient pu être exigés de lui comme responsable de M. Thomas et de tous autres cessionnaires.

SIGNIFICATION

Pour faire signifier les présentes à M. Thomas, tous pouvoirs sont donnés au porteur d'un extrait.

FRAIS

Les frais des présentes, y compris le coût de deux expéditions, d'un extrait pour la signification et de l'exploit de signification seront supportés par M. Lange qui s'y oblige.

ÉLECTION DE DOMICILE

Pour l'exécution de leurs conventions, les parties élisent domicile, etc...

DONT ACTE. — Fait et passé, etc...

ENREGISTREMENT : Droit fixe, 3 fr., décimes en plus (n° 654).

FORM. 43. — Sous-location (n° 186).

Par devant Me... A comparu :

M. Adrien Lange, négociant, demeurant à...

Principal locataire d'une maison sise à..., rue..., n°..., pour douze années consécutives qui ont commencé à courir le..., pour finir le...., en vertu du bail qui lui a été fait par M. Eugène Cotte, propriétaire, demeurant à..., suivant acte passé devant Me..., notaire à... le..,

Lequel a, par ces présentes, sous-loué pour... années entières et consécutives qui commenceront à courir le... pour finir le...

A M. Henri Thomas, employé de commerce, demeurant à..., à ce présent et qui accepte.

Un appartement au troisième étage de cette maison se composant de... (*Pour le surplus de l'acte, voir la formule 40.*)

FORM. 44. — Résiliation de bail (n° 169).

Pardevant Me... Ont comparu :

M. Eugène Cotte, propriétaire, demeurant à...

Et M. Adrien Lange, négociant, demeurant à...

Lesquels ont, par ces présentes, déclaré résilier purement et simplement, à compter du... le bail fait par M. Cotte à M. Lange, pour... années consécutives qui ont commencé à courir

de la condition stipulée dans un précédent contrat (Cass. 14 déc. 1896, D. 98.1.257 ; Inst. 2935 § 3) soit de la date de l'entrée en jouissance effective si elle est antérieure (L. 22 frim. an VII art. 24), le tout sous peine d'un droit en sus qui ne peut jamais être inférieur à 50 fr. décimes en plus, et dû tant par le bailleur que par le preneur, personnellement sans solidarité entre eux (L. 23 août 1871, art. 14, cass. 14 déc. 1896 précité.

554. CONTRAVENTION. — En fait pour qu'il y ait contravention n° 553, il faut que ce soit l'entrée du preneur en jouissance qui remonte à plus de 3 mois ; tout en tenant compte que l'acte sous seing privé doit être enregistré *au plus tard* dans les *trois mois de sa date* (L. 22 frim. an VII art. 22; Yvetot, 16 mars 1877, R. P. 4717 ; J. E. 20662).

Cette dernière règle peut toutefois souffrir une exception « d'après certains usages locaux, quand les baux d'immeubles ruraux sont faits à une époque assez avancée pour que les travaux de culture soient entrepris, on a coutume de faire remonter la jouissance au 11 novembre, date annuelle du terme, de telle sorte, qu'il s'agit en fait, non d'une jouissance effective et réelle, mais de l'indication de l'époque à partir de laquelle court le prix du bail. Dans ces conditions et à raison de cette circonstance de fait, l'administration admet que l'amende n'a pas été encourue si l'acte a été présenté à la formalité dans les 3 mois de sa date, encore que la jouissance au moment de la présentation remonte à plus de 3 mois » (Sol. 2 juill. 1872 D. R. *Bail* 457 ; Sol. 1er juill. 1878).

555. AFFRANCHISSEMENT DU BAILLEUR. — Le bailleur peut s'affranchir de la pénalité, ainsi que du versement immédiat des droits simples, en déposant l'acte dans un bureau d'enregistrement avant l'expiration du 4e mois de sa date (L. 23 août 1871, art. 14 ; Instr. 2423 § 1) ; en ce cas le recouvrement des droits simples est poursuivi contre le preneur, indépendamment du droit en sus dont il est passible, sauf recours contre le bailleur pour le droit simple s'il n'est pas acquitté par le preneur.

556. CALCUL DU DÉLAI. — Le calcul du délai doit se faire de quantième à quantième. Ainsi un bail sous seing privé en date du 28 mars doit être présenté à la formalité au plus tard le 28 juin.

557. PERCEPTION DE L'AMENDE. — Si un bail hors délai est présenté par une seule des parties, le receveur ne doit percevoir que l'amende à sa charge, sauf à réclamer à l'autre partie l'amende qui lui est personnelle (Sol. 22 fév. 1895 J. E. 25.023 ; R.E. 1.204; R.P. 3.992; D.E. v° *Bail*,339).

Le preneur et le bailleur sont, à défaut d'enregistrement dans les délais légaux, tenus personnellement et sans réserves, nonobstant toute stipulation contraire, d'un droit en sus ; le preneur ne peut être tenu de supporter celui du bailleur sans recours contre celui-ci qu'à titre de dommages-intérêts, c'est-à-dire si une faute est relevée contre lui (Cass. 8 janv. 1907, *Gaz. Pal.* 26 janv. 1907).

Si les parties, liées par un bail écrit, le dissimulent, et que le bailleur fasse une déclaration de location prétendue verbale, les droits en sus sont exigibles en cas de découverte de l'acte écrit. Peu importe que tous les droits simples aient été acquittés sur la déclaration de location verbale (Sol. 22 févr. 1895 précitée).

558. DOUBLE ENREGISTREMENT. — Si un bail a été enregistré deux fois au droit proportionnel, sur les demandes successives du propriétaire et du locataire. le droit perçu en *dernier lieu* doit être restitué (Garnier, *Bail* 69, Sol 2 juillet 1872 et mai 1887).

559. BAIL PASSÉ A L'ÉTRANGER. — Quant au bail s. s. p. passé en pays étranger ou dans les colonies françaises où l'enregistrement n'est pas établi le délai est de 6 mois, s'ils sont faits en Europe, d'une année si c'est en Amérique et de 2 années si c'est en Asie ou en Afrique (L. 22 frim. an VII art 22.)

Bureaux compétents.

560. BAUX NOTARIÉS. — Les baux notariés doivent être enregistrés au bureau de la résidence du notaire quelle que soit la situation des biens loués.

561. BAUX SOUS SEINGS PRIVÉS. — Quant aux baux s. s. p. ils doivent être présentés à la formalité de l'enregistrement savoir :

1° Pour les immeubles de la ville de Paris, au bureau de l'arrondissement dans lequel ils sont situés ;

2° Pour les immeubles hors Paris, dans tous les bureaux indistinctement, sauf exception en ce qui concerne les villes où un bureau est spécialement désigné pour l'enregistrement, des actes sous seings privés.

Toutefois le fait que l'enregistrement serait fait à un autre bureau n'aurait aucune influence sur la validité du paiement des droits (Garnier, *Bail* 135 ; Dict. Réd. *bail* 498).

Tarif et liquidation des droits.

562. DROIT PROPORTIONNEL. — Les baux à loyer et à ferme sont soumis au droit proportionnel de o.20 o/o décimes en plus (L. 16 juin 1824, art. 1) sur le prix du bail (nos 563 et s.) augmenté des prestations en nature et des charges (nos 569 et s.) qui légalement n'incombent pas au preneur (LL. 22 frim. an VII art. 14; 16 juin 1824 art. 1).

563. PRIX DU BAIL. — LOYER PAYABLE EN ARGENT — Lorsque le loyer est payable en argent c'est la somme exprimée qui sert de base à la liquidation du droit.

564. LOYER PAYÉ COMPTANT. — Lorsque le loyer est payé comptant, pour toute sa durée on ne peut considérer la privation d'intérêts qu'éprouve le preneur comme une charge susceptible d'être ajoutée au prix (Castillon, *Bail*, nº 9.)

565. LOYER PAYABLE EN NATURE. — Si le prix du bail est stipulé payable en nature, il en est fait une évaluation d'après les mercuriales du marché le plus voisin ; s'il s'agit d'objet dont la valeur ne puisse être constatée par les mercuriales les parties en font une déclaration estimative (LL. 22 frim. an VII, art. 15 nº 1 ; 15 mai 1818, art. 75).

566. LOYER PAYABLE EN DENRÉES. — Lorsque le prix du bail consiste en une quantité de denrées ou en une somme d'argent au choix du bailleur, on doit percevoir sur la valeur qui est supérieure à l'autre, évaluation des denrées faites d'après les mercuriales (Del, 11 mars 1835). Si, au contraire, le choix appartient au locataire le droit doit être perçu sur la valeur des denrées qui est pour lui le maximum du prix (J. E. 11.160, R. G. 1813.)

567. LOYERS D'AVANCE. — Le paiement par anticipation de loyers ne constitue pas une charge, il n'est qu'une conséquence du contrat de bail et ne donne, par suite ouverture à aucun droit (Seine, 2 fév. 1831 ; Déc. 16 janvier 1884), il en a été ainsi décidé notamment lorsque le preneur cède au bailleur, en paiement des loyers, les arrérages d'une rente due par acte en forme (Sol. 21 juil. 1838).

568. LOYER NON EXPRIMÉ. — Enfin lorsqu'aucun loyer n'est exprimé au bail, le droit de o, 20 o/o est perçu sur une déclaration estimative certifiée, que les parties sont tenues de souscrire au pied de l'acte (L. 22 frim. an VII art. 16.)

569. CHARGES DES BAUX. — Les charges additionnelles des baux, imposées au preneur, susceptibles d'être ajoutées au loyer pour la liquidation des droits sont notamment :

1º Les deniers d'entrée et pots de vin (Cass. 30 janv. 1867).

2º Les redevances, faisances ou prestations en nature calculées d'après les mercuriales comme il est dit ci-dessus (nº 565).

3º Les redevances municipales ou charges de police (Sol. 10 mai 1867) à évaluer.

4º L'obligation de curer les puits, fosses, lieux d'aisances (Seine, 14 juillet 1853), l'acquit des primes d'assurances (Sol. 2 mars 1896, 11 août 1893, *J. E.* 24287), l'entretien des tapis de l'escalier, la redevance pour l'usage de l'ascenseur, etc..., à évaluer.

5º Les gages du concierge (Garnier, *Bail*, 105 ; *Dict. Red. Bail*, 193).

6º Les frais d'éclairage et l'abonnement aux eaux (Sol. 10 mai 1867). Si le preneur est locataire de toute la maison, l'obligation de payer les eaux n'est pas une charge (Sol. 25 août 1876).

7º La valeur des faisances, des pailles, foins que le fermier est obligé de fournir au bailleur (Del. 18 avril 1828), ainsi que celle des labours, charrois et autres travaux que le fermier s'oblige de faire sur les terres du bailleur autres que celles louées (Cass. 16 août 1847).

8º La contribution foncière (principal et centimes additionnels). Si le montant de l'impôt, mis à la charge du preneur n'est pas établi par un extrait du rôle qui doit être représenté au receveur, il faut, pour la liquidation du droit, ajouter d'office au prix du bail un quart en sus (Del. 9 brum. au VII, 19 juin 1835), sauf à restituer ou bien à réclamer un supplément de droit, si dans les deux ans de l'enregistrement il est établi, par un extrait du rôle, que l'impôt est inférieur ou supérieur au quart ajouté (Del. 26 fév. 1820, 19 juin 1835). Toutefois nous observons que les parties ou le notaire (se portant fort des parties) peuvent évaluer les charges (impôts fonciers, taxes, etc...) en *bloc* (L. 22 frim. an VII, art. 16).

9º La taxe de 2 o/o sur les propriétés bâties, établie en vertu de la loi du 31 déc. 1900 et la taxe de o,10 o/o afférente au terrain des propriétés bâties ou non bâties résultant de la loi du 10 juillet 1902 et constituant un impôt foncier (Cas. 26 déc. 1906, R. N. 1907.354).

10º La taxe vicinale établie par la loi du 31 mars 1903 en remplacement de la prestation pour l'entretien des chemins vicinaux (T. Paix Pont-du-Château, 13 janv. 1905, *Déc. J. Paix*, 1905.249).

11° Enfin la charge de faire les grosses réparations, qu'il convient d'évaluer.

En ce qui concerne l'obligation de construire imposée au preneur, v. n° 580.)

570. CONTRIBUTION PERSONNELLE. — PORTES ET FENÊTRES. — La contribution personnelle et mobilière, celle des portes et fenêtres, ainsi que les réparations locatives ou de menu entretien, sont de droit à la charge des locataires et il a été décidé que si le bailleur s'engage à supporter l'impôt des portes et fenêtres, ainsi que la moitié des frais et honoraires de l'acte de bail, les charges qui incombent normalement au locataire doivent, pour la liquidation du droit d'enregistrement, être déduites du prix exprimé au contrat (Grasse, 11 mai 1903, *R. P.* 10570, *R. E.* 580, *R. N.* 1904. 318).

571. CAUTIONNEMENT. — TARIF. — Le cautionnement donné dans un bail donne ouverture au droit de 0,10 o|o décimes en plus (L. 16 juin 1824, art. 1) liquidé sur les mêmes bases que le droit de bail et avec le bénéfice du fractionnement.

572. CAUTIONNEMENT DANS L'ACTE. — Si le cautionnement est donné dans l'acte même, le droit est liquidé sur le prix cumulé des années du bail, augmenté des charges ou sur le nombre d'années auxquelles il est limité.

573. CAUTIONNEMENT PAR ACTE SÉPARÉ. — Si le cautionnement est donné par acte séparé, le droit est perçu sur le prix afférent aux années restant à courir et le droit de 0,50 o/o décimes en plus est en outre exigible sur les fermages *échus* lorsque le cautionnement a pour objet non seulement les années à courir, mais encore les fermages échus et non payés (*R. G.* 2569; *Dict. Réd. Bail*, 332).

574. CESSION DE BAIL. — En matière de cession de bail, ne saurait être considéré comme un cautionnement, l'engagement pris par le cédant de rester responsable envers le propriétaire du paiement des loyers (Castillon, *Bail* n° 65).

575. PROMESSE DE CAUTIONNEMENT. — La stipulation contenue dans un bail aux termes de laquelle le preneur s'engage à rapporter le cautionnement d'un tiers, ne donne ouverture qu'au droit fixe de 3 francs décimes en plus, sauf perception du droit proportionnel en cas de réalisation.

576. DROIT D'OBLIGATION. — Si le bail contient la stipulation que le preneur devra verser à titre de cautionnement entre les mains du bailleur une somme d'argent *non productive d'intérêts* remboursables à la fin du bail, le droit d'obligation sur cette somme est exigible (Sol. 16 mars 1827, 6 avril 1866, 21 sept. 1878 (Belge); *J. E.* 21401). Mais il ne serait rien dû si la somme dont il s'agit est stipulée productive d'intérêts, imputable sur chaque terme de loyer échu (Sol. 13 déc. 1888, *R. P.* 2729).

Si le bail porte que le prix sera compensé avec les intérêts d'une somme que le bailleur doit au preneur, aucun droit n'est dû si le titre est enregistré; au cas contraire le droit de 1 o/o décimes en plus est exigible.

577. RÉDUCTION DE PRIX. — La réduction de prix d'un bail (v. n° 107) donne ouverture au droit d'acceptilation à 0,50 o/o décimes en plus sur les années restant à courir.

578. BAIL PAR PÉRIODES. — S'il s'agit d'un bail à période le droit n'est dû que sur la partie restant à courir de la période en cours. — Mais si l'acte réduit le loyer à l'expiration d'une période, il constitue un nouveau bail soumis aux règles générales (Sol. 29 nov. 1899, *R. P.* 9753).

579. INSUFFISANCE DE PRIX. — A l'égard des baux écrits la régie n'est nullement fondée à requérir l'expertise des immeubles loués en vue de faire constater l'insuffisance du loyer. Il en est autrement en matière de location verbale (v. n° 678).

580. CONSTRUCTIONS. — PROPRIÉTÉ DU BAILLEUR SANS INDEMNITÉ. — La convention par laquelle le locataire du sol s'oblige à faire des travaux ou constructions qui resteront au bailleur *sans indemnité*, constitue une simple charge du bail passible du droit de 0,20 o/o décimes en plus (Del. 31 mars 1883. Sol. 17 févr. 1898; Bordeaux, 26 nov. 1900, *J. E.* 25.452 et 26.143; *R. E.* 1.659 et 2.578; *D. E.* v° *Bail* 202; Seine, 12 févr. 1904, *J. E.* 26.749; *R. P.* 10.766; *R. E.* 3.590; Seine, 14 déc. 1908; *R. E.* 1909.300).

A l'égard du bailleur, dans l'hypothèse ci-dessus, il prend possession de ces constructions à la fin du bail sans que ce fait constitue une mutation immobilière; mais par voie de conséquence, s'il vient à décéder elles doivent être comprises dans la déclaration de sa succession (Cass., 2 juill. 1851, S. 51.1,535; 27 mai 1873, S. 73.1.254)

581. PROPRIÉTÉ DU BAILLEUR MOYENNANT INDEMNITÉ. — S'il est convenu qu'à l'expiration du bail, le bailleur paiera à titre d'indemnité une somme fixée ou à régler ultérieurement pour frais des constructions, celles-ci seront la propriété du preneur et toute cession qu'il en ferait au cours du bail, soit à un tiers, soit au propriétaire du sol, constitue une vente d'immeubles. — La convention, par elle-même, constitue un *marché* et l'exercice du droit d'accession en fin de bail par le propriétaire *qui n'y a pas renoncé* donne ouverture au droit de 0,50 o/o décimes en plus édicté pour les indemnités mobilières (L. 22 frim. an VII, art. 69 § 2, n° 8 ; Cass., 27 juin 1893. D. 1894.1.38 ; Instr. 2.854, § 2).

A cet égard il a été décidé que lorsqu'un locataire s'est obligé à élever sur un terrain loué des constructions qui devront rester la propriété du bailleur, à charge par celui-ci de payer au locataire une somme fixée à raison de tant le mètre carré, avec augmentation de loyer proportionnelle aux versements ainsi faits, l'administration est fondée, après avoir perçu le droit de bail, à réclamer aux deux parties le droit de marché, lorsque des constructions ont été édifiées dans les conditions stipulées (Seine, 30 mars 1900, le *Droit*, 13 juin 1900 ; *D. E.* v° *Bail*, 44 ; *R. P.*, 9.825 ; *R. E.*, 2.444).

582. CONSTRUCTIONS FACULTATIVES. — Enfin si les constructions sont facultatives pour le preneur, il n'y a qu'une promesse éventuelle d'indemnité passible du droit fixe de 3 fr. décimes en plus ; si la promesse se réalise, les droits de vente ou d'accession sont alors dus dans le sens qui vient d'être indiqué.

583. PROMESSE DE VENTE. — Lorsque le bail contient une promesse de vente *unilatérale*, cette stipulation ne donne ouverture qu'au droit de 3 fr. décimes en plus, mais dès que l'acceptation résulte soit d'un acquiescement, par acte enregistré, soit de la prise de possession effective, le droit proportionnel de vente devient exigible.

584 CONDITION SUSPENSIVE. — Lorsqu'un bail est consenti sous condition suspensive, l'acte est enregistré au droit fixe de 3 fr. décimes en plus, mais le droit proportionnel de bail doit être acquitté dans les trois mois de la réalisation de la condition sous peine d'un droit en sus (Cass., 14 déc. 1896, *J. E.*, 25008 ; *D. E.* v° *Bail*, 99).

Perception des droits.

585. BAIL A DURÉE FIXE. — Lorsque le bail est consenti pour une durée fixe le droit liquidé comme il vient d'être indiqué n°s 562 et suivants doit être perçu sur le prix cumulé des années que doit durer le bail (v. n° suivant).

586. BAIL A PÉRIODES. — DURÉE LIMITÉE SANS PÉRIODE. — Si le bail à durée limitée est fait pour plus de 3 ans, sans périodes, le montant du droit est, si les parties le requièrent, fractionné en autant de paiements égaux qu'il y a de périodes triennales dans la durée du bail (L. 23 août 1871, art. 11, § 7).

Mais, à défaut de réquisition, le droit est perçu sur toute la durée du bail sans remboursement possible (L. 22 frim. an VII, art. 60 ; Rouen, 29 janv. 1885, *J. E.* 22463) ; le fractionnement ne peut être requis après l'enregistrement du bail (Tours, 13 avril 1900 ; *R. P.*, 9918 ; *R. E.*, 2415).

Si le nombre des années n'est pas exactement divisible par 3, la fraction est rejetée à la dernière échéance (*J. E.*, 18906).

587. DURÉE LIMITÉE AVEC PÉRIODES. — Lorsque le bail est consenti pour 3, 6, ou 9 ans ou pour des périodes plus longues avec faculté de résilier à chacune des périodes pour l'une ou l'autre des parties ou pour les deux, le fractionnement par périodes triennales est de droit et doit être effectué d'office par la régie sans réquisition (Seine, 20 déc. 1862, *J. E.* 17663 ; Saint-Quentin, 1er avr. 1862, *J. E.* 17664 ; Le Havre, 7 mars 1868 ; L. 23 août 1871, art. 11 ; Sol. 24 oct. 1894, *R. E.* 3991 ; 22 févr. 1895, *J. E.* 25023, *R. E.* 1204 ; Cherbourg, 19 mai 1904, *R. E.* 3658, *D. E.* v° *Bail*, 235).

Le paiement des droits afférents aux périodes subséquentes a lieu, ensuite, dans le premier mois de l'année qui commence chaque période, à moins de résiliation anticipée (L. 23 août 1871, art. 11), et le soin de réclamer le montant des droits simples exigibles sur chaque période commencée incombe au receveur et les parties sont à l'abri de toute pénalité à cet égard pendant toute la durée prévue au contrat (Inst. 12 juin 1875. D. P. 75.5.183-184).

588. PRIX VARIABLES. — Enfin si le bail est consenti moyennant des prix variables, le droit afférent à la première période se calcule sur le prix moyen. Si le prix de chaque période est différent, on doit, pour le calcul des droits, liquider la totalité des sommes exigibles sur le bail entier et n'exiger que la fraction correspondante à la première période (Sol. 24 sept. 1891, *J. E.* 24193, *R. E.* 502 ; 18 oct. 1898. *J. E.* 25657 ; *R. E.* 2016, Castillon, p. 117).

589. BUREAU COMPÉTENT. — C'est au bureau d'enregistrement de la situation des biens que doit être effectué le paiement des échéances postérieures à l'enregistrement de l'acte (Garnier, *Bail;* Instr. 2452).

590. PRESCRIPTION. — Le recouvrement des droits exigibles est soumis à la prescription trentenaire à partir de chacune des périodes (Garnier, *Bail* 178; Sartène, 23 mai 1892).

II. — BAUX DIVERS

Bail de meubles.

591 FORMALITÉ. — ACTE NOTARIÉ. — Le bail de meubles constaté par acte authentique, doit être enregistré dans le délai ordinaire des actes notariés.

592. ACTE SOUS SEING PRIVÉ. — Mais fait par acte sous seing privé, il n'est obligatoirement assujetti à l'enregistrement que s'il en est fait usage en justice ou par acte public.

593. TARIFS ET LIQUIDATION. — DURÉE LIMITÉE. — Le bail de biens meubles à durée limitée, est soumis au droit de 0,20 o/o décimes en plus sur les prix et charges cumulés de toutes les années, et le cautionnement au droit de 0,10 o/o décimes en plus (L. 16 juin 1824, art. 1).

594. DURÉE ILLIMITÉE. — Celui à durée illimitée est passible du droit de 2 o/o décimes en plus et le cautionnement de celui de 0,50 o/o décimes en plus (L. 22 frim. an VII, art. 69, § 5, n° 2).

595. BASE DE PERCEPTION. — Dans le cas d'un bail à durée illimitée, s'il s'agit d'un bail à *vie*, le droit est établi sur 10 fois le prix annuel augmenté des charges; et s'il s'agit d'un bail sans expression de durée sur 20 fois le loyer annuel augmenté des charges (L. 22 frim. an VII, art. 14, § 9).

596. FRACTIONNEMENT. — Dans aucun cas, même s'il est fait par périodes, le bail de meubles ne peut profiter du fractionnement triennal et l'impôt est dû sur toute la durée exprimée à l'acte (V. Sol. 14 nov. 1888 et août 1889; Lyon, 6 mai 1902, *J. E.* 26934).

Bail de fonds de commerce.

597. TARIFICATION. — Les règles exposées n°ˢ 550 et suiv. pour les baux à loyer et à ferme, sont applicables au bail d'un fonds de commerce.

En conséquence, le droit à percevoir est celui de 0,20 o/o décimes en plus sur les prix et charges cumulés de toutes les années du bail (L. 16 juin 1824, art. 1).

Bail de navire.

598. BAIL MOBILIER. — Le bail de navire, aux termes duquel l'armateur cède entièrement à l'affréteur la conduite et la direction du navire pour un temps déterminé et pour faire tel voyage ou transporter telles marchandises, le contrat constitue un bail mobilier et tombe sous l'application du tarif de 0,20 o/o décimes en plus (Sol. 18 mai 1883).

599. LOUAGE D'INDUSTRIE. — Mais si l'armateur s'oblige envers l'affréteur à transporter, à ses risques et périls, les marchandises qui lui sont confiées, le contrat prend alors le caractère d'un louage d'industrie et le droit de 1 o/o décimes en plus est exigible sur le prix stipulé.

Bail à cheptel.

600. FORMALITÉ. — Le bail à cheptel doit être enregistré dans le délai ordinaires des actes notariés, s'il est constaté devant notaire; mais dressé par acte sous seing privé, son enregistrement n'est obligatoire, qu'en cas d'usage en justice ou par acte public.

601. TARIF ET LIQUIDATION. — CHEPTEL SIMPLE. — Le bail à *cheptel simple* donne ouverture au droit de 0,20 o/o décimes en plus sur le prix cumulé de toutes les années (L. 16 juin 1824, art. 1) ou à défaut, de ce prix, sur l'évaluation du bétail exprimée dans l'acte ou à faire par les parties (L. 22 frim. an VII, art. 69, § 1, n° 2).

602. CHEPTEL DONNÉ AU FERMIER. — Celui à *cheptel donné au fermier*, c'est-à-dire le cheptel dit « de fer » est soumis au même droit de 0,20 o/o décimes en plus, sans fractionnement, sur le prix cumulé des années de fermage, augmenté s'il y a lieu de l'estimation du droit réservé par le bailleur.

En principe, si le cheptel de fer est considéré comme l'accessoire du bail à ferme, il ne donne ouverture à aucun droit particulier (Déc. fin. 10 août 1815, Instr. 290), mais, si indépendamment du fermage, le preneur est tenu de donner au bailleur une partie du croît ou toute autre chose, il y aurait lieu d'en ajouter la valeur au prix du bail et d'établir le droit sur le total (Del. 10 mai 1830).

603. VENTE. — Si d'après les termes du bail, le preneur peut conserver des bestiaux pour un prix déterminé, le droit de promesse de vente est seul exigible (Tours, 27 juin 1862); le droit de vente à 2 o/o décimes en plus n'est dû que si la vente est acceptée et que le preneur a pris l'engagement d'en payer la valeur (Sol. 9 janv. 1888).

La quittance au bailleur de l'excédent de valeur que les bestiaux compris au cheptel ont acquise ne donne pas ouverture au droit de vente mobilière (Guéret, 21 mai 1878).

604. BAIL DE VACHES. — Le bail de vaches, improprement appelé cheptel (Civ. 1831) est soumis quant aux droits d'enregistrement aux mêmes règles que le cheptel simple (V. n° 601).

Bail à colonage partiaire.

605. BAIL ÉCRIT. — Le bail a colonage ou à portion de fruits, rentre, aux termes de l'article 15 de la loi du 22 frimaire an VII, dans la catégorie des baux à ferme ordinaire, et se trouve, dès lors, soumis aux mêmes règles et au même tarif que ces derniers (Cass. 8 fév. 1875, D. 75.1. 169; Instr. 2516, § 1) (V. nᶜˢ 550 et suiv.).

606. BAIL VERBAL. — La mutation de jouissance qui s'opère *verbalement*, en l'absence de contrat, au profit du colon ou fermier partiaire, demeure exempte de la déclaration et de la taxe établies par l'art. 11 de la loi du 23 août 1871 (Instr. 2516, § 1) (V. n° 667).

607. LIQUIDATION DU DROIT. — Le droit est liquidé, sauf application du fractionnement, sur le montant cumulé des fermages représentés par la part revenant au bailleur et déterminée par une déclaration estimative (L. 22 frim. an VII, art. 16).

Bail à domaine congéable.

608. TARIFICATION. — PREMIÈRE BAILLÉE. — Le bail à domaine congéable qui participe à la fois de la vente et du bail donne ouverture pour la première baillée du fonds :

1° Au droit de 7 o/o sans décimes sur la valeur des édifices et superficies abandonnées par le foncier au domanier; 2° Au droit de 0,20 o/o décimes en plus sur la redevance foncière convenancière qui constitue le fermage du fonds, augmentée des charges (L. 8 fév. 1897, *R. E.* 1315) et de 4 o/o décimes en plus si la durée est illimitée, perçu sur le capital au denier 20 de la rente.

609. BAILLÉE DE RENOUVELLEMENT. — Les baillées en renouvellement ne donnent ouverture qu'au droit de 0,20 o/o décimes en plus; mais contrairement à la prétention

de la régie, la continuation par tacite reconduction n'est assujettie à aucun droit (St-Brieuc, 26 juill. 1893).

610. BAILLÉE DE CONGEMENT. — Quant à la baillée de congement, elle n'est également assujettie qu'au droit de 0,20 o/o décimes en plus.

611. CESSION PAR LE FONCIER. — La cession, par le foncier, de sa redevance donne ouverture au droit de cession de rente à 2 o/o décimes en plus sur le capital au denier 20 de cette rente. Si la cession comprend en outre de la redevance le fonds lui-même, le droit de vente immobilière est dû sur le prix stipulé, y compris les charges (Del. 18 mai 1823).

612. CESSION PAR LE DOMANIER. — Lorsque la cession faite par le domanier s'applique à la fois à la jouissance et aux édifices, le droit immobilier est dû tant sur le prix de la cession que sur le montant de la redevance (Instr. 1205-3; Cass., 13 nov. 1826, 19 juin 1828).

Bail à complant.

613. DURÉE DÉTERMINÉE. — Lorsque le bail est consenti pour une durée déterminée, il est assujetti comme les baux ordinaires au tarif de 0,20 o/o décimes en plus.

614. DURÉE INDÉFINIE. — Si, sans être translatif de propriété, il est consenti pour une durée indéfinie, le droit de 4 o/o décimes en plus, est exigible sur le prix multiplié par 10 ou par 20 suivant qu'il s'agit d'un bail à vie ou à duré illimitée (V. nᶜˢ 632 et 638).

615. ALIÉNATION. — Enfin, s'il contient une aliénation à charge de rente, ou une vente à temps, c'est-à-dire si le bailleur se dépouille de sa propriété, il est passible du droit de vente à 7 o/o sans décimes.

Bail de bois.

616. DROIT DE BAIL. — Il y a bail sujet au droit de 0,20 o/o lorsque la jouissance d'un bois comprend la totalité du sol forestier et s'étend à tous les fruits (Garnier, *Bail*, 330-6; Dict. Réd. *Bail*, 66; Délib. 29 avril 1834; Cass., 22 fév. 1842).

A cet égard, il a été décidé que le droit de 0,20 o/o est seul dû sur la convention par laquelle le propriétaire d'une forêt de pins concède à un tiers pour un nombre d'années déterminé, et moyennant une redevance annuelle, la ferme du gemmage des pins, sans garantie du nombre des arbres et en se réservant la propriété du corps de ces arbres (Saint-Sever, 23 juillet 1904, *J. E* 26878).

617. DROIT DE VENTE. — Le bail de bois constitue une vente mobilière passible du droit de 2 o/o décimes en plus à l'exclusion de celui de 0.20 o/o, quand la jouissance est expressément limitée à l'exploitation et à l'enlèvement des coupes (Garnier, *Bail*, 330-1; Dict. Réd., *Bail*, 67; Cass., 3 déc. 1832, 20 mai 1839, 21 mai 1849, 23 mars 1870).

La doctrine et la jurisprudence tendent à considérer le bail de bois comme une vente mobilière à 2 o/o toutes les fois qu'il résulte des stipulations que le preneur n'a aucun droit sur le sol, que le droit à lui attribué consiste à recueillir un produit particulier de la terre dont la jouissance et l'usage direct continuent d'appartenir exclusivement au propriétaire. (En ce sens : Cass., 17 mars 1904, *J. E.*, 26666; Bordeaux, 26 déc. 1904, *J. E.*, 26949; Castillon, *Manuel formul.*, p. 112; Walb., *Tr. de dr. fisc.*, t. I, p. 13; *D. E.*, v° *Bail*, n° 55).

Bail de mines et carrières.

618. TARIF. — Le bail de mines et carrières doit être considéré comme une vente mobilière sujette au droit de 2 o/o décimes en plus. C'est du moins la prétention de la régie et l'opinion dominante de la jurisprudence (Instr. 1796, § 27; Cass., 26 janv. 1847 et 28 janv. 1857, D. 47.1.80 et 57.1.371; Cherbourg, 22 juil. 1902, *Rép. per.* 10374; D. R. *Bail*, 83 et s.; Uzès, 17 fév. 1904; *R. E.*, 1904-429).

Bail à nourriture de personnes.

619. PRIX EN ARGENT. — Le bail fait moyennant un prix en argent constitue un bail mobilier et les règles en cette matière lui sont applicables (v. n° 591); conséquemment ce bail est soumis au droit de 0.20 o/o décimes en plus sur le prix cumulé de toutes les années, lorsque sa durée est limitée (LL. 22 frim. an VII, art. 69, § 2, n° 5; 16 juin 1824, art. 1er) et de 2 o/o décimes en plus lorsque la durée est illimitée ou à vie (L. 22 frim. an VII, art. 69, § 5, n° 2).

620. PRIX EN CRÉANCES — Si le prix consistait en créances, le droit serait dû à 1 o/o décimes en plus en cas de bail à durée limitée et à 2 o/o décimes en plus en cas de bail à vie.

621. PRIX EN ABANDON DE VALEURS. — Si le bail est consenti moyennant l'abandon de rente sur l'Etat ou de valeurs mobilières au porteur, le droit est perçu au taux de 0,20 o/o ou de 2 o/o décimes en plus suivant que la durée est ou non limitée (Sol. 30 juil. 1873; Valognes, 12 fév. 1884).

622. PRIX EN MEUBLES ET IMMEUBLES. — Si le prix consiste en l'abandon d'un meuble ou d'un immeuble, il y a vente et le droit dû en cette matière est exigible (Droits de 2 o/o décimes en plus ou de 7 o/o sans décimes); s'il s'agit d'un usufruit immobilier, c'est le droit de 7 o/o sans décimes qui est dû.

623. VENTILATION. — Si le prix abandonné comprend à la fois des meubles et des immeubles, les parties peuvent faire une ventilation (Sol. 12 fév. 1869, 22 fév. 1872 et 23 juil. 1873).

624. ABSENCE DE PRIX. — Enfin, si aucun prix n'est stipulé, le bail constitue une donation et les droits dus en cette matière sont exigibles.

625. PENSIONS ALIMENTAIRES. — Mais il suffit pour qu'il y ait un prix, que le débiteur de la pension s'acquitte ainsi d'une obligation ou conventionnelle ou légale. Ainsi les constitutions de pensions alimentaires faites dans les cas déterminés par la loi sont de véritables baux à nourriture sujets au droit de 0,20 o/o (Déc. Min. fin. 12 sept. 1909; Instr. 450; Sol. 20 sept. 1830). — Il en a été ainsi décidé à l'égard d'aliments promis : par un gendre et sa femme à leur mère et belle-mère lors même qu'ils devraient être fournis après le décès de la femme (Cass., 17 mars 1856); — par un enfant naturel reconnu à son père ou à sa mère (Sol. 27 juil. 1825); — par un époux séparé de corps à son conjoint (Rouen, 2 mai 1857); — par l'héritier du père d'un enfant adultérin à celui-ci (Dijon, 17 mai 1869); — par le futur au profit de la future (Seine, 20 avril 1842).

626. MINEURS. — Pour les baux à nourriture de mineurs, le droit est calculé sur le prix cumulé des années restant à courir jusqu'à l'époque de la majorité (Del. 4 mai 1822, 15 sept. 1825).

627. FRACTIONNEMENT. — Le bail à nourriture de personnes ne saurait bénéficier du fractionnement triennal et même fait par périodes, le droit est dû immédiatement sur toute la durée exprimée à l'acte. — Il en est ainsi à l'égard des baux, qui, consentis pour une durée fixe de plus de 3 ans, auraient été présentés à la formalité avec une réquisition de fractionnement. — Il importerait peu, d'ailleurs, à cet égard, que les contractants se fussent respectivement réservé la faculté de résilier leurs engagements à volonté, une stipulation de ce genre ne constituant qu'une condition résolutoire, impuissante à faire obstacle à la perception immédiate de l'impôt, qui reste acquis au Trésor nonobstant la réalisation ultérieure de la dite condition (Sol. 9 mars 1903; Instr. 3125 1; *R. P.* 10549; *J. E.* 26562-4°).

628. RÉSILIATION. — La résiliation n'est passible que du droit fixe de 3 fr. décimes en plus. Toutefois, si le bail avait été consenti moyennant l'abandon d'une créance, d'un immeuble, etc... il y aurait rétrocession de l'objet cédé en échange, et les droits devraient être perçus en conséquence (*J. E.* 14012; *D. R.* 41).

Bail à nourriture d'animaux.

629. TARIF. — Le bail à nourriture d'animaux donne ouverture, comme un bail ordinaire, aux droits de 0,20 o/o décimes en plus sur le prix cumulé de toutes les années (L. 16 juin 1824, art. 1).

Bail de chasse et de pêche.

630. TARIF. — Les baux de chasse et de pêche donnent ouverture au droit de 0,20 o/o décimes en plus sur le prix cumulé des fermages.

631. BAILLEURS DIVIS. — Si plusieurs propriétaires se réunissent pour donner à bail le droit de chasse sur des terres leur appartenant divisément, le droit de 0,20 o/o précité doit être liquidé sur la redevance totale stipulée au contrat et non sur la portion revenant à chacun (Sol. 13 juil. 1894, *Rev. Enreg.* 1675).

Bail à vie.

632. BAIL DE MEUBLES. — Le bail à vie de biens meubles (sur une ou plusieurs têtes) est assujetti au droit de 2 o/o décimes en plus liquidé sur 10 fois le prix et les charges annuels (L. 22 frim. an VII, art. 69, § 5, n° 2) (v. n° 593); si le bail résulte d'un acte sous seing privé, l'enregistrement n'en est obligatoire qu'en cas d'usage en justice ou par acte public.

633. BAIL D'IMMEUBLES. — Le bail à vie d'immeubles, que ceux-ci soient urbains ou ruraux, est assujetti au droit de 4 o/o décimes en plus sur un capital formé de 10 fois le prix et les charges annuels (L. 22 frim. an VII, art. 69, § 7, n° 2 et art. 15, n° 3). Si ce bail est consenti par acte sous-seing privé, il doit être enre-

gistré (ou déclaré) dans le même délai que les baux ordinaires d'immeubles (v. n° 552).

634. MEUBLES ET IMMEUBLES. — La disposition de l'article 9 de la loi du 22 frim. an VII n'est pas applicable au bail de meubles et d'immeubles tout à la fois et la ventilation des parties doit être admises (Sol. 12 fév. 1869).

635. DURÉE INDÉTERMINÉE. — Le bail consenti pour une durée indéterminée et contenant pour *chacune* des parties la faculté de le faire cesser par la manifestation de sa volonté, ne peut être considéré comme un bail à vie (Sol. 6 déc. 1873. *J. E.* 19656), mais comme un bail ordinaire sur lequel le droit de 0,20 o/o est seulement exigible et payable, soit par périodes triennales, soit annuellement, s'il peut être assimilé à ceux faits suivant l'usage des lieux (Sol. 8 juillet et 6 déc. 1873).

636 FRACTIONNEMENT. — En aucun cas, le bail à vie ne peut bénéficier du fractionnement.

637. CESSION ET RÉTROCESSION. — La cession et la rétrocession du bail à vie donne ouverture au même droit que le bail lui-même (Cass., 18 janv. 1825; Instr. 1249-5; Seine, 30 déc. 1835; *J. E.* 13905) (v. n° 562, 2146, 2166 et 2174).

Bail à durée illimitée.

638. BAIL DE MEUBLES. — Le bail de biens meubles à durée illimitée autrement dit fait sans expression de durée est assujetti au droit de 2 o/o décimes en plus sur un capital formé de 20 fois la rente ou le prix annuel et les charges aussi annuelles, en y ajoutant les autres charges en capital et les deniers d'entrée, s'il en est stipulé (L. 22 frim. an VII, art. 15, n° 2 et 69, § 5, n° 2).

Fait par acte sous-seing privé, l'enregistrement n'en est obligatoire qu'au cas d'usage en justice ou dans un acte public.

639. BAIL D'IMMEUBLES. — Quant au même bail ayant pour objet des immeubles, il doit être enregistré (ou déclaré s'il est verbal) dans le même délai que les baux ordinaires d'immeubles (n° 551 à 555). Il est passible d'un droit de 4 o/o décimes en plus liquidé sur un capital formé de 20 fois le prix et les charges annuels (L. 22 frim. an VII, art. 69, § 7, n° 2, et 15, n° 2).

64 0 DURÉE INDÉTERMINÉE. — Comme

en matière de bail à vie, le bail à durée
illimitée ne doit pas être confondu avec
le bail à durée indéterminée ou incertaine
(v. n° 635). C'est ainsi que l'administration admet que le bail consenti à un fonctionnaire, pour tout le temps qu'il restera
dans la localité, ne doit être soumis qu'au
droit de 0,20 o/o à payer par périodes
triennales ou annuellement (Sol. 2 août
1872, *J. E.* 19104-1).

Bail emphytéotique.

641. ACTE CONSTITUTIF. — L'acte
constitutif de l'emphytéose est assujetti
au droit établi pour les baux ordinaires
à ferme ou à loyer (L. 25 juin 1902, art.
14) (v. n° 562).

Dès lors, il supporte le droit de 0,20 o/o
décimes en plus, mais sans fractionnement et liquidé sur le montant cumulé des
redevances stipulées pour toutes les années du bail.

642. DÉLAIS. — Ces baux doivent être
enregistrés (ou déclarés s'ils sont verbaux) dans les mêmes délais que les baux
ordinaires d'immeubles (v. n° 551 et s.).

**643. MUTATIONS AU COURS DE L'EM-
PHYTÉOSE.** — Les mutations de toute
nature pouvant se produire au cours de
l'emphytéose, soit du chef du bailleur,
soit du chef du preneur, sont soumises
aux mêmes tarifs que les transmissions de
propriété d'immeubles. Ces mutations seront donc soumises aux droits de mutation par décès, à titre gratuit ou onéreux,
suivant la nature des contrats commuta-
tifs.

Ce droit est liquidé sur la valeur vénale
déterminée par une déclaration des parties (Instr. 3091).

Il faut excepter les résiliements faits
par actes authentiques dans les 24 heures
(L. 22 frim. an VII, art. 68, § 1, n° 40) et
les résolutions prononcées par jugement
pour cause de nullité radicale (même article §3, n° 7 ; Cass., 26 avril 1853 ; Instr.
1982).

Baux administratifs.

644. TARIF. — Les baux administratifs, qu'il s'agisse des biens de l'Etat
des départements, des communes ou des
établissements publics, sont assujettis
aux mêmes droits que les biens des particuliers (L. 22 frim. an VII, art. 69 § 3,
n° 2 ; 15 mai 1818, art. 78).

645 BAUX CONSENTIS PAR L'ÉTAT. —
Exceptionnellement sont enregistrés gratis les baux passés par l'État, pour le logement de ses fonctionnaires (comman-
dants de divisions militaires, préposés
des douanes ; directeurs, entreposeurs des
contributions indirectes ; receveurs des
postes dans le cas où le bail est passé par
le directeur des postes, agissant au nom
de l'administration et sous réserve de
l'approbation ministérielle) (Sol. février
1890).

646. BAUX CONSENTIS A L'ÉTAT. —
Les baux consentis à l'Etat sont enregistrés gratis si les frais du bail sont à la
charge de l'Etat (L. 22 juin an VII, art.
70 § 2, n° 1), au comptant si les frais doivent être supportés par les parties.

III. — PROROGATION DE BAIL.

647. DÉLAI. — L'acte contenant prorogation de bail doit être enregistré dans
les délais prescrits pour le bail (v. n° 551) ;
il a d'ailleurs le caractère d'un nouveau
bail (Yvetot, 16 mars 1877, *J. E.* 20662).

648. TARIF. — L'acte de prorogation
de bail donne ouverture aux mêmes droits
que le bail (V. n° 562).

649. EXIGIBILITÉ. — Si cette prorogation
est consentie avant l'expiration du bail,
le droit fixe de 3 francs décimes en plus
est seul immédiatement exigible (Sol., 23
oct. 1871 ; 31 janv. 1873), sauf à payer
ensuite le droit proportionnel aux époques
indiquées par le septième alinéa de l'article 11 de la loi du 23 août 1871, c'est-à-
dire dans le premier mois de l'année où la
prorogation aura commencé à produire
son effet. — Mais le droit fixe ne peut excéder celui de 0,20 o/o liquidé pour toute
la durée du bail, et les parties doivent
toujours être admises, si elles le deman-
dent, à acquitter le droit de 0,20 o/o (Sol.,
10 juill. 1873 ; 21 juill. 1879 ; *R. P.* 2823).
— Etant observé que le droit proportionnel de 0,20 o/o est dû sur la prorogation
de bail consentie au *cessionnaire* du bail
prorogé.

IV. — ECHANGES DE BAUX.

650. DÉLAI. — Les actes d'échange de
jouissance d'immeubles doivent être enregistrés dans le même délai que les baux
(v. n° 651 et suiv.).

651. TARIF. — Ils sont soumis au droit
de 0,20 o/o décimes en plus, sur le prix
cumulé du bail dont le prix est le plus élevé
à l'exclusion de tout droit de résiliation
(Garnier, 7° éd., *Echange*, n° 26 ; *J. E.*
14095.2).

V. — SOUS-BAUX. — CESSIONS ET SUBROGA-
TIONS DE BAUX.

652. RÈGLES. — Ces actes sont soumis aux règles ordinaires des baux
écrits (n° 547).

653. TARIF. — Ils donnent ouverture
au droit de 0,20 o/o décimes en plus, liquidé sur le prix annuel, augmenté des
charges, multiplié par le nombre d'années
restant à courir, sauf à limiter la perception à la période en cours, en cas de fractionnement. On doit comprendre comme
charges, l'indemnité payée par le cessionnaire au cédant (Del., 21 avril 1826).

Si l'un de ces actes intervient dans l'intervalle de deux échéances, les droits des
échéances postérieures ne peuvent être
réclamés qu'au locataire qui jouit réellement de l'immeuble à l'époque de chacune de ces échéances (Instr. 2452 § 3,
n. 1) et le locataire primitif ne peut être
inquiété à ce sujet.

**654. CONSENTEMENT DU PROPRIÉ-
TAIRE.** — Le consentement à ces actes
par le propriétaire ne donne ouverture à
aucun droit spécial s'il est justifié que le
locataire ne pouvait céder ou sous-louer
sans ce consentement; mais, au cas contraire. un droit fixe de 3 francs, décimes
en plus, est dû.

655. CESSION PAR LE PRENEUR. —
La cession consentie par le preneur du
bail principal et de sous-baux est passible du droit de 0,20 o/o, décimes en plus
(Cass., 30 mai 1888, *R. P.*, 7093 ; Beaugé,
19 février 1907).

Cependant le tribunal civil de la Seine
a décidé lorsque la cession s'applique à
la fois à un bail principal et à des sous-
baux — que le droit de 1 o/o, décimes en
plus, est dû sur le montant des loyers à
recevoir des sous-locataires, et celui de
0,20 o/o, décimes en plus, sur le surplus des
loyers à payer par le cessionnaire (Seine,
18 mai 1909, *R. E.*, 4842).

Il est fait remarquer que le droit est
calculé sans fractionnement sur *toute* la
durée du bail, même pour les baux à périodes.

656. CESSION PAR LE BAILLEUR. —
La cession faite par le bailleur équivaut à
un transport de créances à terme donnant ouverture lorsqu'il s'agit d'un bail à
prix d'argent au droit de 1 o/o, décimes
en plus (Seine, 17 fév. 1846, 21 mars 1862,
J. E., 17489 ; Châlons-sur-Marne, 21 juillet 1890, *R. E.*, 2148 ; Seine, 15 mars 1910,

R. E. 5219 ; *R. P.* 12232 ; *contrà* : Brest,
24 déc. 1908, *R. P.* 11907, qui a estimé
que le droit exigible en ce cas était celui
de 0,20 o/o, décimes en plus.

Lorsque la cession s'applique à un bail
par périodes, les droits sont immédiatement exigibles sur le loyer de toutes les
périodes à courir (Seine, 15 mars 1910,
précité).

657. BAIL A MOITIÉ FRUIT. — S'il s'agit d'un
bail à moitié fruit, le droit de 2 o/o est
exigible comme vente de récoltes (Joigny,
3 juill. 1862 ; Montargis, 25 juin 1878,
J. E. 20828 ; Sancerre, 3 avr. 1882 ; *J. E.*
22167 ; Sol., 21 mars 1897, *R. P.* 4309).

658. FRACTIONNEMENT. — En matière de cession de bail par le bailleur, le fractionnement ne saurait être appliqué (Sol. 6 fév.
1892).

VI. — RÉTROCESSIONS ET RÉSILIATIONS
DE BAUX. — CONGÉ.

659. CARACTÈRE. — La résiliation et
la rétrocession sont deux actes de nature
différente : il y a résiliation lorsque le
bailleur reprend lui-même possession de
sa chose, et rétrocession lorsque le sous-
locataire ou le cessionnaire du bail le cède
de nouveau à son propre cédant.

660. RÉTROCESSION. — FORMALITÉ. —
L'acte de rétrocession doit être présenté
à la formalité dans le même délai que les
baux (v. n° 551 et suiv.).

661. TARIF. — Il est soumis au droit proportionnel de 0,20 o/o liquidé sur les prix
et charges cumulés des années restant à
courir de la période en cours, mais il ne
bénéficie pas, comme la résiliation, de la
faveur du maximum de 3 fr. 75 (Seine,
25 oct. 1889, *J. E.* 23404 et 10 avr. 1897,
R. E. 1394; Sol. 14 mai 1897, *R. E.* 1897,
p. 406).

662. RÉSILIATION. — FORMALITÉ. — La
résiliation d'un bail n'est pas assujettie à
l'enregistrement dans un délai déterminé
lorsqu'elle est constatée par acte sous
seing privé.

663. TARIF. — Comme en matière de rétrocession le droit d'enregistrement est de
0,20 o/o décimes en plus, mais avec un
maximum de 3 fr. décimes en plus (Sol.
30 juillet 1872, 26 juillet 1876). Ce maximum n'est pas applicable toutefois à la
résiliation d'une sous-location (Sol. 6 juin
1877, *R. P.* 2824).

664. RÉSILIATIONS VERBALES. — Les résiliations
verbales d'un bail écrit ou verbal, ne

sont passibles d'aucun impôt (Sol. 24 janv.
1876, 8 janv. 1878).

665. INDEMNITÉ. — Si l'acte de résiliation ou de rétrocession stipule une
indemnité, il est dû en outre des droits
précités : un droit de 0,50 o/o décimes en
plus si cette indemnité consiste en une
somme d'argent payée ou promise (L. 22
frim. an VII, art. 69, § 2 n° 8; Seine, 16
juill. 1886, *J. E.* 22716) un droit de vente,
si elle consiste en l'abandon d'immeubles
ou d'objets mobiliers (Langres, 14 mars
1888).

666. APPLICATION. — Il a été décidé que,
lorsqu'un bail est judiciairement résilié
par la faute du locataire, et notamment,
pour défaut du paiement des loyers, et
que le tribunal condamne le preneur à
payer au bailleur une indemnité de relocation, sans préjudice des loyers arriérés,
le tarif des dommages-intérêts doit être
appliqué au montant de l'indemnité de
relocation. Il en serait autrement, et le
droit de titre de 0,50 o/o pour indemnité
est seul exigible, si l'indemnité de relocation était convenue par écrit ou verbalement entre les parties. La résiliation
d'un sous-bail reste soumise au droit
proportionnel de 0.20 o/o comme rétrocession, et ne bénéficie pas de la faveur
du droit fixe, accordée seulement à la
résiliation du bail principal qui fait rentrer le propriétaire en jouissance de sa
chose (Sol. 14 mai 1897, *R. E.* 1897,
p. 406).

666 *bis*. CONGÉ. — Le congé en matière
de louage donne ouverture au droit fixe
de 3 fr. (par acte extra-judiciaire 2 fr.),
décimes en plus (LL. 22 frim. an VII,
art. 58 § 1, n°s 30 et 51; 28 avr. 1816, art.
43, n° 13; 18 juin 1850, art. 8; 28 févr.
1872, art. 4; 19 févr. 1874, art. 2).
Le même tarif est applicable à l'acceptation de congé du propriétaire

§ 2. — LOCATION VERBALE.

667. DÉCLARATIONS. — Lorsqu'il
n'existe pas de conventions écrites constatant une mutation de jouissance de
biens immeubles, il doit y être suppléé
par des déclarations détaillées et estima-
tives dans les trois mois de l'entrée en
jouissance (L. 23 août 1871, art. 11). Ce
délai court du lendemain de l'entrée en
jouissance (Sol. 9 avril 1891).
Toutefois cette règle n'est pas applicable à l'Algérie (Décr. 22 avril 1879)

668. APPLICATION. — Cette déclaration est

obligatoire toutes les fois qu'il y a jouissance sans écrit (sauf les exceptions ci-
après) ; il en est ainsi notamment lorsqu'après l'expiration de la durée du bail
non renouvelé le preneur reste en jouissance (Civ. 1738, 1759 et 1774).
Néanmoins ne sont pas assujettis à déclaration :
1° Les locations gratuites (Seine, 30 nov.
1888, Rép. Garnier 7236 ; Tarbes, 27 jan.
1893, *R. E.*, 479 ; Saint-Lô, 11 janv. 1895,
R. P. 8589). Toutefois la régie est d'un
avis contraire (Sol., 6 déc. 1871, Instr.
2423-1).
2° Les locations verbales à colonage
ou à portion de fruits de propriétés ru-
rales ;
3° Les locations de maisons ou appartements meublés lorsque les occupants ne
paient ni la cote mobilière ni l'impôt des
portes et fenêtres. Il n'en est pas de même
si un propriétaire meuble sa maison, la
loue en totalité ou en partie à quelqu'un
qui vient l'habiter lui-même ou l'exploiter
comme logeur, mais dans ce cas la déclaration ne doit porter que sur le prix afférent à la valeur de l'immeuble et non pas
sur le prix afférent aux meubles (Instr.
2413-5).
4° Les locations verbales concernant les
logements fournis gratuitement à des
fonctionnaires ou employés de tout ordre,
par l'Etat, les communes, établissements
publics, sociétés, etc. (Sol. 21 avr. 1874,
J. E. 19501).
5° Les locations verbales consenties
gratuitement au profit de religieuses qui
dirigent une école libre, par les personnes
qui ont fondé cette école (Sol., 14 oct.
1880, *J. E.* 875) ;
6° Et les locations verbales de toute
nature, ne dépassant pas *trois ans* et dont
le prix annuel n'excède pas 100 francs.
A l'égard de ces dernières il est admis :
... Que si le bailleur a consenti plusieurs locations verbales de cette nature,
mais dont le prix cumulé excède annuellement 100 fr. la déclaration est obligatoire (L. 23 août 1871, art. 11-5°).
... Que si un propriétaire a consenti
plusieurs locations de moins de trois ans
dont les prix réunis n'excèdent pas 100
francs et une autre location d'un prix
supérieur à 100 francs, la dernière location est *seule* soumise à la déclaration
(Sol., 18 mai 1872, *J. E.* 18994; 13 juin
1873, *J. E.* 19240.
... Que si un propriétaire a consenti
plusieurs locations, les unes verbalement
les autres par baux écrits, il n'est tenu de

déclarer les premières locations que si elles excèdent 100 francs de loyer en réunion (Sol., 5 août 1879, *J. E.* 21249).

... Que la déclaration n'est pas obligatoire pour les locations dont le prix cumulé excède 100 francs lorsqu'elles ont trait à des immeubles distincts ne faisant pas partie d'une même exploitation ou situés dans des cantons différents (Besançon, 5 mars 1895, *R. P.* 8693, *J. E.* 24920; *R. E.* 1296; *contrà* : *D. E.*, v° *Bail*, 148).

669. FORMES. — FORMULES DE L'ADMINISTRATION. — Les déclarations de locations verbales doivent être faites et signées par le bailleur ou son mandataire sur des formules délivrées gratuitement par l'administration; lorsque la location est faite suivant « l'usage des lieux » il est de l'intérêt du déclarant de l'indiquer (v. n° 679).

670. POUVOIR. — Le pouvoir à fin de déclaration de location verbale doit être dressé sur timbre, mais n'est pas assujetti à l'enregistrement (Instr. 2418).

671. QUITTANCE. — La quittance des droits perçus délivrée au déclarant est timbrée à 0,25 pour toute perception supérieure à 10 francs.

672. BUREAUX COMPÉTENTS. — Les déclarations de locations verbales doivent être faites, savoir :

673. PARIS. — Pour les immeubles de la ville de Paris, au bureau de l'arrondissement dans lequels ils sont situés.

674. DÉPARTEMENTS. — Pour les immeubles hors Paris : Dans tout bureau d'enregistrement n'ayant pas d'autre désignation spéciale, quelle que soit la situation de l'immeuble; dans les localités où il n'existe pas de bureau d'enregistrement, ces déclarations sont reçues par les percepteurs des contributions directes (Instr. 2832 § 7).

675. TARIF. — PERCEPTION. — Au point de vue du tarif, de l'assiette et de la liquidation de l'impôt, les déclarations de locations verbales sont entièrement assimilées aux baux écrits (v. n° 562).

676. FRACTIONNEMENT. — Les règles du fractionnement concernant les beaux écrits sont applicables aux locations verbales.

677. DÉBITEURS DES DROITS. — Le bailleur seul est tenu du paiement des droits exigibles sur sa déclaration, sauf son recours contre le preneur; néanmoins, au regard de l'administration, les parties restent solidaires pour le paiement des droits simples (L. 28 févr. 1872, art. 6).

678. INSUFFISANCE. — L'administration est fondée à provoquer dans les deux ans de l'enregistrement, l'expertise des immeubles loués verbalement, afin de faire constater l'insuffisance du prix porté dans les déclarations (L. L. 22 frim. an VII, art. 19 et 39 ; 23 août 1871, art. 11-3).

679. LOCATIONS SUIVANT L'USAGE DES LIEUX. — Si la location est faite suivant l'usage des lieux, la déclaration en contiendra la mention. Les droits d'enregistrement deviennent exigibles dans les vingt jours qui suivent l'échéance de chaque terme, et la perception en est continuée jusqu'à ce qu'il ait été déclaré que le bail a cessé ou qu'il a été résilié (L. 23 août 1871, art. 11-2) ; ces droits sont payables d'avance) Sol., 19 janv. 1883, *J. E.*, 22033).

680. LOCATION AU JOUR, A LA SEMAINE ET AU MOIS. — Ces locations sont considérées comme faites suivant l'usage des lieux et la déclaration doit en être faite même si elles sont consenties pour un prix inférieur à 100 francs, dès lors que ce prix représente par an un loyer de plus de 100 francs (Sol., 12 oct. 1871). — Le règlement de l'impôt pour ces locations, même celles au jour et à la semaine, se fait de mois en mois (Sol., 25 nov. 1871) et trimestriellement pour les entrepôts de marchandises loués au mois (Sol., 17 janv. 1872).

Spécialement l'administration considère que les locations au mois doivent être assimilées, pour l'application de la loi, aux locations suivant l'usage des lieux, pour lesquelles le droit des périodes subséquentes devient exigible jusqu'à déclaration de cessation ou de résiliation, dans les 20 jours qui suivent l'échéance de chaque terme, sans amende en cas de retard (Sol. 5 mai 1897, *J. E.* 25234; *R. E.* 4352 ; — Conf. Sol. 29 août 1893, *J. E.* 24305 ; *R. E.* 614 ; *D. E.*, *Bail* 251).

681. RENOUVELLEMENTS. — Le renouvellement des locations verbales consenties pour une durée déterminée doit faire, sous peine d'amende, l'objet d'une déclaration dans les 3 mois, à partir du commencement de la nouvelle période, que le renouvellement ait lieu au profit du même locataire ou d'un locataire différent (Sol. 29 août 1893, *J. E.* 24305).

682. ENGAGEMENTS DE LOCATIONS. — Les écrits dits « engagements de location », desquels il résulte que la location est faite suivant l'usage des lieux, sont considérés au point de vue de l'enregistrement (mais non du timbre) comme locations verbales dans le sens de l'art. 6 de la loi du 28 févr. 1872 (Instr. 2452, § 3.

11°), et les obligations fiscales y relatives et ci-dessus indiquées incombent exclusivement aux bailleurs.

683. CHANGEMENT DE PROPRIÉTAIRE OU DE LOCATAIRE. — S'il n'y a pas augmentation de prix il n'est pas nécessaire de faire une nouvelle déclaration s'il survient un changement de propriétaire ou de locataire, au cours de la période pour laquelle les droits ont été payés (Sol. 29 août 1893, *J. E.* 24305 ; 5 mars 1897, *R. P.* 9178).

684. SOUS-BAUX. — CESSIONS. — SUBROGATIONS. — Ces actes sont assimilés aux baux, la déclaration doit en être faite par les bailleurs et par les cédants, comme en matière de locations ordinaires (arg. L. 22 frim. an VII, art. 69, § 3, n° 2).

685. CESSATIONS, RÉSILIATIONS. — Les déclarations de cessation et de résiliation nécessaires pour arrêter le cours de la perception sont rédigées et signées dans un espace réservé à cet effet sur les feuilles contenant les déclarations de locations (Instr. 2418).

686. PÉNALITÉS. — Le défaut de déclaration de la location verbale dans les trois mois de l'entrée en jouissance emporte exigibilité d'un droit en sus au minimum de 50 fr., décimes en sus, à la charge du bailleur *seul*, sauf son recours contre le preneur. Il n'y a de solidarité avec le preneur qu'à l'égard du droit simple (LL. 23 août 1871, art. 14, et 28 fév. 1872, art. 6).

687. PLURALITÉ. — Il est dû autant d'amendes qu'il y a de locataires non solidaires, que les locations soient inférieures ou supérieures à 100 fr. (Sol. 13 juin 1873).

IV. — HYPOTHÈQUES

688. TRANSCRIPTION. — FORMALITÉS. — Sont de nature à être transcrits :

1° Le bail d'immeubles, y compris le bail de chasse (n° 253), consentis pour plus de 18 ans ;

2° Celui constatant (même pour bail de moins de 18 ans) quittance ou cession d'une somme équivalente à trois années de loyers ou de fermages non échus (L. 23 mars 1855, art. 2) ;

3° Le bail à longue durée assujetti au droit d'enregistrement de 4 o/o (bail à vie, bail à durée illimitée) ;

4° Le bail emphytéotique (L. 25 juin 1902, art. 14) ;

5° Le bail à domaine congéable en ce qui concerne les superficies.

689. TAXE HYPOTHÉCAIRE. — Cette transcription donne ouverture à une taxe hypothécaire de 0,125 o/o sans décimes liquidée comme le droit d'enregistrement (L. 27 juillet 1900, art. 2 et 3) sur le montant cumulé des loyers pendant toute la durée du bail (Sol. 25 mars 1901, *R. E.* 2.694, § 1), sans pouvoir par conséquent bénéficier du fractionnement admis pour les baux en matière d'enregistrement.

690. SALAIRES DU CONSERVATEUR. — En outre, pour la même formalité, il est dû au conservateur à titre de salaires : 1° 0,20 pour enregistrement au registre des dépôts (Décr. 28 août 1875, art. 2) ; et 2° 0,90 par rôle de transcription contenant 40 lignes à la page et 24 syllabes à la ligne (Décr. 24 févr. 1910).

691. BAIL AVEC PROMESSE DE VENTE — Lorsqu'un bail sujet à transcription contient une promesse de vente ou un pacte de préférence, il convient, avant de faire procéder à cette formalité, de prendre parti sur le point de savoir si l'on veut également faire transcrire cette promesse, car cette dernière transcription donnera ouverture à des droits spéciaux assez élevés (2 fr. 125 o/o sur la valeur des immeubles) et acquittés inutilement si la promesse de vente ne se réalise pas, car dans aucun cas la restitution de ces droits ne pourra être obtenue (Cass., 18 juill. 1882, D. 83.1.233 ; Instr. 267-3, § 10 ; Cass., 12 janv. 1895, *R. N.* 1895-96, p. 331 ; Cass., 21 janv. 1896, D. 96.1.541 ; Instr. 2.910, § 3).

En conséquence, si la promesse de vente ou le pacte de préférence ne doit pas être transcrit, il conviendra de *requérir* expressément la transcription du bail, à *l'exclusion de celle de la promesse de vente.*

FORMALITÉS

692. BAIL D'IMMEUBLES. — TRANSCRIPTION. — Comme il est indiqué ci-dessus n° 688, le bail d'immeubles consenti pour plus de 18 ans doit être transcrit au bureau de la situation des biens (L. 23 mars 1855, art. 2-4°). Celui qui n'a point été transcrit ne peut être opposé pour une durée de plus de 18 années aux tiers qui ont des droits sur les immeubles loués et qui les ont conservés en se conformant aux lois (même loi, art 3).

Le bail, quelle que soit sa durée, s'il contient une quittance ou une cession de plus de 3 années de loyers ou de fermages, doit être également soumis à la transcription (même loi, art. 2).

693. CESSION DU BAIL. — TRANSCRIPTION. — En cas de cession d'un bail ayant encore à cette époque plus de 18 années de durée ou si le preneur le sous-loue pour un temps qui soit également de plus de 18 ans, une nouvelle transcription n'est pas nécessaire, celle précédemment faite conservant tous ses effets à l'égard des tiers (En ce sens : Troplong, *Transcr.* 118 et 119).

694 BAIL A CHEPTEL. — NOTIFICATION. — Lorsque le cheptel est donné au fermier d'autrui, ou à un colon partiaire, on doit notifier le bail au propriétaire de la ferme afin d'empêcher qu'il n'acquiert de privilège sur le cheptel.

Cette notification est ordinairement faite par exploit d'huissier, mais nous considérons qu'elle produirait tous ses effets au moyen d'une lettre missive recommandée par la poste, avec accusé de réception, puisqu'il a même été reconnu que la notification dont il s'agit pouvait être suppléée par la preuve que le propriétaire a eu connaissance que le cheptel appartenait à autrui (v. n° 277).

695 BAIL DE MEUBLES. — NOTIFICATION — Le bail de meubles doit être notifié au propriétaire des lieux loués avant la livraison de ces objets et à la requête du bailleur, afin de conserver à ce dernier son droit de revendication. L'exploit d'huissier devra être préféré à tout autre moyen.

696. BAIL EMPHYTÉOTIQUE. — TRANSCRIPTION. — Le bail emphytéotique ne pouvant être fait pour moins de 18 ans, doit être transcrit au bureau de la situation des biens.

697. BAIL A VIE ET A DURÉE ILLIMITÉE. — Le bail à vie et à durée illimitée, lorsqu'il aura pour objet des immeubles, devra être transcrit, ne pouvant savoir si sa durée sera moindre de 18 ans.

VII. — HONORAIRES

698. PROMESSE DE BAIL. — La promesse de bail n'est pas tarifée et l'honoraire paraît devoir être perçu, savoir :

Comme en matière de déclaration pure et simple, c'est-à-dire par rôles de minute si la promesse est unilatérale.

Et comme en matière de bail si elle est acceptée puisque dans ce cas elle en produit tous les effets.

699. BAIL ORDINAIRE. — Le bail ordinaire donne droit aux honoraires suivants :

I. — BAIL DE GRÉ A GRÉ.

Baux à ferme, à loyer, à nourriture, à pâturage, à cheptel, à colonage, à vie.

AGEN : A. *Bail à ferme, à loyer, à nourriture, à pâturage* : 0,50 o/o, sur le prix total des années du bail, augmenté des charges. — B. *Bail à colonage* : 0,50 o/o, sur l'évaluation de la part totale des fruits revenant au propriétaire. — C. *Bail à cheptel* : 0,50 o/o, sur l'évaluation de la part totale du croît revenant au propriétaire. — D. *Bail à vie* : 0,50 o/o, sur le capital formé de dix fois la redevance annuelle.

Minimum pour tous les actes ci-dessus : 5 fr.

AIX : A. *Bail à ferme, à loyer, à nourriture* : 0,25 o/o. — B. *Bail à vie* : 0,50 o/o, sur le capital formé de dix fois la redevance annuelle.

Minimum pour tous les actes ci-dessus : 6 fr.

ALGER : A. *Bail à loyer, à ferme* : 0,25 o/o, sur les loyers cumulés des neuf premières années ; 0,125 o/o, sur les loyers cumulés des années suivantes. — B. *Bail à vie* : 1 o/o de 1 à 200.000 fr. ; 0,50 o/o de 200.000 à 400.000 fr. ; 0,125 o/o au-dessus ; sur le capital au denier dix de la redevance annuelle.

Pas de minimum.

AMIENS : *Bail à ferme, à loyer, à pâturage* : 0,40 o/o de 1 à 50.000 fr. ; 0,25 o/o au-dessus ; sur le prix total des années du bail, augmenté des charges. — *Bail à colonage* : Mêmes honoraires, sur l'évaluation de la part totale des fruits revenant au propriétaire. — C. *Bail à cheptel* : Mêmes honoraires, sur l'évaluation de la part totale du croît revenant au propriétaire. — D. *Bail à vie* : Honoraires comme en matière de vente sur le capital formé de dix fois la redevance annuelle. — E. *Bail à nourriture* : Honoraires comme en matière de vente sur le capital formé de dix fois la redevance annuelle.

Minimum pour tous les actes ci-dessus : 6 fr.

ANGERS, CAEN : A. *Bail à cheptel, à ferme, à loyer, à nourriture, à pâturage* : 0,20 o/o, sur le prix total des années de bail, augmenté des charges. — B. *Bail à colonage* : 0,30 o/o, sur l'évaluation de la part totale des fruits revenant au propriétaire. — C. *Bail à vie* : 1 o/o, sur le capital formé de dix fois la redevance annuelle.

Minimum pour tous les actes ci-dessus : 5 fr.

BASTIA, PARIS, RENNES, ROUEN : A. *Bail à ferme, à loyer, à nourriture, a pâturage* : 0,25 o/o, sur le prix total des années du bail, augmenté des charges. — B. *Bail à colonage* : 0,25 o/o, sur l'évaluation de la part totale des fruits revenant au propriétaire. — C. *Bail à cheptel* : 0,25 o/o, sur l'évaluation de la part totale du croît revenant au propriétaire. — D. *Bail à vie* : 1 o/o, sur le capital formé de dix fois la redevance annuelle.

Minimum pour tous les actes ci-dessus : 5 fr.

BESANÇON, DIJON : A. *Bail à ferme, à loyer, à nourriture, à pâturage* : 0,30 o/o, sur le prix total des années du bail, augmenté des charges. — B. *Bail à colonage* : 0,30 o/o, sur l'évaluation de la part totale des fruits revenant au propriétaire. — C. *Bail à cheptel* : 0,30 o/o, sur l'évaluation de la part totale du croît revenant au propriétaire. — D. *Bail à vie* : 1 o/o, sur le capital formé de dix fois la redevance annuelle.

Minimum pour tous les actes ci-dessus : Besançon, 6 fr. ; Dijon, 5 fr.

BORDEAUX : A. *Bail à ferme* : 0,25 o/o, sur le prix total des années du bail augmenté des charges. — B. *Bail à loyer* : 0,30 o/o, sur le prix total des années du bail augmenté des charges. — C. *Bail à nourriture, à pâturage* : 0,50 o/o, sur le prix total des années du bail augmenté des charges. — D. *Bail à colonage* : 0,50 o/o, sur l'évaluation de la part totale des fruits revenant au propriétaire. — E. *Bail à cheptel* : 1 o/o, sur l'évaluation de la part totale du croît revenant au propriétaire. — F. *Bail à vie* : 0,50 o/o, sur le capital formé de dix fois la redevance annuelle.

Minimum pour les actes ci-dessus : 4 fr.

BOURGES : A. *Bail à ferme, à loyer, à nourriture, à pâturage* : 0,50 o/o de 1 à 5.000 fr. ; 0,25 o/o au-dessus ; sur le prix total des années du bail, augmenté des charges. — B. *Bail à colonage* : d'un an : 1 o/o; *au delà d'un an* : même honoraire que pour le bail à ferme ; sur l'évaluation de la part totale des fruits revenant au propriétaire. — C. *Bail à cheptel* : 0,50 o/o, sur l'évaluation de la part totale du croît revenant au propriétaire. — D. *Bail à vie* : 0,50 o/o de 1 à 5.000 fr. ; 0,25 o/o au-dessus : sur le capital formé de dix fois la redevance annuelle.

Minimum pour tous les actes ci-dessus : 5 fr.

CAEN : V. Angers.

CHAMBÉRY, GRENOBLE : A. *Bail à ferme, à loyer, à nourriture, à pâturage* : 0,50 o/o de 1 à 5.000 fr. ; 0,25 o/o au-dessus ; sur le prix total des années du bail augmenté des charges. — B. *Bail à colonage* : Mêmes honoraires sur l'évaluation de la part totale des fruits revenant au propriétaire. — C. *Bail à cheptel* : Mêmes honoraires sur l'évaluation de la part du croît revenant au propriétaire. — D. *Bail à vie* : Honoraires comme en matière de vente sur le capital formé de dix fois la redevance annuelle.

Minimum pour tous les actes ci-dessus : 5 fr.

DIJON : V. Besançon.

DOUAI : A. *Bail à ferme, à loyer, à nourriture, à pâturage* : 0,25 o/o, sur le prix total des années du bail, augmenté des charges. — B. *Bail à colonage* : 0,25 o/o, sur l'évaluation de la part totale des fruits revenant au propriétaire. — C. *Bail à cheptel* : 0,25 o/o, sur l'évaluation de la part totale du croît revenant au propriétaire. — D. *Bail à vie* : 0,25 o/o, sur le capital formé de dix fois la redevance annuelle.

Minimum pour tous les actes ci-dessus : 4 fr.

GRENOBLE : V. Chambéry.

LIMOGES : A. *Bail à ferme, à loyer, à nourriture, à pâturage* : 0,50 o/o de 1 à 15.000 fr. ; 0,25 o/o au-dessus. Minimum : 5 fr. — B. *Bail à colonage* : Mêmes honoraires, sur l'évaluation de la part totale des fruits revenant au propriétaire. Minimum : 10 fr. — C. *Bail à cheptel* : 1 o/o, sur l'évaluation de la part totale du croît revenant au propriétaire. Minimum : 5 fr. — D. *Bail à vie* : 1 o/o, sur le capital formé de vingt fois la redevance annuelle. Minimum : 5 fr.

LYON : A. *Bail à ferme, à loyer, à nourriture, à pâturage* : 0,40 o/o de 1 à 10.000 francs ; 0,25 o/o au-dessus ; sur le prix total des années de bail, augmenté des charges. — B. *Bail à colonage* : Mêmes honoraires, sur l'évaluation de la part totale des fruits revenant au propriétaire. — C. *Bail à cheptel* : Mêmes honoraires, sur l'évaluation de la part totale du croît revenant au propriétaire. — D. *Bail à vie* : 1 o/o, sur le capital formé de dix fois la redevance annuelle.

Minimum pour tous les actes ci-dessus : 6 fr.

MONTPELLIER : A. *Bail à ferme, à loyer, à nourriture, à pâturage* : 0,50 o/o de 1 à 50.000 fr. ; 0,25 o/o au-dessus ; sur le prix total des années du bail augmenté des charges. — B. *Bail à colonage* : Mêmes honoraires, sur l'évaluation de la part totale des fruits revenant au propriétaire. — C. *Bail à cheptel* : Mêmes honoraires, sur l'évaluation de la part totale du croît revenant au propriétaire. — D. *Bail à vie* : 0,50 o/o, sur le capital formé de dix fois la redevance annuelle.

Minimum pour tous les actes ci-dessus ; 5 fr.

NANCY : A. *Bail à cheptel, à ferme, à loyer* : 0,25 o/o, sur le prix total des années du bail, augmenté des charges. — B. *Bail à colonage* : 0,25 o/o, sur l'évaluation de la part totale des fruits revenant au propriétaire. — C. *Bail à vie* : 0,50 o/o, sur le capital formé de dix fois la redevance annuelle. — D. *Bail à nourriture* : 0,50 o/o, sur dix années au maximum.

Minimum pour tous les actes ci-dessus : 4 fr.

NIMES : (*pour les baux de toute nature*) 0,60 o/o de 1 à 5.000 fr. ; 0,50 o/o de 5.000 à 25.000 fr. ; 0,25 o/o au-dessus.

Minimum : 6 fr.

ORLÉANS : A. *Bail à ferme, à loyer, à nourriture, à pâturage* : 0,25 o/o, sur le prix total des années du bail, augmenté des charges. — B. *Bail à colonage* : 0,375 o/o, sur l'évaluation de la part totale des fruits revenant au propriétaire. — C. *Bail à cheptel* : 0,25 o/o, sur l'évaluation de la part totale du croît revenant au propriétaire. — D. *Bail à vie* : 1 o/o, sur le capital formé de dix fois la redevance annuelle.

Minimum pour tous les actes ci-dessus : 5 fr.

PARIS : V. Bastia.

PAU : A. *Bail à ferme, à loyer, à nourriture, à pâturage* : 0,40 o/o, sur le prix total des années du bail, augmenté des charges. — B. *Bail à colonage* : 0,40 o/o, sur l'évaluation de la part totale des fruits revenant au propriétaire.

POITIERS : A. *Bail à ferme, à loyer, à nourriture, à pâturage* : 0,25 o/o, sur le prix total des années du bail, augmenté des charges. — B. *Bail à colonage* : 0,40 o/o, sur l'évaluation de la part totale des fruits revenant au propriétaire. — C. *Bail à cheptel* : 0,25 o/o, sur l'évaluation de la part totale du croît revenant au propriétaire. — D. *Bail à vie* : 1 o/o, sur le capital formé de dix fois la redevance annuelle.

Minimum pour tous les actes ci-dessus : 5 fr.

RENNES . V. Bastia.

RIOM : A. *Bail à ferme, à loyer, à nourriture, à pâturage* : 0,40 o/o, de 1 à 10.000 fr. ; 0,25 o/o au-dessus. — Sur le prix total des années de bail, augmenté des charges. — B. *Bail à colonage* : Pour un bail d'un an : 1 o/o de 1 à 10.000 fr. ; 0,50 o/o au-dessus. — Pour un bail de deux ans : 0,50 de 1 à 10.000 fr. ; 0,25 o/o au-dessus. — Pour un bail de trois ans et au delà : 0,40 de 1 à 10.000 fr. ; 0,25 o/o au-dessus, sur l'évaluation de la part totale des fruits revenant au propriétaire. — C. *Bail à cheptel* : 0,40 o/o de 1 à 10.000 fr. ; 0,25 o/o au-dessus. — Sur l'évaluation de la part totale du croît revenant au propriétaire. — D. *Bail à vie* : 1 o/o de 1 à 50.000 fr. ; 0,50 o/o au-dessus. — Sur le capital formé de dix fois la redevance annuelle.

Minimum pour tous les actes ci-dessus : 6 fr.

ROUEN : V. Bastia.

SEINE : A. *Bail à ferme ou à loyer* : 0,25 o/o, sur les loyers cumulés des neuf premières années; 0,125 o/o, sur les loyers cumulés des années suivantes. — B. *Bail à vie* 1 o/o, sur le capital au denier dix de la redevance annuelle.

Pas de minimum.

TOULOUSE : A. *Bail à ferme, à loyer, à nourriture, à pâturage* : 0,50 o/o, sur le prix total des années de bail, augmenté des charges. — B. *Bail à colonage* : 0,50 o/o, sur l'évaluation de la part totale des fruits revenant au propriétaire. — C. *Bail à cheptel* : 1 o/o, sur l'évaluation de la part totale du croît revenant au propriétaire. — D. *Bail à vie* : 1 o/o, sur le capital formé de dix fois la redevance annuelle.

Minimum pour tous les actes ci-dessus : 5 fr.

Bail à durée illimitée ou emphytéotique.

ALGER : 1 o/o de 1 à 200.000 fr. ; 0,50 o/o de 200.000 fr. à 400.000 fr. ; 0,25 o/o de 400.000 fr. à 800.000 fr. ; 0,125 o/o au-dessus, sur le capital au denier vingt de la redevance annuelle.

AMIENS, CHAMBÉRY, GRENOBLE, MONTPELLIER, PAU : Honoraires comme en matière de vente, sur le capital formé de vingt fois la redevance annuelle.

ANGERS, LIMOGES : 1 o/o, sur le capital formé de vingt fois la redevance annuelle. — *Minimum* : 5 fr.

BOURGES : 0,50 o/o de 1 à 5.000 fr. ; 0,25 o/o au-dessus. Sur le capital formé de vingt fois la redevance annuelle.

NANCY : 1 o/o de 1 à 100.000 fr. ; 0,50 o/o de 100.000 fr. à 300.000 fr. ;

0,25 o/o au-dessus. Sur le capital formé de vingt fois la redevance annuelle.

NIMES, RIOM : 1 o/o de 1 à 50.000 fr. ; 0,50 o/o au-dessus. Sur le capital formé de vingt fois la redevance annuelle.

ROUEN : 1 o/o de 1 à 100.000 fr. ; 0,50 o/o au-dessus. Sur le capital formé de vingt fois la redevance annuelle.

SEINE : 1 o/o sur le capital au denier vingt de la redevance annuelle.

TOUS LES AUTRES TARIFS : 1 o/o sur le capital formé de vingt fois la redevance annuelle. — *Minimum* : Alger, Seine, pas de minimum ; — Aix, Amiens, Besançon, Lyon, Nîmes, Riom, 6 fr. ; — Bordeaux, Douai, Nancy, 4 fr. ; — Tous autres tarifs, 5 fr.

Bail à domaine congéable.

RENNES : I. *Avec superficies* : - Sur les superficies : 1 o/o. — Sur les rentes et charges . 0,25 o/o. — II. *Sans superficies* : 0,50 o/o. - *Minimum* : 6 fr.

Bail de carrière.

CHAMBÉRY, GRENOBLE : Honoraires comme pour *Vente de meubles.*

II. — BAIL PAR ADJUDICATION.

(Cahier des charges compris.)

AGEN : 1 o/o.

AIX : 0,75 o/o de 1 à 10.000 fr. ; 0,50 o/o au-dessus.

ALGER : 0,25 o/o sur les loyers cumulés des neuf premières années ; 0,125 o/o sur les loyers cumulés des années suivantes.

AMIENS : 1,50 o/o de 1 à 10.000 fr. ; 0,75 o/o de 10.000 à 50.000 fr. ; 0,50 o/o au-dessus.

ANGERS, BORDEAUX, CAEN, NIMES, PAU, POITIERS : Moitié en sus des honoraires du bail de gré à gré.

BASTIA : 0,50 o/o de 1 à 5.000 fr. ; 0,25 o/o au-dessus.

BESANÇON, PARIS, ORLÉANS, ROUEN, TOULOUSE : 0,50 o/o.

BOURGES : 0,75 o/o de 1 à 5.000 fr. ; 0,375 o/o au-dessus.

CHAMBÉRY, GRENOBLE : 1 o/o de 1 à 50.000 fr. ; 0,50 o/o au-dessus.

DIJON, LIMOGES, LYON : Un quart en sus des honoraires d'un bail de gré à gré.

DOUAI : 0,50 o/o. — *Emphytéotique* : 2 o/o sur le capital formé de vingt fois la redevance annuelle (cahier des charges compris).

MONTPELLIER : 0,50 o/o de 1 à 50.000 fr. ; 0,25 o/o au-dessus.

NANCY : A. *En bloc* : 0,75 o/o de 1 à 10.000 fr. ; 0,50 o/o au-dessus. — B. *En détail* : 2 o/o sur la première année ; 1 o/o au delà.

RENNES : 0,40 o/o.

RIOM : 0,60 o/o de 1 à 10.000 fr. ; 0,40 au-dessus.

SEINE : 0,50 o/o sur les loyers cumulés des neuf premières années ; 0,25 o/o sur les loyers cumulés des années suivantes.

Minimum : Alger, Seine, pas de minimum ; — Angers, Limoges, 15 fr. ; — Orléans, 5 fr. ; — Tous les autres tarifs, 8 fr.

700. APPLICATION. — L'honoraire se perçoit sur le montant des loyers augmentés des charges d'après l'évaluation servant de base pour l'enregistrement, le tout calculé sur le total des années pendant lesquelles le bail est susceptible de recevoir son exécution, qu'il soit fait à durée fixe ou par périodes.

701. BAIL AVEC PROMESSE DE VENTE. — La promesse de vente consentie dans un bail donne droit, indépendamment de l'honoraire de bail, aux honoraires suivants :

Alger, Seine : Un quart de l'honoraire perçu en matière de vente, avec imputation sur l'honoraire de vente, si elle se réalise dans la même étude.

Tous les autres tarifs : 0,25 o/o avec imputation sur l'honoraire de vente, si elle se réalise dans la même étude.

Minimum : Bourges, 4 fr. ; Amiens, Angers, Besançon, Bordeaux, Chambéry, Dijon, Grenoble, Lyon, Nîmes, Orléans, Paris, Poitiers, Rennes, Rouen, Toulouse, 5 fr. ; Bastia, Douai, Limoges, Nancy, 6 fr. ; Caen, 8 fr. ; autres tarifs pas de minimum.

702. BAIL DE NAVIRE. — Le bail de navire ou affrètement donne droit aux honoraires suivants :

Alger : 0,25 o/o de 1 à 200.000 francs ; 0,125 o/o au-dessus.

Amiens : 0,50 o/o de 1 à 100.000 fr. ; 0,25 o/o au-dessus.

Besançon : 0,30 o/o.

Bordeaux, Limoges, Pau, Poitiers : 0,50 o/o.

Bourges, Chambéry, Grenoble : 0,50 o/o de 1 à 5.000 francs ; 0,25 o/o au-dessus.

Caen : 0,20 o/o.

Lyon : 0,40 o/o de 1 à 10.000 francs ; 0,25 o/o au-dessus.

Montpellier : 0,50 o/o de 1 à 50.000 fr. ; 0,25 o/o au-dessus.

Nîmes : 0,50 o/o de 1 à 25.000 francs ; 0,25 o/o au-dessus.

Tous les autres tarifs : 0,25 o/o.

Minimum : Agen, Alger, Angers, Seine, pas de minimum ; Aix, Besançon, Caen, Chambéry, Grenoble, Lyon, Nancy, Nîmes, Pau, Poitiers : 6 fr. ; Amiens, Bastia, Bourges, Dijon, Limoges, Montpellier, Orléans, Paris, Rennes, Riom, Rouen, Toulouse : 5 fr. ; Bordeaux, Douai : 4 francs.

702 *bis*. BAIL DE MINES. — Comme en matière de vente mobilière.

Seuls les tarifs légaux des cours de Grenoble et de Chambéry en font mention sous le vocable « Bail de mines ». Dans la cour de Lyon, où l'acte d'amodiation est courant, surtout dans le bassin houillier de la Loire, il est d'usage de percevoir l'honoraire dû sur les ventes de meubles ou matériaux.

703. CESSION DE BAIL. — Pour la cession de bail, les honoraires, pour tous les tarifs (France et Algérie), se calculent comme en matière de bail sur les années restant à courir.

704. APPLICATION. — Le tarif du bail n'est applicable que lorsque la cession du bail forme l'objet principal de l'acte.

Ainsi, il arrive constamment qu'une cession de bail accompagne une cession de fonds de commerce, en ce cas, la cession de bail n'est qu'une convention accessoire ne donnant droit à aucun honoraire particulier, à moins toutefois que le consentement du propriétaire ne soit nécessaire à la validité de la cession.

705. DÉCHARGE DU BAILLEUR. — Consentie dans l'acte de cession de bail, la décharge par le bailleur au cédant constitue une disposition dépendante ne pouvait donner lieu à aucun honoraire.

Mais par acte séparé, cette décharge donne droit à la perception des honoraires suivants :

Seine : 4 fr. 50 en brevet ; 9 fr. en minute.

Aix, Alger : 4 fr. en brevet ; 8 fr. en minute.

Tous les autres tarifs : 4 fr. en brevet ; 6 fr. en minute.

706. RÉSILIATION DE BAIL. — La résiliation de bail donne droit aux honoraires suivants :

Tous les tarifs (France et Algérie) : moitié de l'honoraire de bail sur les années restant à courir.

707. APPLICATION. — Comme il vient d'être indiqué, l'acte de résiliation de bail est rétribué par l'honoraire de bail réduit de moitié.

Si la résiliation avait lieu moyennant un prix et que celui-ci fût quittancé à l'acte, nous estimons que le notaire serait en droit de percevoir l'honoraire de quittance si celui-ci était plus élevé que celui de résiliation.

708. SOUS-LOCATION DE BAIL. — La sous-location de bail est assimilée à la cession de bail et l'honoraire en la matière lui est applicable, calculé comme lui sur les années restant à courir (V. n° 703).

709. CONGÉ DE BAIL. — L'acte de congé d'un bail donne droit aux honoraires suivants :

Alger : 4 fr. en brevet, 8 fr. en minute.

Nancy : 2 fr. en brevet, 4 fr. en minute.

Poitiers : Congé d'acquit : 2 fr. Congé de bail : 4 fr. en brevet, 6 fr. en minute.

Seine : 4 fr. 50 en brevet, 9 fr. en minute.

Tous les autres tarifs : 4 fr. en brevet, 6 fr. en minute.

710. ACCEPTATION DE CONGÉ. — L'acceptation de congé donnée par acte séparé donne droit aux honoraires suivants :

En brevet : *Seine :* 4 fr. 50 ; partout ailleurs : 4 fr.

En minute : *Seine :* 9 fr. ; *Alger, Toulouse :* 8 fr. ; tous les autres tarifs : 6 fr.

TABLE ALPHABÉTIQUE DES MATIÈRES

(Les chiffres renvoient aux numéros de l'ouvrage.)

A

B

C

TABLE DES FORMULES

www.ingramcontent.com/pod-product-compliance
Lightning Source LLC
LaVergne TN
LVHW020533060726
842525LV00004B/1166